中国职业技术教育学会
智慧文旅职业教育专业委员会推荐用书

专家指导委员会主任 / 韩玉灵
总主编 / 闫向军　魏　凯
顾问 / 朱承强

酒店管理与数字化运营系列教材

CANYIN FUWU YU SHUZIHUA YUNYING

餐饮服务与数字化运营

（第2版）

主　编　韩爱霞　鹿　敏
副主编　牟　青　陈永燕　鲍　喆　韩　静

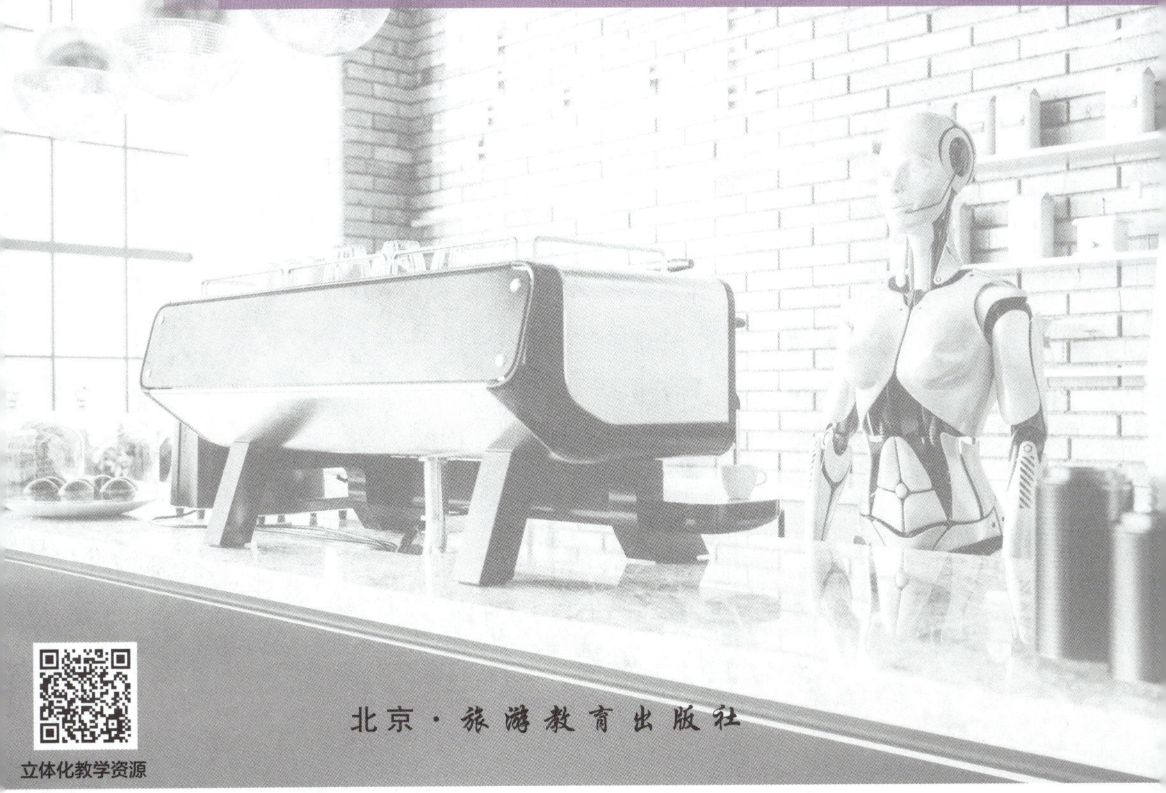

立体化教学资源

北京·旅游教育出版社

图书在版编目（CIP）数据

餐饮服务与数字化运营 / 韩爱霞，鹿敏主编. -- 2版. -- 北京 : 旅游教育出版社，2024.6（2025.4重印）
酒店管理与数字化运营系列教材
ISBN 978-7-5637-4725-2

Ⅰ. ①餐… Ⅱ. ①韩… ②鹿… Ⅲ. ①数字技术—应用—饮食业—商业服务—高等职业教育—教材②数字技术—应用—饮食业—运营管理—高等职业教育—教材 Ⅳ. ①F719.3-39

中国国家版本馆CIP数据核字(2024)第107807号

酒店管理与数字化运营系列教材
餐饮服务与数字化运营（第2版）
主编 韩爱霞 鹿 敏
副主编 牟 青 陈永燕 鲍 喆 韩 静

总策划	丁海秀
执行策划	黄明秋 陈卫伟
责任编辑	陈卫伟
出版单位	旅游教育出版社
地址	北京市朝阳区定福庄南里1号
邮编	100024
发行电话	（010）65778403 65728372 65767462（传真）
本社网址	www.tepcb.com
E-mail	tepfx@163.com
排版单位	北京旅教文化传播有限公司
印刷单位	天津雅泽印刷有限公司
经销单位	新华书店
开本	710毫米×1000毫米 1/16
印张	15.75
字数	234千字
版次	2024年6月第2版
印次	2025年4月第2次印刷
定价	59.80元

（图书如有装订差错请与发行部联系）

酒店管理与数字化运营系列教材
专家指导委员会、顾问、编委会

专家指导委员会

顾　问

编委会

《餐饮服务与数字化运营》
编委会

总序 PREFACE

2021年3月，教育部印发了《职业教育专业目录（2021年）》，将高职“酒店管理专业”更名为“酒店管理与数字化运营专业”，这是旅游职业教育呼应旅游业特别是酒店业数字化时代的标志。酒店业与信息化、数字化、智能化融合已是大势所趋，网络预订、短视频营销、直播带货、网络点评、会员系统、云PMS、移动支付、人脸识别、餐饮POS收银、网络团购、成本控制、在线点单等基本普及，信息技术和信息系统成为酒店企业日常经营的基础工具与竞争利器。中国酒店业已经从以产品和服务为中心进入了以客户为中心的时代，数字化成为酒店业发展命脉所在，同样成为酒店管理与数字化运营专业的必修内容。

在这样的形势下，原有的高职酒店管理专业课程和教学内容留什么、改什么，数字化运营是什么、做什么，酒店管理与数字化运营专业如何建设、如何发展、如何培养人才，成为高度聚焦、深度研究的课题。在专业建设的众多课题中，我们以教材建设作为适应专业变革的突破口，有组织、有计划地进行“酒店管理与数字化运营专业”的教材建设。根据前期积累的教育教学与专业建设经验，在旅游教育出版社的大力支持下，我们组织专家团队开展“酒店管理与数字化运营系列教材”的编写与出版工作。

2020年初，也是在“酒店管理专业”正式更名之前，作为有着30多年酒店管理专业办学经验的老牌旅游院校，山东旅游职业学院已深切感到酒店管理专业应该加强形势研判、抓住机遇、赢得主动，从与专业建设密切相关的教材和课程建设入手，积极开展相关工作。学院组织包括星级酒店、连锁酒店、连锁餐饮公司、物业公司在内的22位企业总监级别以上的管理人员、酒店管理专业教学专家与学院酒店管理专业的教师共同召开专业建设研讨会，形成了全国首套酒店管理与数字化运营专业的人才培养方案、课程建设方案、教材建设方案。这套方案的课程设置与当前教育部主导的高等职业学校酒店管理与数字化运营专业教学标准的课程设置是高度吻合的，为我们牵头组织“酒店管理与数字化运营系列教材”的编写奠定了良好的基础。

2021年7月，山东旅游职业学院与旅游教育出版社共同邀请覆盖全国院校和酒店行业企业的专家团队召开研讨会，启动教材编写工作。编写专家团队分别来自济南大学、山东青年政治学院、浙江旅游职业学院、青岛酒店管理职业技术学院、郑州旅游职业学院、黑龙江旅游职业技术学院、广州番禺职业技术学院、济南职业学院、青岛职业技术学院、北京财贸职业学院、黑龙江工程学院、平顶山职业技术学院、安徽职业技术学院、烟台工贸学校、顺德职业技术学院、洛阳科技职业学院、湖南商务职业技术学院、安徽广播影视职业技术学院、贵州职业技术学院等20多所院校。全套教材的编写注重校企合作与数字化升级。我们还邀请北京歌华开元大酒店、山东舜和酒店集团、山东南郊集团、山东大厦、济南鲁能贵和洲际酒店、杭州绿云软件股份有限公司、杭州柏悦酒店、北京云迹科技股份有限公司、广州蓝豆软件科技有限公司近10家行业企业的专家参与此项工作。在多方共同努力下，历时1年多的时间，教材已于2022年8月陆续出版。

本套教材既可作为中高职旅游类专业教学用书，也可作为职业本科旅游类专业教学参考用书，同时可作为工具书供从事旅游服务与管理的企事业单位专业人员借鉴与参考。

由于本教材是酒店管理与数字化运营专业更名后的新教材，加之酒店行业数字化转型日新月异，教材编写中难免还存在缺陷与不足，恳请读者指正，我们将在再版过程中予以完善与修正。

总主编：

2022年8月

修订前言 REVISED FOREWORD

为全面贯彻落实党的二十大精神、习近平新时代中国特色社会主义思想和党的教育方针，培养德智体美劳全面发展的社会主义建设者和接班人，我们按照教育部酒店管理与数字化运营专业简介和教学标准，参照《职业教育提质培优行动计划（2020—2023 年）》和《职业院校教材管理办法》对《餐饮服务与数字化运营》进行了修订。

本教材的主要内容包括走近餐饮业，提供中餐服务，提供西餐服务，掌握餐饮服务设计，学习餐饮数字化营销，把控餐饮经营与收益，以及进行餐饮督导与管理。本次修订旨在使教材内容更加贴近餐饮业发展的实际需求，为学生的全面发展提供有力支撑。

概括起来，第 2 版教材主要从以下 3 个方面进行了修订。

一、思政内容的深度融入

本教材强调立德树人任务，突出思想政治教育。【思政园地】模块的设置，将思政目标编入教材之中。此次修订，我们还在适当位置融入了党的二十大精神，注重培养学生的工匠精神，激励他们成为新时代的能工巧匠、大国工匠。此外，教材中还融入了中国特色传统文化元素，以弘扬民族精神，提升学生的文化素养。

二、项目内容的更新与完善

在每个项目中，对【学习目标】进行了细化，明确分为知识目标、能力目标和素质目标。同时，对【项目训练】进行全面升级，客观题和主观题都可通过扫描二维码在线作答，使学习更便捷。

三、任务内容的修订与提升

第一，增加了【任务导入】，以案例、图片等形式引导学生进入学习情境，激发他们的学习兴趣。

第二，对【任务知识】进行了全面的修订，充分结合行业的数字化发展趋势更新知识点。坚持“赛证融通”育人理念，教材中融入了各级各类大赛的赛项标准和“1+X”职业技能等级证书考核标准，丰富了教材内容。

第三，在每个任务后，设计了【任务实操】，旨在考察学生的实际操作能力。

另外，每个任务后还新增了【任务评价表】，帮助学生检查对该任务知识点的掌握情况，以便及时查漏补缺。任务评价表扫码即可获取。

此次修订广泛听取了行业专家和职业教育同人的意见，确保了教材内容的科学性、前瞻性和实用性。我们诚挚地希望广大读者继续提出宝贵意见和建议，以便我们及时修订。

编者

2024 年 5 月

任务评价表

目录 CONTENTS

二维码教学辅助资源列表

序号	章节	名称	资源类型	所在页码
项目一				
1	任务一	1–1：古代饮食小知识	文本	4
2	任务一	1–2：满汉全席	文本	4
3	任务一	1–3：法式大餐	文本	6
4	任务一	1–4：法式桌边服务	文本	6
5	任务一	1–5：知名餐饮品牌的多元化发展	文本	7
6	任务二	微课 1–1：酒店餐饮和社会餐饮	视频	11
7	任务二	微课 1–2：当下餐饮业态类型	视频	13
8	项目训练	随堂练习	文本	16
项目二				
9	任务一	2–1：北京烤鸭的原料	文本	20
10	任务一	2–2：仿膳饭庄	文本	22
11	任务一	2–3：三大官府菜	文本	22
12	任务一	2–4：九转大肠的来历	文本	23
13	任务一	2–5：淮扬菜	文本	24
14	任务一	2–6：白云猪手的来历	文本	24
15	任务一	2–7：麻婆豆腐的来历	文本	24
16	任务一	2–8：红白葡萄酒的开启方式	文本	28
17	任务一	微课 2–1：徒手斟倒酒水	视频	29
18	任务二	微课 2–2：迎宾服务	视频	45
19	任务二	微课 2–3：中餐点菜服务	视频	46
20	任务二	2–9：不同人群的饮食偏好及建议性销售话术	文本	47
21	任务三	2–10：电话预订的步骤	文本	53

续表

序号	章节	名称	资源类型	所在页码
22	任务三	2-11：宴会预订单	文本	54
23	任务三	2-12：宴会合同书	文本	54
24	任务三	2-13：茶水冲泡小知识	文本	57
25	项目训练	随堂练习	文本	60
项目三				
26	任务一	微课 3-1：西餐的上菜顺序	视频	67
27	任务一	3-1：西餐礼仪	文本	69
28	任务一	微课 3-2：西餐宴会摆台	视频	74
29	任务一	3-2：技能大赛摆台标准	文本	74
30	任务一	3-3：西餐服务技能——上菜及撤盘	文本	76
31	任务二	3-4：早餐零点菜单	文本	81
32	任务二	3-5：红白葡萄酒的服务程序	文本	86
33	任务三	3-6：茶歇	文本	94
34	任务三	3-7：英式下午茶	文本	95
35	项目训练	随堂练习	文本	98
项目四				
36	任务一	微课 4-1：餐厅服务设计	视频	101
37	任务一	4-1：餐厅动线设计注意事项	文本	101
38	任务一	4-2：奶茶店排队人数控制在 1~3 人	文本	102
39	任务一	4-3：举案齐眉	文本	103
40	任务一	4-4：鸿门宴的分餐制	文本	103
41	任务一	4-5：春秋战国时期的分餐制	文本	103
42	任务二	4-6：G20 杭州峰会午宴厅的布置	文本	111
43	任务二	4-7：常见主题宴会场地的布置要求	文本	111
44	任务二	微课 4-2：宴会菜单设计	视频	113

续表

序号	章节	名称	资源类型	所在页码
45	任务三	4–8：菜单与菜谱的区别	文本	115
46	项目训练	随堂练习	文本	126
项目五				
47	任务一	5–1：人群画像	文本	131
48	任务二	微课 5–1：餐饮行业的社交媒体营销策略	视频	134
49	任务二	5–2：喜茶的社交媒体营销策略	文本	139
50	任务三	5–3：几大餐饮品牌的内容营销策略	文本	147
51	任务四	5–4：智慧食堂——“味觉探索者”	文本	157
52	项目训练	随堂练习	文本	158
项目六				
53	任务一	随堂练 6–1： 计算某种产品的净料率	文本	166
54	任务一	随堂练 6–2： 计算某种产品的起货成本	文本	167
55	任务一	随堂练 6–3： 计算某种产品的净料成本	文本	167
56	任务一	随堂练 6–4： 计算某种产品的净料成本	文本	167
57	任务一	随堂练 6–5： 计算某种产品的净料成本	文本	167
58	任务一	随堂练 6–6： 计算某种产品的单位成本	文本	168
59	任务二	6–1：集中采购和物流配送降低门店运营成本	文本	172
60	任务二	6–2：充分利用原材料丰富菜品	文本	178
61	任务三	微课 6–1： 餐饮收益的关键点指标	视频	183

续表

序号	章节	名称	资源类型	所在页码
62	任务三	随堂练 6-7： 计算餐厅每餐单位时间平均收入	文本	185
63	任务三	微课 6-2： 餐饮收益提升途径	视频	186
64	项目训练	随堂练习	文本	192
项目七				
65	任务二	7-1：厨房用具卫生的具体要求	文本	218
66	任务二	微课 7-1：食品腐败变质与食品污染	视频	219
67	任务二	7-2：某酒店安全检查内容	文本	220
68	任务三	7-3：良好服务态度的几点要求	文本	223
69	任务三	7-4：某酒店零点餐厅服务员工作程序与标准	文本	224
70	任务三	7-5：全国旅游饭店服务技能大赛中餐摆台评分标准	文本	225
71	任务三	7-6：预先控制的主要内容	文本	225
72	任务三	7-7：餐厅服务质量检查表	文本	227
73	任务三	7-8：ABC 方法的产生背景	文本	228
74	任务三	7-9：客人投诉时的心理需求	文本	234
75	项目训练	随堂练习	文本	236

项目一

走近餐饮业

项目导读

本项目主要包括中外餐饮业发展历史、餐饮发展趋势、当下主要的餐饮业态类型等内容，旨在帮助学生厘清整个餐饮行业发展的过去与现在，引领学生构筑餐饮业未来发展状况的大局观，为后续的学习奠定坚实的基础。

学习目标

知识目标	1. 了解国内外餐饮业的起源与发展 2. 理解餐饮业未来的发展趋势 3. 区分酒店餐饮与社会餐饮的异同 4. 掌握当下的餐饮业态类型
能力目标	1. 能够根据餐饮业发展的历史和现状判断餐饮业的发展趋势 2. 能够判断不同餐饮类型 3. 能够区分不同餐饮业态的经营特点
素质目标	1. 培养学生的时空观，形成对行业发展的正确认知 2. 培养学生的数字化转型意识，提高数字化素养

思维导图

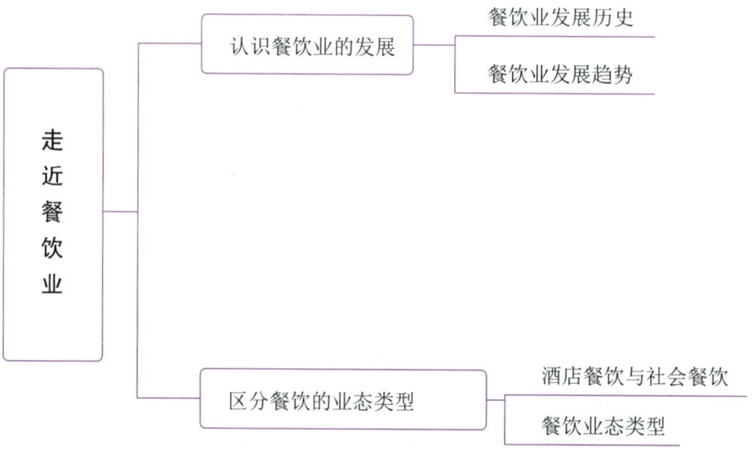

任务一　认识餐饮业的发展

任务导入

海底捞作为中国餐饮业的知名品牌，以其独特的经营模式和卓越的服务质量，成了中国餐饮业的创新领军者。海底捞起源于四川，最初只是一家小型的火锅店。然而，通过不断创新和发展，逐渐扩大了规模，并在全国范围内开设了众多分店。如今，它已经成了中国餐饮业的佼佼者，受到了广大消费者的喜爱和追捧。它的成功，首先得益于其独特的经营模式。它采用了自助式的点餐方式，消费者可以根据自己的口味和需求，自由选择各种食材和调料。这种经营模式不仅满足了消费者的个性化需求，还提高了餐厅的效率和盈利能力。

除了经营模式，它还注重提升服务质量。在海底捞，消费者可以享受到全方位的服务体验。从进店时的热情接待，到点餐时的耐心解答，再到用餐时的细心照顾，它的服务人员始终保持着微笑和热情，让消费者感受到了家的温暖。

此外，它还注重创新和研发。他们不断推出新的菜品和饮品，以满足消费者的口味需求。同时，它还注重食材的选择和质量控制，确保每一道菜品都符合高标准的卫生和质量要求。

正是凭借着这些优势，海底捞在竞争激烈的餐饮市场中脱颖而出，成了中国餐饮业的创新领军者。它的成功不仅为其他餐饮企业提供了宝贵的经验和启示，也为中国餐饮业的发展注入了新的活力和动力。

思考：

从上述阅读材料中，你认为餐饮企业竞争成败的关键是什么？

任务知识

一、餐饮业发展历史

（一）中国餐饮业的起源与发展

在我国，根据《国民经济行业分类注释》的定义，餐饮业（catering）是指通过即时加工制作、商业销售和服务性劳动等，向消费者提供食品和消费场所及设施的服务。按《国际标准行业分类》的定义，餐饮业是指以商业盈利为目的的餐饮服务机构。

“民以食为天”，中国这句古话道出了饮食在人们生活中的重要性。中国的餐饮历史源远流长，从商周到春秋战国，从秦汉至唐宋，再到元、明、清，几千年的历史发展孕育出了博大精深的中国饮食文化。无论是作为地方菜代表的“八大菜系”，还是各地名目繁多、异彩纷呈的面点、米食、汤饮、酒水、小吃、茶饮，无不彰显着劳动人民的智慧，而那些享誉世界的名宴、名菜、名酒、名茶，更是让“吃在中国”成为世人之共识。

1. 中国餐饮业的萌芽时期

从茹毛饮血的史前时代到用火烹饪的文明时代，餐食烹调一直在不断地演变。在原始时代，人类主要以打猎为生，生吃食物，中国古人类过着茹毛饮血的生食生活。经过漫长的岁月，原始人渐渐发现用火烧过之后的肉类更加容易咀嚼，且香气扑鼻。距今 40 万年前的“北京人”开始使用火，用火烹饪食物代表着人类进入了新的文明时代。一万年以前的新石器时代开始有了我们现在常用的烹饪方法，江西万年县仙人洞的新石器遗址里发现的陶釜、鼎等烹饪器具是世界上最早的炊具。春秋战国时期，出现了青铜器，这标志着餐饮的炊、餐具从石器时代进入金属器具时代。

2. 中国餐饮多样化融合发展时期

秦汉时期，烹饪技法和食材进一步丰富，烹饪方法更加多样，特别是汉代与西域的饮食文化交流，使得中原地区的食材更加多样化。西汉淮南王刘安，在炼丹的过程中摸索出了做豆腐的方法。东汉时期还发明了植物油。

唐、宋两代，饮食文化达到高峰。这一时期，中国封建社会进入鼎盛时期，唐朝的开放和包容，使中西（域）饮食充分融合。宋朝经济的富有和文化的繁荣使得宋朝的饮食日益精细和讲究。由于交通的迅速发展和贸易交流的需要，各处通商大邑设置了众多“客舍”与“亭驿”，为来往官宦和客商解决食宿，在一定程度上助推了饮食业的发展。这一时期，大街小巷肉店、酒店、熟食店林立，在烹调技艺上也较秦汉时期更为讲究。

1-1 古代饮食小知识

元代，饮食文化呈现民族大融合的趋势。受战乱影响，这一时期出现了多民族大融合的现象，在客观上促进了中外各民族饮食文化的大交流，既丰富了传统的中国饮食，也深深影响了民间的烹调方式，出现了蒙、回、女真（今满族）等各族菜肴列于同一食谱上的现象。

1-2 满汉全席

明清时期，饮食文化达到又一顶峰。进入明清时期，厨房分工更细，烹饪技术迅速提高，出现了许多名厨、食谱，还有美食家，如撰写《随园食单》的袁枚。清代出现的“满汉全席”，成为近代中国餐饮最高水平的代表。

3. 新中国成立后，饮食业迎来新发展阶段

新中国成立后，我国餐饮业迎来了新的发展阶段。餐饮业在继承我国传统饮食文化的基础上，形成了以鲁菜、川菜、粤菜和淮扬菜等菜系为代表的中国地方菜。与此同时，根据市场消费需求，不断创新发展，出现了百家争鸣、百花齐放的现象，中国成为享誉全球的“世界烹饪王国”。

改革开放以来，国民经济持续发展，人民生活水平不断提高，餐饮消费水平也不断提升，餐饮业迎来了前所未有的繁荣景象。现在，全国城乡餐馆、饭店、酒楼、酒吧、茶楼、美食城、饮品店、快餐店鳞次栉比；许多旅游城市的餐饮一条街、小吃一条街、酒吧一条街成了新的城市名片；年夜饭、尾牙宴、婚庆宴、生日宴等多样化的宴席精彩纷呈，打破了时空界限，越来越个性化；餐饮的业态日益多样，且呈现多业态融合发展的趋势；餐饮品牌越来越多，经营方式越来越成熟。不仅如此，我国餐饮市场的巨大消费潜力，还吸引了来自世界各地的“洋”店家，麦当劳、肯德基、星巴克等国外餐饮品牌也成了国人舌尖上的常客。

中餐是中国劳动人民几千年以来生产生活、民风民俗、烹饪技艺和文化传承的缩影，是中国人民智慧的结晶，餐饮业也因此成为继承和传播我国非物质文化遗产的重要产业。从 2006 年以来，国家非物质遗产名录中关于餐饮文化的项目不断丰富，在内涵上也不断拓展和深化。

而传承并非一成不变、因循守旧。随着时代发展，中国的餐饮文化也不断焕发出新的生命力。以饮食为主题的纪录片、综艺节目，打开了格局，提升了视角，也表达了更深的情怀，“现象级”热潮反映了全世界华人对祖国传统文化情感认同的诉求。

中国餐饮的传承与创新并非闭门造车。四十多年来，中国一直坚持开放包容式的发展，既欢迎外国餐饮企业来华投资发展，邀请外国烹饪大师来中国交流，也鼓励中国餐饮企业“走出去”，服务全球消费者。

（二）国外餐饮业的起源与发展

受西方文明进程的影响，西方餐饮业的发展呈现出不同饮食文明交错的现象。

公元前 3000 年，埃及作为统一的国家，形成了自己的饮食特点。古埃及人在饮食上崇尚节制和简朴，饮用葡萄酒，讲究就餐礼仪和等级制度。

随后，希腊文明逐渐兴起，并替代了埃及文明。这一时期，多种烹调方

法出现，希腊的美食家撰写了世界上第一部有关烹饪的书籍。公元前 3 世纪，雅典人发明了世界上第一辆冷盘手推车。

同时期，受希腊文化影响的古罗马也比较重视烹饪文化，他们注重宴会中食物的造型，开始使用餐巾，在餐桌上摆放装饰性的鲜花，并其最早在宴会中报菜名。西方餐饮业起源于公元 1700 年小客栈的出现，最早在赫冈兰城的废墟中被发现，足见古罗马人的外食习惯较为普及，这与其频繁的商旅活动不可分割。

1-3　法式大餐

意大利人非常重视饮食，16 世纪中叶，意大利成为欧洲文艺复兴运动的中心，其饮食文化也空前繁荣，在国际上享有盛名，意大利菜被誉为“西餐之母”，意大利被认为是西餐起源地。18 世纪前后，法国成为欧洲政治、经济、文化中心，源自宫廷烹饪的法国菜在烹饪技术上居欧洲之首位。法国烹饪精巧细腻，选料广泛，品种繁多，是世界非物质文化遗产。

18 世纪末期，受英国工业革命影响，欧洲交通事业取得了较大的发展，旅游开始逐渐兴起和昌盛，由此带动了餐饮业与旅馆业的快速发展。随着商业贸易与旅游观光业的盛行，餐饮业者为了在竞争中赢得顾客，不仅讲究菜品质量，服务也有了较大的提升，出现了桌边服务，大大提升了西方饮食的艺术层次。与此同时，传承了欧洲饮食文化特色的美国，在经历了西部拓荒时期的荒野简餐以及牛仔酒吧后，逐渐发展起来了本土饮食文化，形成了自己的餐食特色，即不讲究造型，重视营养价值，求新、求快。这种模式不断在全球风靡起来，麦当劳就是美式餐食的代表之一。

1-4　法式桌边服务

二、餐饮业发展趋势

随着大众消费的不断升级，饮食已不再仅仅是为了满足人们的口腹之欲，而成为一种集体验化、智慧化、健康化和时尚化于一体的新的生活方式。在新的发展态势下，中国的餐饮业呈现出了独有的发展趋势。

我国餐饮业产业收入从 1978 年的 54.8 亿元开始，1983 年突破百亿元，1994 年突破千亿元，2006 年突破万亿元，2011 年超过 2 万亿元，2015 年超过 3 万亿元，在 2018 年超过 4 万亿元，达到 4.27 万亿元，比 1978 年增长近 780 倍，复合增长率高达 18.1%，已经成为仅次于美国的世界第二大餐饮市场。2023 年餐饮行业收入达 52 890 亿元，首次步入 5 万亿元大关，同比增长 20.4%，增速高于其他消费领域。这显示了餐饮行业的强劲复苏和持续增长。

2024 年我国餐饮食材市场规模预计为 1.88 万亿元，同比增长 9.9%。这一数据显示了餐饮食材市场的稳步增长趋势。

中国餐饮连锁化率从 2020 年的 15% 提升到 2021 年的 18%，至 2023 年进一步提升至 21%。这显示了餐饮行业连锁化经营的趋势正在加强。在连锁化率方面，上海以 36% 的餐饮连锁化率位居 2023 年一线城市之首，苏州和长沙等城市的连锁化率也有显著增长。2024 中国餐饮加盟 TOP100 中，新上榜品牌数增长超过 30%，加盟门店超过 6000 家的品牌数较去年增长了约 71%。

（一）高端餐饮受阻，大众化餐饮广受欢迎

随着国家相关政策的出台，公务接待、公款消费直线下降，高端餐饮受阻，持续转型，然而受市场框架以及物价不断飙升，租金、劳动力成本日益增加的影响，餐饮企业面临着较大的转型压力。

随着消费大众化时代的到来，大众餐饮由于其需求刚性的特点，在市场中表现出越来越强的活力，也成为整个餐饮行业繁荣回暖的中坚力量。

（二）互联网 + 餐饮迅猛发展，营销渠道越来越多样

随着国内互联网技术飞速发展，各行各业都呈现出了与互联网融合发展的迹象，餐饮业也不例外。互联网 + 餐饮呈现出强劲的发展势头，市场中涌现出了大量的第三方线上餐饮平台，比如大众点评、美团、饿了么等相继出现，微博、微信等自媒体营销手段越来越多地取代传统营销方式，各类餐饮应用（App）应运而生，餐饮的线上业务占比越来越重。

（三）连锁品牌经营优势凸显，成为发展大势

1-5　知名餐饮品牌的多元化发展

在竞争越来越激烈的餐饮市场中，连锁化经营展现出了强大的生命力和发展潜力，众多餐饮企业纷纷走上连锁化发展的道路。他们重视品牌优势的塑造，通过连锁经营的方式进行扩张，扩大企业规模，快餐、外卖、火锅连锁店、团餐企业发展迅速，连锁化经营成为许多餐饮业的主要经营模式。国家高度重视餐饮企业的连锁化发展，特色餐馆连锁经营、快餐送餐连锁经营已被原国家经贸委列入国债贴息项目给予重点支持。国家市场监督管理总局、财政部、国家税务总局等相关部门也已经制定了专门的政策，引导餐饮连锁经营的健康发展。

（四）小而精的轻餐饮将扮演越来越重要的角色

随着餐饮市场的长期蓬勃发展，消费者也更加成熟和理性，他们对于品牌店、特色店和名牌餐饮企业的追求越来越强烈。同时，市场上可供消费者选择的餐饮企业和产品门类也越来越多，餐饮市场的竞争异常激烈。

为避免同质化竞争，许多餐饮企业出于压低成本和迎合顾客需求的需要，

开始走“小而精”的经营路线，小门店、小经营、精设计、精菜品的运营模式越来越多。在追求简约、品质的消费需求下，单品店面临着更大的发展潜力，小而精的轻餐饮将会成为重要的餐饮发展趋势。

（五）食品安全与健康越来越重要，绿色餐饮引领未来发展趋势

在安全的基础上，健康是新时代居民美好生活的重要诉求。改革开放后，国民经济快速发展，人民生活水平不断提高，人们在日常生活中摄入了大量的高脂肪、高营养、高热量食物，肥胖、高血压、高血糖、高血脂等一系列健康问题也随之而来。

同时，餐饮业蓬勃发展的背后也存在许多亟待解决的问题。餐饮行业的发展缺乏统一规划，市场准入缺乏统一标准；市场秩序不规范，不少餐饮企业餐桌污染严重，环保卫生不符合标准，食品安全问题令人担忧；部分食品原料污染严重，农药残留物超标等现象时有发生。

在这样的供需背景下，餐饮业需要净化整个行业的市场环境，谋求餐饮企业的高质量发展，满足人们绿色健康饮食的消费诉求。由中国饭店协会发起，在国内推行的“绿色饭店”和“绿色餐饮”发展体系，将成为未来餐饮业良性发展的趋势之一。

2020 年 12 月，国务院公布的《中国居民营养与慢性病状况报告（2020 年）》显示，中国成人超重肥胖率超过 50%，6~17 岁的青少年儿童超重肥胖率接近 20%，6 岁以下儿童达到 10%。家庭人均每日烹调用油达 43.2 克，儿童青少年经常饮用含糖饮料问题也日渐凸显，18.9% 的中小学生经常饮用含糖饮料。膳食结构不合理问题突出，膳食脂肪供能比持续上升，食用油和盐的摄入远远高于推荐值。我国 18 岁以上居民高血压患病率为 27.5%，糖尿病的患病率为 11.9%，高胆固醇血症患病率为 8.2%。这种因饮食带来的慢性疾病已经引起了高度重视，特别是在经济发达地区。近两年来，餐饮企业高度重视健康问题，从就餐环境、原辅材料、菜品规格、营养搭配等各个方面营造健康餐饮品牌，以满足消费者的健康饮食需求。以沙拉主题餐饮为代表的轻餐饮的快速发展，营养配餐的兴起，正是迎合了消费者的饮食消费理念的转变。餐饮消费已经由过去的重口味、重数量的肉食为主的消费结构向低盐、低糖、低油的素食为主的消费结构转变。

（六）与科技结合，餐厅智能化升级

随着互联网及智能技术的应用和发展，餐厅与技术的融合也越来越紧密，越来越多的互联网智能餐厅出现在市场中，线上推广、线上选座、线上下单、智能传递，最终完成手机支付，顾客从餐前到餐后的整个用餐流程均可以在线上实现（见图 1–1）。

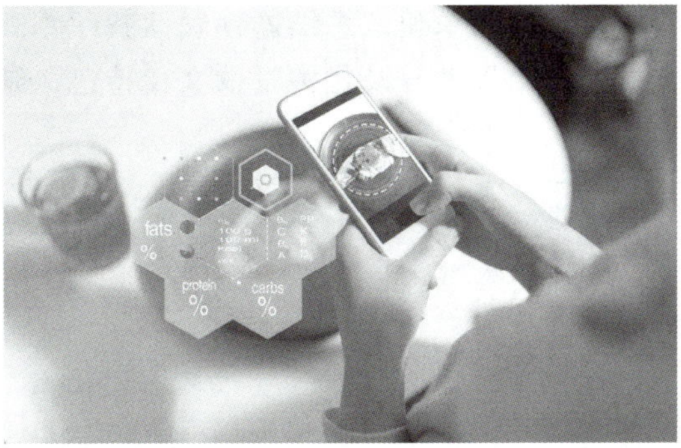

图 1-1 智能技术助力餐厅升级

互联网餐厅不仅在降低人工成本和提高工作效率方面具有无可比拟的优势，从营销层面来讲，也更容易引起消费者的关注，未来，我国智能餐饮市场的规模必将会有更大的发展空间。伴随信息技术出现的餐饮产业互联网平台打破了企业运营和顾客消费的时空限制，联通了原料供应端、产品生产端和顾客消费端，更易形成规模化的市场，提高餐饮产业的整体发展水平。互联网更有利于餐饮企业的多边市场发展，在面向消费者这一端，除了餐饮外卖平台外，还有餐饮等位平台、餐饮点餐平台、餐饮支付平台、餐饮评价平台等专业平台以及综合这些服务于一体的餐饮综合性平台；面向生产者这一端，主要有互联网餐饮供应链平台和互联网餐饮信息化平台等。这些平台的出现除可以提高餐饮产业的发展水平外，还可以积累海量的数据，为餐饮企业的精准定位和营销、生产高质量产品和服务提供支持。

物联网和智能技术推动餐饮产业智能化发展。面对餐饮业日益增长的人工成本和租金成本压力，利用科技来降低成本是重要解决路径。随着物联网和智能技术应用的日益普及，厨师机器人、服务机器人、智能识别等科技应用推动了智能餐厅、无人餐厅的快速发展，当前已经从概念阶段进入实际应用阶段。

3D、虚拟现实（VR）、增强现实（AR）技术推动产品和服务创新发展。这些新技术的发展和应用，推动了餐饮就餐环境的改善和菜品的创新，使得消费者在获得味觉享受的同时，也获得了身临其境的餐饮视觉体验。

任务实操

通过对本地或者互联网开展餐饮企业调研考察，结合已学知识及自身行业实践、生活体验，以小组为单位，总结连锁餐饮餐厅、酒店餐饮餐厅的产品类别、服务特点、消费市场差异及相关餐饮文化特色，制作成 PPT，进行课堂汇报。

序号	实施步骤	内容
1	企业名称	
2	调研方式	
3	产品类别及服务特点	
4	消费市场差异	
5	餐饮文化特色	
6	其他	

任务二　区分餐饮的业态类型

任务导入

近几年，随着 Z 世代（指 95 后、00 后）消费人群的崛起，一股“下午茶”消费的新风悄然兴起。在北京和上海等一线城市，主打“下午茶”经济的轻餐饮在餐饮业态中所占的比重已经占据将近四成，其中，主力消费人群为 95 后。“下午茶”小店充分整合利用顾客“零碎”的时间，将咖啡、奶茶、三明治、蛋糕，甚至各种零食、保健产品等作为主打产品，采用线上点餐和线下用餐相结合的方式进行运营，“下午茶”越来越受到欢迎。

一方面，随着健康养生意识的增强，90 后等年轻一代的消费群体对于高糖、高热量产品的消费偏好度越来越低，他们更倾向购买更低热量、更清淡、更健康、有机和新鲜的产品，下午茶成了替代高糖高热量晚餐的最好选择，各种替代晚餐的下午茶代餐产品也在年轻人中成为新的时尚。

另一方面，下午茶也是都市白领拉近与其他人关系的社交利器，拼单下午茶更是成了很多年轻白领日常生活中的重要组成部分，这也催生了下午茶的裂变发展。

思考：

从下午茶的火爆来看，你认为当下的餐饮市场消费有什么特点？

任务知识

一、酒店餐饮与社会餐饮

餐饮业是指从事餐饮食品加工、烹调制作和餐饮服务等经营活动的行业。由于餐饮业的范围广泛，因此餐饮企业的类型多种多样。根据餐饮企业的营业形态、服务方式及服务对象的不同，可以归纳为酒店餐饮和社会餐饮两种不同的类型。

微课 1-1　酒店餐饮和社会餐饮

（一）酒店餐饮

酒店餐饮是酒店业务的重要组成部分，主要面向住店客人和周边市场。由于酒店消费群体的广泛性，酒店餐饮一般档次较高，规模较大，在满足住店客人餐饮消费的同时，又为社会顾客提供餐饮服务。餐厅装潢与酒店层次相适应，经营产品齐全，满足客人的多样化需求，在人事、采购、财务、销售等方面与酒店整体经营目标保持一致。

餐饮服务是一种面对面的服务，服务人员的服务水平会直接影响客人对酒店的评价。由于到酒店消费的客人不仅是住店的客人，还有酒店所在地的居民，因此，餐饮营销成为酒店市场营销中的重要组成部分，餐饮部举办的美食节等各种推广活动常常可以影响客人对酒店的选择，从而树立酒店的市场形象，提高酒店的经营收入。餐饮部提供的餐饮产品是由餐饮食物和餐饮劳务服务、餐饮服务用品、餐饮设施设备及其所营造的服务环境等要素构成的有机整体。

（二）社会餐饮

社会餐饮是指主要面向社会公众消费者，经营产品往往聚焦在某一特色或单一产品，在人事、采购、财务、销售等方面较为灵活，可以根据市场情况较快进行业务调整的餐饮企业。如快餐店、外卖店、咖啡店、饮品店、社会餐馆（见图 1–2）、大排档、烧烤店、火锅店等都在此列。

图 1-2　社会餐馆

从管理上看，社会餐饮机构简单，管理层级少，信息传递快，总经理往往就是餐馆的所有者，管理事务往往由老板亲自抓。从运营上看，社会餐饮往往能够敏锐捕捉市场需求，敢于创新，新产品推向市场的速度也快，能够第一时间获取“新鲜卖点”。从服务上看，社会餐饮服务方式灵活，能够提供特色化和个性化的服务体验，为顾客营造轻松、随意的就餐氛围。从菜式上看，社会餐饮菜式往往以某一地方菜系或某种原料为主的菜肴作为招牌菜，所以菜式特色鲜明，独具风格。从规格看，社会餐饮拥有高、中、低档的众多餐馆，可以满足不同层次顾客的消费需求。从装修装饰上看，社会餐馆既可以主题鲜明，造型奇特，如有的外形像蒙古包、有的像船、有的像宫殿等等，还可以高档豪华、环境高雅，毫不逊色于酒店。

思政园地

党的二十大报告提出，坚持以文塑旅、以旅彰文，推进文化和旅游深度融合发展。“文化 + 旅游”呈现出加速融合的特征。一方面，在文旅融合背景下大力推动有中国文化特色的生活方式酒店、文化主题餐厅等发展，实现文化对旅游内涵的提升，如，通过深入挖掘地域文化特色和文化内涵，把文化符号、文化内容，特别是文化 IP 和故事融入酒店、餐厅，促进中国文旅融合服务模式的全面推广；另一方面，借助旅游对文化资源形成激活、保护、传承，如，上海南翔小笼馒头、全聚德挂炉烤鸭等饮食类非物质文化遗产的传承和保护。

二、餐饮业态类型

微课 1-2　当下餐饮业态类型

伴随着我国国民经济的发展，人民生活水平不断提高，人们对餐饮的需求越来越多样。城市化的进程改变了人们的消费习惯，原料运输的便捷和储存的科学化丰富了原材料的供应，商业的不断提升和科技手段的加持，使我国餐饮市场的业态形式越来越丰富，形成了正餐、快餐、休闲餐厅和其他类型餐饮并存的局面。

（一）正餐

正餐，包括餐厅和酒楼，是我国餐饮业的主要组成部分，目前已经具备相当大的规模和体系。受西方餐饮文化的冲击和影响，我国正餐的经营方式和服务领域不断拓宽，呈现多元化和现代化的发展趋势。从规模上来看，可以划分为以下四类：

- 特大型餐馆：是指经营面积在 3000m^2 以上（不含 3000m^2），或者餐位数在 1000 座以上（不含 1000 座）的餐馆。
- 大型餐馆：是指经营面积在 500~3000m^2（不含 500m^2，含 3000m^2），或者餐位数在 250~1000 座（不含 250 座，含 1000 座）的餐馆。
- 中型餐馆：是指经营面积在 150~500m^2（不含 150m^2，含 500m^2），或者餐位数在 75~250 座（不含 75 座，含 250 座）的餐馆。
- 小型餐馆：是指经营面积在 150m^2 以下（含 150m^2），或者餐位数在 75 座以下（含 75 座）的餐馆。

如面积与就餐座位数分属两类的，以其中规模较大者计。

（二）火锅

火锅一般是指以锅为器具，以热源烧锅，以水或汤烧开来涮煮各类食物的烹调方式，也可以指这种烹调方式所用的锅具（见图 1-3）。其特色是锅具具有很好的保温效果，汤物合一，边吃边煮。近几年来，火锅餐饮具有强劲的发展势头，中国火锅餐厅在 2013 年时有 40.6 万家，到 2017 年已经达到 60.1 万家。截至 2023 年底，火锅在营门店数量有 53 万家左右。

火锅以其经济、营养、快捷而深受消费者喜爱，目前已经成为最受消费者喜爱的餐饮门类之一。中国饭店协会发布的《2019 中国餐饮业年度报告》显示，2018 年火锅已经成为线上订单量第一品类，全年消费占全品类 20.3%。

图 1-3 火锅

(三)快餐店

快餐店是指以集中加工配送，快速提供就餐服务为主要食品加工供应形式的餐饮企业。随着人均可支配收入的增加和外出就餐次数的增加，中国快餐市场具有巨大的增长潜力。无论是从国内快餐市场的零售额还是人均消费来看，都呈现稳定增长的趋势。未来，伴随着不断加快的生活节奏和人们生活方式的改变，快餐消费势必会得到进一步的刺激和发展。这一业态最早来自发达国家，肯德基和麦当劳都是其典型代表。但不可忽视的是，近年来本土快餐企业快速崛起，以真功夫、大娘水饺等为代表的连锁快餐企业奋起直追，规模不断扩大，形成了与西式快餐共同竞争的局面。

(四)休闲餐饮

随着人民生活水平的提高和市场经济的发展，休闲餐饮业态应运而生。休闲餐饮倡导营造自由的用餐环境，迎合顾客无拘无束和放松的消费理念，引起了消费者情感上的共鸣，因而赢得了广泛的市场空间。休闲餐饮企业规模不大，以中小企业为主。休闲餐饮因区域经济的发展差异、城市化进程和地域文化差异，在我国呈现由东向西阶梯状发展的态势，形成了以北京和上海为第一圈层，杭州、南京、广州、厦门为第二圈层，成都、西安、沈阳为第三圈层，贵阳为代表的第四圈层的圈层式发展结构。在以星巴克和必胜客为代表的西式休闲餐饮品牌进入中国后，以“茶”为核心的中式休闲餐饮也应运而生，如“一茶一坐”“仙踪林”等都取得了不错的成绩。

(五)轻餐饮

轻餐饮，起源于国外，指两顿正餐之间的非主餐时间里能够提供能量的食物，多为现场制售，店面大多开在商业综合体，与商场互为引流的主体，如炸鸡、热狗、甜品等，甚至部分小火锅和烤肉也属于这个范畴。作为当下比较新的概念，已经越来越流行。随着餐饮市场的进一步细分，体量较小、品种单一、模式灵活的轻餐饮形式呈现出极大的发展活力。轻餐饮店提供的食品或饮品一般比较简单精致，消费者不用花太多时间等待，满足了当下人们快节奏的生活需求。店面装修风格或清新雅致，或简洁时尚，满足人们追求浪漫和休闲社交的需要。轻餐饮的店面类别较多，归纳起来可以分为以下几类：

- 小吃店，指以点心或特色小吃为主要产品的餐饮业态。
- 饮品店，指以简单酒类、咖啡、茶饮或者饮料为主要产品类型的业态。
- 甜品站，指在餐饮服务提供者的餐饮主店经营场所内或附近开设，经营场所固定，直接或简单加工制作后销售的，由餐饮主店配送的以冰激凌、饮料（见图 1–4）、甜品为主要经营项目的附属店面。

图 1–4 果汁饮料

（六）食堂

食堂是指开设于机关、学校、厂矿等企事业单位，供内部职工、学生等就餐的场所。

（七）团餐

团餐，或称集体用餐配送单位，是指根据集体服务对象的订购要求，对食物进行集中加工、分送食品，但不提供就餐场所的餐饮业态。

（八）中央厨房

中央厨房是指由连锁餐饮企业建立的，具有独立场所、烹饪设施设备和加工制作人员，集中进行餐饮食品成品或半成品加工制作，并配送给餐饮连锁企业内各服务单位的餐饮单位。

任务实操

查阅资料，撰写一份餐饮业态发展现状的调研报告，报告需包括各业态目前的市场规模、主要消费人群以及未来发展趋势等内容。

项目训练

练一练

扫描右侧的二维码，开始做题吧。

随堂练习

项目二

提供中餐服务

项目导读

本项目主要包括中国菜与中餐厅、中餐零点服务程序和中餐宴会服务程序等内容，是本书的核心内容之一。本项目旨在培养学生能够在中餐零点餐厅以及中餐宴会厅开展服务工作的职业能力，为后续西餐服务、宴会设计、营销管理等内容的学习奠定基础。

学习目标

知识目标	1. 掌握中国菜的特点和分类 2. 理解中餐厅的类型及布置 3. 掌握中餐服务的基本技能及中餐零点服务程序 4. 掌握中餐宴会服务程序
能力目标	1. 能够熟练掌握中餐服务的基本技能 2. 能够根据餐厅类型，为零点餐厅客人提供服务 3. 能够根据宴会类型，提供不同规格的中餐宴会服务
素质目标	1. 具有服务意识，能为客人提供个性化服务 2. 培养吃苦耐劳的劳动精神 3. 培养工匠精神，注重餐饮服务细节 4. 增强文化自信，传递中餐文化

思维导图

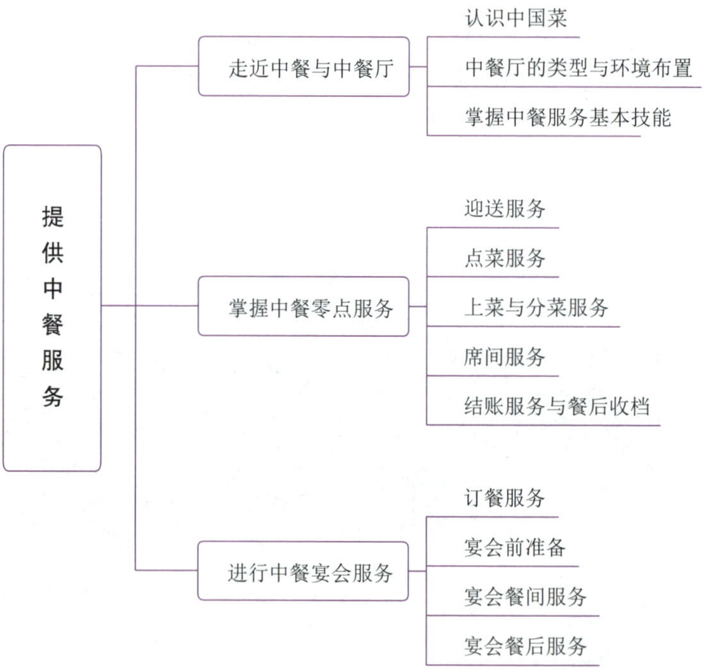

任务一　走近中餐与中餐厅

任务导入

有一位名叫李大的厨师，以其精湛的厨艺和对食物深刻的理解而闻名遐迩。李大不仅是一位烹饪大师，也是一位美食文化的传播者。他的故事，就像中餐本身一样，充满了传奇。

李大出生在一个烹饪世家，从小就对食物有着浓厚的兴趣。他的父亲是一位烹饪大师，教会了他许多烹饪的秘诀和饮食的文化。李大继承了家族的烹饪传统，每一道菜都蕴含着深厚的历史和文化。他做的红烧肉，不仅味道鲜美，还象征着生活的富足和幸福。

李大游历了中国的大江南北，学习了各地的烹饪技法和风味。他将川菜的麻辣、粤菜的清淡、鲁菜的鲜美、浙菜的酸甜融为一体，创造出了独具特色的地方融合菜。李大深知，一道成功的菜品，要色香味形器俱佳。他做的菜肴，味道鲜美，外观诱人，香气扑鼻，还器皿精美，给人以全方位的美食体验。李大精通各种烹饪技法，无论是炒、炖、蒸、烧、烤、炸、拌，他都能运用自如，根据不同的食材和口味，创造出千变万化的菜品。

李大注重食物的健康养生功效，常常将中药材与食材巧妙搭配，炖汤泡茶，既美味又健康。李大从不满足于现状，总是不断创新，将传统的烹饪技法与现代的食材和口味相结合，使中餐焕发出新的活力。

李大的餐馆很快就成为当地最受欢迎的餐厅，他的菜品不仅深受当地人的喜爱，也吸引了来自世界各地的美食爱好者。

思考：

阅读上述材料，李大经营的餐馆有哪些独到之处？中餐烹饪有哪些特点？

任务知识

一、认识中国菜

中餐以其悠久的历史、精湛的烹饪技法享誉世界，而作为融合了宗教信仰、民族文化以及民俗风情的中国菜，是展示中华民族优秀文化底蕴的重要载体。

（一）中国菜的特点

与其他国家的菜肴相比，中国菜在烹饪技法和烹饪方式上更加多姿多彩、和谐适中。经过漫长的历史发展和传承，如今，以中国菜为代表的中国餐饮业已经成为我国经济体系中的重要产业。

1. 原料丰富，选料严谨

2-1 北京烤鸭的原料

我国幅员辽阔，经度和纬度跨越较大，为我们带来了丰富的物产。加之漫长的海岸线，海洋水产的种类和数量也非常可观。在做法上，中国菜更多是熟制菜，可使用的调味料也名目繁多，味型多样，借用广东俗语“脊背朝天人皆食”，可窥见中国菜选料之一斑。中国菜不仅动物原料用得广，植物原料的选择同样广泛（见图 2-1）。自西周开始，我国有文字记载的可食用植物种类已达到 130 多种。在菜品制作的过程中，对每一种原料的选择，中国菜也非常讲究，不同味型和做法的菜品都拥有严格的选材标准。

图 2-1 中国菜烹饪原料

2. 刀工精细

中国菜不需要在进食时进行二次切割，大多在制作时已经加工成大小宜食的尺寸。中国菜对刀工非常考究，使用刀具和砧板等工具，将原料加工成丝、片、块、段、条、茸、末、荔枝花、麦穗花等众多类别。有些原料经过厨师的加工后可拼成栩栩如生的图案，这般精细的刀法、刀工不仅便于烹调入味，更增加了成菜的观赏性和艺术性。

3. 讲究调味

中国菜讲究调味，滋味丰富多彩，变化多样。中国菜的调味分基本味和复合味两种。基本味即酸、甜、苦、辣、咸等，比较单一；复合味有酸辣、咸鲜、鱼香等，各种调味技艺有上百种之多。其中以四川菜最为典型，以“一菜一格，百菜百味”的特点为世人所称道。中国菜不但口味变化多样，还巧妙地运用不同的调味品、火候等烹制出风格多样、口味独特的菜肴品类。

4. 技法多样，注重火候

中国菜的烹饪技法变化多样，烹调手段有炒、炸、爆、熘、煎、烹、烧、焖、煮、摊、涮等几十种之多。爆可分为酱爆、油爆和芫爆，甜菜烹制还有拔丝、挂霜和蜜汁等。中餐烹饪技术的核心是火候，火力有旺火、中火、小火、微火之分，通过不同的火候和技术的运用，达到“嫩而不生，透而不老，烂而不化”的境界。

5. 重视拼配和造型

中餐烹饪要求主副料的搭配和协调，对主料要求分档取用，严格切配，副料则要与主料的质量、颜色、形状、质地等协调，以达到菜肴整体的口感、味道、形状、颜色俱佳。许多名菜都是烹调技术与造型艺术的结合，造型别致，栩栩如生（见图 2–2）。

图 2-2　天鹅酥完美体现拼配和造型艺术

6. 追求餐具的精美与搭配

中国菜一直有“美食不如美器”的说法，中国人讲究食礼的同时，对于器皿也颇为讲究。精致适用的餐具为菜肴增添了别样的韵味，食与器的统一，使中国菜肴在满足味蕾的同时，更富奇妙的视觉之美和雅致的意境之美，凸显了浓郁的中国风格。

（二）中国菜的分类

中国菜历经了数千年的发展，从菜品分类上来看，由历代宫廷菜、官府菜及各地方菜系组成，其精湛的烹饪技艺和深厚的文化内涵，堪称世界一流。

2-2 仿膳饭庄

1. 宫廷菜

宫廷菜是我国历代封建帝王、皇后、皇妃等享用的菜肴，又称为“御膳”。帝王享受天子之尊，能聚敛天下最上等的珍贵原料，征召技艺最高的厨师，并有庞大的专门饮食机构——“御膳房”，因古代森严的等级制度，使得宫廷菜十分讲究。宫廷菜的特点是选料考究，刀工精细，造型工艺上以“围、镶、酿、配”为主，非常考究别致，菜名蕴含“吉祥富贵”的寓意。

2-3 三大官府菜

2. 官府菜

官府菜的历史可追溯到两汉时期，兴盛于清朝末年。官府菜与地方菜相比，其酸甜适度、火候足，讲究原汁原味，而且门派较多，其中以孔府菜、谭家菜和随园菜最为典型。

3. 素菜

素菜指的是用植物油、蔬菜、豆制品、面筋、竹笋、菌类、藻类和干鲜果品等这类植物性原料来烹调制作的菜肴。它以广大民众创造和食用的素菜为主，结合了佛教、道教的素菜及宫廷御膳素菜，人们习惯上将其分为民间素菜、寺院素菜和宫廷素菜。佛教对素菜的发展起过较大的推动作用，早期的寺院素菜多数是就地取材，烹调简单，且品种不多，如：浙江普陀寺的“丝雨孤云”是用当地的白菜、粉丝、香菇制成。这类制作简单的素菜是供寺内的僧尼食用的。后来，有些寺院为了招待进寺烧香的特殊施主，就开始制作一些质量较高的素菜，并逐渐发展为豪华的素宴。

素菜的特点是时鲜为主，清丽素雅，制作精致，富含营养，健身疗疾。人们几千年的饮食生活表明，大豆制品、花生、面筋、豆油、花生油是获取脂肪和蛋白质的主要食物，各种蔬菜则为人们提供了全面充足的维生素，有些蔬菜被人们誉为“护肤食品”，有些被誉为“美发食品”“抗癌食品”等。

4. 少数民族菜

少数民族菜肴是我国菜肴的一个重要组成部分，如：回族菜、朝鲜族菜、满族菜等。我国民族众多，在烹饪方面因礼仪习俗、物产、环境不同而各具特色。

5. 地方菜

在广袤的中国大地上，不同地区由于不同的自然条件、生活习惯、文化习俗和经济发展状况，在饮食习惯和菜肴烹制等方面产生了较大的差异，也因此逐步形成了独具特色的地方菜系。南菜与北菜两大风味菜系初现于春秋战国时期，到唐宋时期完全形成南北差异的格局。清代初期，鲁菜、淮扬菜（苏菜）、粤菜、川菜已成为我国最有影响的地方菜，后称“四大菜系”。随着饮食业的不断发展，有些地域因其人文和自然的差异性，菜系独特性愈加明显，直至清末时期，浙、闽、湘、徽的地方菜风格逐渐成熟，至此，中国“八大菜系”的格局成型，后来，又有了京菜、沪菜的加持，因而有了“十大菜系”之说。随着经济和文化的进一步发展，各地菜系不断繁衍发展，种类也越来越多，“四大菜系”和“八大菜系”依然为人们表达我国种类繁多的地方菜系时常用的代名词。这些经典菜系拥有各自独特的历史发展脉络以及文化传承，不仅具有精湛的传统烹调技艺，还有众多优美动人的传说或典故。因此，地方菜系是我国饮食文化的重要组成部分。

鲁菜

山东菜是我国最早的地方风味菜。作为我国文化发祥地之一的古齐鲁，其饮食文化也具有悠久的历史。鲁菜菜系由济南菜、胶东菜和济宁菜三种地方风味菜组成。济南菜味浓厚，擅于烹制动物内脏，特别讲究清汤和奶汤的烹制。胶东菜源于福山县（今烟台市福山区），擅于烹制各种海鲜，偏重清淡。济宁菜则以孔府菜为代表，讲究时令、名贵，口味醇香，原汁原味。鲁菜特色菜有九转大肠（见图 2–3）、糖醋黄河鲤鱼、葱烧海参等。

2–4　九转大肠的来历

图 2–3　九转大肠

苏菜

江苏菜是由苏州、扬州、南京、镇江四大菜构成的。其主要特点是：选料广泛，用料多以江河湖海水鲜为主；刀工细腻，造型别致；烹调方法多样，擅长炖、焖、煨、焐；追求本味，清鲜平和；菜品风格雅致秀丽，形质均匀柔美。苏菜特色菜有清炖蟹粉狮子头、松鼠鳜鱼、盐水鸭等。

2-5 淮扬菜

粤菜

粤菜即广东菜，主要由广州、潮州、东江三种风味菜组成。广州地处肥沃的珠江三角洲，气候温和，物产丰富，品类繁多的动植物原料为粤菜提供了持续发展和创新的物质基础。粤菜以其选料广博、新颖奇异闻名遐迩。菜品讲究清而不淡，嫩而不生，时令性强。粤菜特色菜有白云猪手、龙虎斗、烤乳猪等。

2-6 白云猪手的来历

川菜

四川菜历史悠久，起源于古代的巴国和蜀国，以味型多样、变化巧妙而著称。川菜遍布大江南北，深受人们喜爱。在中国，“味在四川”已经为世人所公认。川菜具有用料广博、味型多样、菜肴适应面广等三个特征。川菜特色菜有麻婆豆腐、鱼香肉丝、回锅肉等。

2-7 麻婆豆腐的来历

二、中餐厅的类型与环境布置

中餐厅是以中式菜肴为主要经营产品，以中式元素作为环境风格的餐饮经营场所，也是酒店的主要餐饮场所。我国幅员辽阔，民族众多，地域以及民俗具有较大的差异，这使得不同地域和风格的中餐厅各具特色。中餐厅的装修风格、室内氛围、家具设备、餐饮用具、装饰用品以及服务人员的穿着打扮都应围绕产品文化渊源、特色等进行设计和创意。

（一）中餐厅的类型

依据不同的标准，可把中餐厅划分为不同的类型，如从规模上划分，可分为单体餐饮店和连锁餐饮店；从业态类型上划分，可分为火锅、茶饮、烧烤、中式快餐、地方小吃、美食广场、食堂、酒店餐饮等业态；从菜系角度来分，可分为鲁菜、淮扬菜、粤菜、川菜、徽菜、湘菜、上海菜、北京菜等不同菜系的餐厅。本书指的中餐厅是以中式餐点为主要经营产品的正餐餐厅，这类餐厅有时也开设早餐，但以经营正餐为主。从设计布局上来说，中餐厅可以分为以下类型：

1. 宫廷式

宫廷式或皇家建筑风格的餐厅布局采用严谨的对称方式，在轴线的一端常设主宾席和礼仪台。这种布局氛围隆重热烈，空间开阔，适合举行各种盛大喜庆宴席，如婚宴、寿宴等。在装饰风格与细节处常采用或简或繁的宫廷做法。

2. 园林式

这种布局以园林为样板，餐桌布置具有自由组合的特点，将餐桌周围处理成小桥流水氛围的景观，采用园林的漏窗与隔扇手法，通过通透的二次分割的方法将靠窗或靠墙的区域改造成主要就餐区和次要就餐区，以此来保证就餐环境的私密性。这种园林式的餐厅布局给顾客以置身于园林之中的愉悦感，在装饰风格和细节处采用江南园林的处理做法。

（二）中餐厅的环境布置

中餐厅在进行环境布置时，应在家具、灯饰以及装饰物品的选择上凸显中式文化风格。

1. 家具选取

家具是餐厅中重要的视觉要素，家具的形式和色彩奠定了餐厅装饰设计风格的基调，因此，家具的风格和式样在中餐厅的室内环境布置中具有举足轻重的作用。中餐厅的家具一般选取中国传统家具，以明清时期的家具形式居多，这时期的家具较为宽大、舒适，符合现代人体工学的特点。当然，空间较大的餐厅还可以使用简化和改良版的现代中式家具，传统的明清家具则可以应用在小型雅间中。

2. 灯饰设计

中式风格的灯饰较多，可选择余地也较大。但是在进行中餐厅灯饰设计时，应充分考虑显色性，以免对食物的色彩和客人的就餐情绪产生不利的影响。切忌使用彩色光源。一般来说，白炽灯的显色性比较自然，适用于餐厅的环境照明，可在以白炽灯为主的基础上，对不同的就餐区域进行局部重点照明，主要做法有：

（1）在层高偏低或者较为现代的中餐厅中，将与环境照明相同的灯具进行组合，使局部密集照明，形成重点照明。

（2）在层高较高或较为传统的中式餐厅中，使用中式宫灯进行重点照明。这时应根据顶棚造型和空间高低确定合适的宫灯式样，选取数量恰当，以达到空间的和谐。

3. 装饰物品选择

除硬件布局和物品外，中式餐厅还应选择具有中式文化特色的艺术品和工艺品进行点缀，丰富空间感受，烘托中式文化氛围。经常使用的装饰用品和图案如下：

（1）寓意吉祥美好的传统图案，如龙、凤、麒麟、鹤、鱼、鸳鸯等动物图案和松、竹、梅、兰、菊、荷等植物图案以及它们之间的不同组合和变形图案。

（2）具有传统文化氛围的中国字画。

（3）古玩、工艺品等点缀品和摆件，包括漆器、屏风、玉雕、木雕、石雕、瓷器、茶具等。

（4）具有地域或民俗特色的生产、生活用具。这类独具地域民风民俗或民族风格的生活用品和生产工具拥有独特的魅力，可在顶棚、墙面或者餐厅一角形成小景观，引发顾客的共鸣。

三、掌握中餐服务基本技能

餐饮行业人员要具备扎实的餐饮服务基本技能。只有掌握过硬的专业技能，才能为客人提供规范、优雅、周到的服务。

（一）托盘

托盘操作是餐厅服务人员必须掌握的基本技能之一。根据托送物品的不同，所选用的托盘也有所不同，同时还要求中餐服务人员在操作中做到送物不离托盘，练就过硬的基本功。

1. 托盘的种类

（1）按质地分，可以将托盘划分为木质、金属以及胶木防滑托盘三大类。现在餐饮服务中多以胶木防滑托盘居多，在一些高档宴会常使用银托盘。

（2）按用途分，可以将托盘划分为大、中、小三种规格，形状有方形、长方形或圆形之分。长方形托盘（有不同规格，一般分大、中号）用于托运菜点、酒水和盘碟等较重物品。圆形托盘根据直径不同，分为大、小两种。大圆形托盘一般用于席间服务；小圆形托盘主要用于递送账单、信件等。

员工在托送物品时，应选择与所托送物品大小相宜的托盘。如托盘无防滑功能，可使用专用的垫巾，以防物品在运送过程中滑动。

2. 托盘的使用方式

轻托

轻托也称为胸前托，用于席间服务的操作，所托物品重量一般在 5 千克以内。其要点是：左手臂弯曲呈 90 度，手肘距腰部一拳；掌心向上呈凹形，五指指端及掌根部托住托盘底部中心位置，掌心不能与盘底接触。

轻托步骤一般包括：理盘、装盘、起盘、行走和落盘五部分。

• 理盘。根据所托物品选择合适的托盘，洗净擦干。在盘内垫上专用垫布，将其铺平拉直。

• 装盘。装盘时，服务员应根据物品的形状、体积和使用的先后顺序来摆放托盘内的物品，并将物品摆放整齐。在几种物品同装时，一般是重物、高物放在托盘的内侧，轻物、矮物放在外侧；先上桌的物品在上、在前；后上桌的物品在下、在后，以安全稳妥、便于运送和方便取用为宜。

• 起盘。起盘时应左脚在前，右脚在后，屈膝弯腰，以确保托盘平稳。右手将托盘拉出三分之一，左手托于托盘底部中心，右手扶住托盘，起托后撤回左脚。

• 行走。持托盘行走时，要确保头正肩平，上身挺直，目视前方，托盘应自然摆动，并确保菜汁、酒水不外溢。

托盘行走的步伐可归纳为常步、快步、碎步、垫步四种。常步即平常行进的步法，步距均匀，快慢适宜，托送一般物品时使用；快步即步幅稍大，步速稍快，但不能跑，托送火候菜时使用；碎步即步幅较小、步速较快的一种步法，托送汤类时使用；垫步即一脚在前、一脚在后，前脚进一步后脚跟一步的步法，用于穿行狭窄过道时使用。

• 落盘。到达目的地要将托盘小心地放到工作台上。左脚在前，右脚在后，弯腰前倾，右手协助将托盘放于工作台上。

重托

重托又称肩上托，是托载较重的菜点、酒和盘碟的方法。即左手向上弯曲，手肘离腰部 15 厘米，前肩与身平行，掌心向上，略高于肩，五指分开，以大拇指指端到手掌的掌根部位和其余四指托住盘底保持平衡。肩上托法的优点是行走起来较为高雅。目前，餐厅一般不用重托，多用小型手推车递送重物。

（二）斟酒

1. 斟酒前的准备工作

领取酒水，检查酒水质量

从指定区域领出酒水后，应确保瓶身洁净。检查酒水质量，如有无悬浮物、酒水是否混浊等，如出现此类情况，要及时调换。

示瓶

示瓶时，服务员应站在客人的右侧；左手托住瓶底，右手扶瓶颈，将酒标朝向客人，让客人确认所点酒水的商标、品种或年份等信息。

调节酒水温度

• 冰镇。可以使用冰块冰镇或冰箱冷藏冰镇两种冰镇方法。冰块冰镇的方法是：准备好需要冰镇的酒水和冰桶，桶中放入冰块，冰块不宜过大，将酒瓶插入冰块中，一般 10 分钟后，达到冰镇效果，也可在酒杯中放入一块冰块，轻轻旋转杯子，达到对盛酒杯具降温的目的。冰箱冷藏冰镇时，需提前将酒水放入冷藏柜内，使其慢慢降温，直至达到合适的饮用温度。冰镇饮用可达到最佳口感的酒水有：白葡萄酒、啤酒、香槟酒、葡萄汽酒、玫红葡萄酒等。

• 温酒。温酒的方法有水烫、烧煮、燃烧、将热饮料冲入酒液或将酒液注入热饮料中升温等四种，通过温酒可使某些酒水（如加饭酒）喝起来更有滋味。

准备酒杯

不同的酒水需搭配不同的酒杯。专用酒杯不仅可以体现餐厅服务的专业化程度，还会为客人营造良好的消费氛围，体现餐厅的优质服务。服务人员应确保酒杯洁净光亮，安全卫生，无水迹、油迹，无指纹。

2. 开酒瓶

准备好酒钻、毛巾。

使用正确的开瓶器具。开瓶器有两种：一种是专门开启瓶塞的酒钻，如多功能的开瓶器（酒刀）、翅式开酒钻；另一种是开瓶盖用的启盖扳手。

2-8　红白葡萄酒的开启方式

开瓶时应动作轻盈，减少瓶身晃动。开启瓶塞以后，要用干净的口布擦拭瓶口，检查瓶口是否有问题。开启后的封条、木塞、盖子等杂物，不要直接放在桌子上，可以放在小盘子里，操作完后要一起带走。

3. 尝酒

服务葡萄酒时，在斟倒前，应先为主人斟倒适口量的酒水，让主人品鉴，征得同意后再斟酒。

4. 斟酒

斟酒方式

斟酒的方式一般有徒手斟酒和托盘斟酒两种方法。

（1）徒手斟酒。站立在客人右侧，左手持一块洁净的餐巾，背于身后，右手握酒瓶中部，酒标朝向客人。斟酒时，身体微向前倾，进行斟倒。斟至适当酒量时，右手持瓶顺时针旋转 45 度，收回酒瓶。

（2）托盘斟酒。使用托盘斟酒时，服务人员应左手托托盘，将托盘中的酒水向客人展示，让客人选择酒水，然后进行斟倒。托盘斟酒时，托盘不可逾越客人的头顶，掌握好托盘重心的同时，左臂将托盘向外托送，避免托盘碰到客人。

微课 2-1 徒手斟倒酒水

斟酒量

（1）白酒斟至八分满。

（2）红葡萄酒斟至五分满，白葡萄酒斟至七分满。

（3）斟香槟酒时，应将酒瓶用干净的餐巾包好，先向杯中斟倒三分之一，待泡沫退去后，再往杯中斟至三分之二。

（4）啤酒等含泡沫的酒，斟倒时分两次斟，以泡沫不溢为准。

斟酒的顺序

中餐斟酒一般从主宾位置开始，按照顺时针方向斟倒。大型宴会一般提前 5 分钟左右将客人的酒斟好，若是两名服务员同时操作，则一位从主宾开始，另一位从副主宾开始，并按顺时针方向进行。

斟酒的注意事项

• 斟酒时，瓶口不可与杯口相碰，以相距 2 厘米为准。

• 斟酒时，根据瓶内酒量多少，适当地倾斜瓶身，控制酒液流下的速度。

• 操作不慎将酒杯打翻时，应首先向客人道歉，为客人进行擦拭，立即将酒杯扶起，用一块干净餐巾铺在酒迹上。检查酒杯有无破损，如有破损，应立即更换新杯，如无破损将酒杯放回原处，重新斟酒。

• 当瓶内剩余酒水不足一杯时，不宜再为客人斟倒。

• 当客人杯中酒水少于三分之一时，应该征询客人意见，及时添酒、添饮料。

• 在大型宴会中，主宾讲话前，服务员要将酒水斟倒好，以备宾主祝酒之用。主宾讲话时，服务员应停止操作，站在适当的位置，以示敬意。待讲话结束后，将讲话者的酒水送上，以供祝酒之用。

（三）餐巾折花

1. 餐巾的作用

（1）餐巾是一种卫生用品。餐巾一方面可以供客人用来擦嘴或遮羞，另一方面也可以防止汤汁、油污弄脏客人衣服，起到保洁的作用。

（2）餐巾折花美化席面。千姿百态的花卉植物和惟妙惟肖的动物造型，摆在餐桌上可以点缀美化席面，同时还可以渲染宴会气氛，给客人以视觉上的享受（见图 2–4）。

（3）餐巾折花突出主题。运用餐巾花的不同造型及摆设可以点缀宴会主题以及标志宾主的座次，便于入座，体现宴会的规格与档次。

图 2-4　餐巾折花

2. 餐巾的种类

（1）按质地分，可以分为全棉和涤纶化纤两种材质。使用过程中各有优缺点：全棉质吸水性好，浆洗后较为挺括，容易折叠，造型效果好；但因清洁后需上浆、烫挺，较为烦琐。化纤质餐巾容易清洗和干燥，不用浆烫，使用起来较为方便；但吸水性较差，折叠造型的可塑性较全棉餐巾弱一些。

（2）按色泽分，有白色和彩色之分。餐巾的色型可根据餐厅主题风格和主题色调选用，力求和谐统一。白色餐巾给人以典雅文静之感，有助于调节视觉和安抚情绪。彩色餐巾有暖色调和冷色调之分。暖色调餐巾——红色（玫瑰红、粉红）、橘黄色、鹅黄色，充满喜气，给人以富丽堂皇、兴高采烈之感，能从侧面刺激人的食欲；冷色调餐巾——浅绿色、淡蓝色则给人以清新凉爽之感，与一定主题的餐饮活动相配合，能起到恰如其分的效果。

（3）按规格分。一般以 50~65 厘米见方的较为适宜。

3. 餐巾花造型的种类和应用

种类

依据折叠方法与盛放工具的不同，将餐巾折花分为杯花、盘花和环花三大类。杯花插入杯中完成造型，取出即散开。盘花独立成形，成形后不会自行散开，可放在盘中或桌面上。环花是将餐巾平整卷好或折叠形成一个尾端，套在餐巾环内。目前，餐巾折花已向美观大方、造型简单、叠法快捷的方向发展。

按造型的外观，可将餐巾花分为植物、动物、实物造型三大类。植物类花型种类多样，造型美观；动物类花型，形态逼真、活泼生动；实物类花型造型独特，可用于主题宴会装点使用。

花型的选择和应用

餐巾花型的选择和应用，一般应根据宴会的主题、规格、季节时令、个人的宗教信仰、风俗习惯、宾主座次的安排、台面的摆放需要等因素来考虑，以取得布置协调，台面美观的效果。总的原则有：根据宴会主题选择花型；依据宴会的规格选择花型；根据餐具特点选用与之匹配的花型；根据季节特征选择花型；根据客人身份、宗教信仰、风俗习惯和爱好确定合适花型；根据宾主的座次安排选择花型。

餐巾花的摆放

杯花插入杯中的深度要适当，盘花应摆正摆稳；折花造型应突出主位；餐巾折花的观赏面要朝向客人；餐巾花高度不应遮挡客人视线。

4. 餐巾花的基本技法和要领

餐巾花的折叠技法众多，可分为叠、推、卷、穿、翻、拉、攥、掰、捏等不同手法。折叠时，或单独应用一种手法或穿插应用几种手法。

叠

叠是最基本的餐巾折花手法，是折叠推叠的意思。要领：“叠”时要确定好折缝线和角度，一次成型，避免多次反复，致使餐巾上留下折痕，影响最终造型的挺括美观。

推

推是打褶的一种手法，推褶之前要确保工作台台面干净光滑。要领：中指控制间距，拇指、食指紧握褶向前推向中指。推折时不能向后拉折，否则易导致褶大小不匀。要保持褶的匀称，一般应从中间向两边推褶。

卷

卷是将餐巾卷成圆筒形的一种方法。要领：双手用力均匀，平行卷动。卷后的餐巾应两端形状一致；斜角卷时，两手要按所卷角度的大小，左右配合卷一头或一头多一头少。不管用哪种方法，最终呈现的效果都应卷紧，避免松软无力而影响造型。

穿

穿是用工具（通常是筷子）从折叠过的餐巾的中层褶缝中边穿边收，形成皱褶，以完成造型的一种方法。要领：穿用的工具要光滑、干净，拉折要均匀。遇到双层穿裥一般应先穿下层，再穿上层，这样两层之间不会被挑出散开。

翻

翻是指在餐巾花制作过程中，将餐巾折或卷后的部位翻起，最终形成所需花样的一种方法。

拉

拉，是在翻的基础上，为使餐巾造型挺直而将部分餐巾牵引出的一种手法，常常与翻的动作相配合。在翻拉过程中，双手要配合好，确保造型松紧适度。

攥

攥是指将叠出的餐巾花半成品攥在手中的一种方法。攥是为了让花型不松散，不易脱落走样。

掰

掰一般用于花形的制作。将餐巾叠好的层次，用右手按顺序一层层地掰出花瓣。掰时不要用力过大，掰出的层次或褶的大小距离要均匀。

捏

捏主要是做鸟或其他动物的头时所使用的使造型逼真的一种方法。捏时，一般用一只手的拇指、食指和中指三个手指进行操作，使动物造型逼真生动。

总之，巧妙折叠成的各式餐巾花不仅可以提高摆台的装饰效果，而且还能起到衬托食品排列陈设的作用。

5. 常用餐巾花实例

动物造型

企鹅。将口布呈三角形对折；将底边两巾角从内侧向顶角靠拢；再将两侧巾角向中间对拢；将一侧向另一侧对折；打开底部做尾巴；最后落下顶角做头部（见图 2-5）。

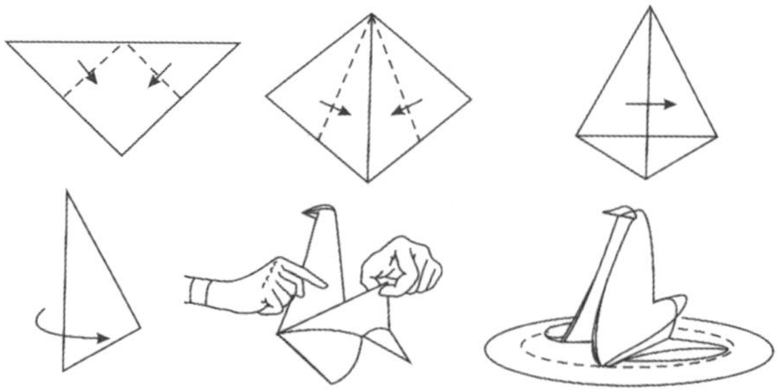

图 2-5　企鹅造型

圣诞火鸡。将口布正面向上呈长方形对折；再对折呈正方形；翻起一片巾角与顶角有一定距离；翻起第二片巾角与第一个角有一定距离；翻起第三片角与第二个角有一定距离；从中间向两边均匀推褶，拉起底角做一个鸟头，插入杯中整理成形（见图 2–6）。

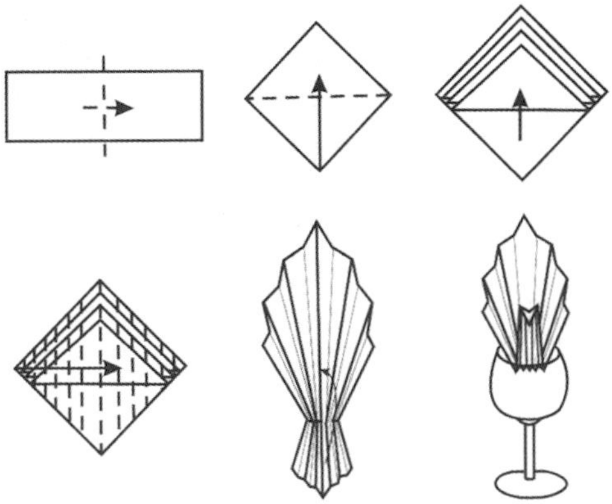

图 2–6　圣诞火鸡造型

翠鸟觅食。将餐巾的巾角先对折，后翻折呈菱形；从中折 8 裥左右，一端留有 18 厘米左右，另一端留约 1 厘米左右；从中心向下折拢，用手握住，短头做鸟头，另一端做嘴；翻上底下的两个巾角做鸟翅，放入杯中，整理成形（见图 2–7）。

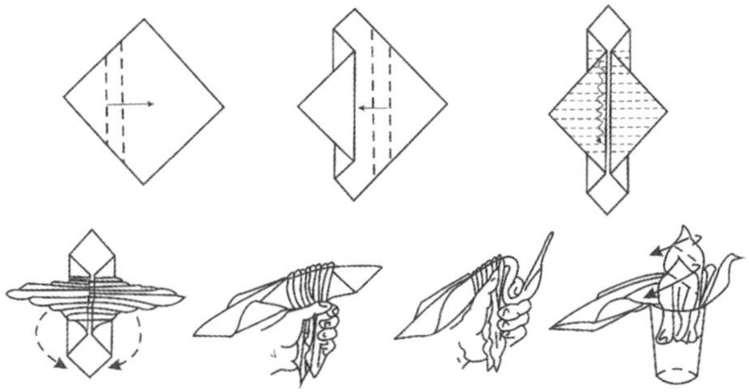

图 2–7　翠鸟觅食造型

金鱼漫游。将餐巾两边向中心折成双长方形；从一端向另一端折 7~8 裥，上部留约 13 厘米做鱼尾；双手向下捏裥，折拢成鱼身；最外侧夹层外翻做鱼眼；插入杯中，整理成形（见图 2–8）。

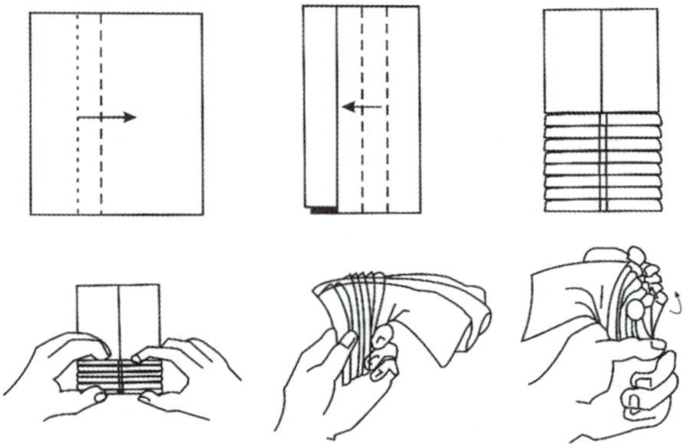

图 2-8　金鱼漫游造型

孔雀开屏。将餐巾两角对折，再分别折三分之二，前面巾角下折；向两边折 9 裥，握在手中；用筷子分别从两夹层穿入，提上前面巾角做头，角尖捏成嘴；插入杯中，抽出筷子（沿插入的方向抽出），整理成形（见图 2-9）。

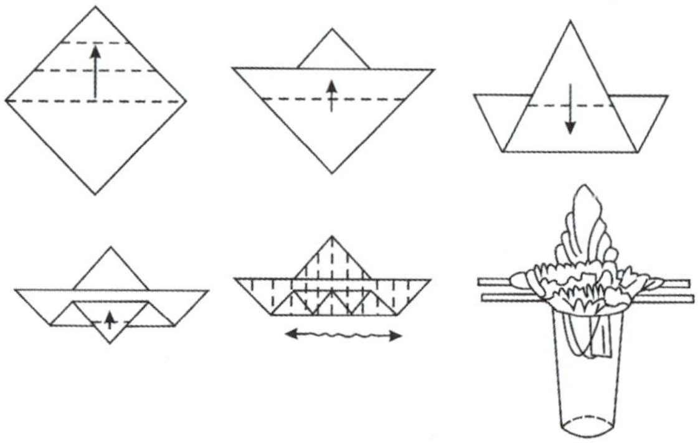

图 2-9　孔雀开屏造型

植物造型

竹笋。对折呈长方形；再对折呈正方形；翻起一片巾角与顶角有一定距离；翻起第二片巾角与第一个角有一定距离；翻起第三片角与第二个角有一定距离；翻起第四片角与第三个角有一定距离；两边向背面翻折；四角向下翻，插入杯中整理成形（见图 2-10）。

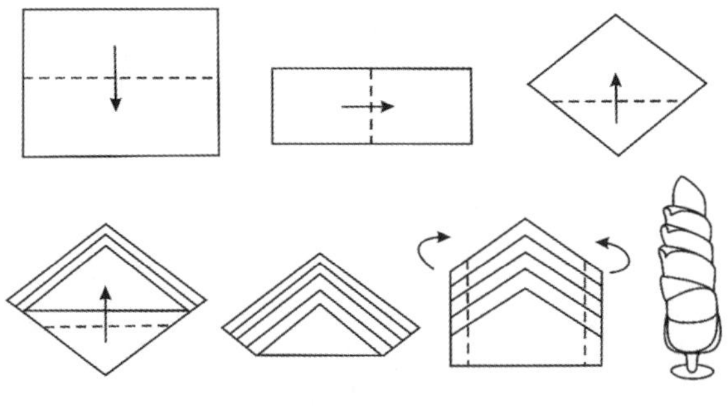

图 2-10　竹笋造型

月季花。对折呈长方形；再对折呈正方形；推成 6 褶拢；将 4 层巾角分开，一边两层；将中间的层次掰开做花，插入杯中整理成形（见图 2-11）。

图 2-11　月季花造型

单叶荷。对折呈长方形，再对折呈正方形；推成 5 褶；将四角分开，插入杯中整理成形（见图 2-12）。

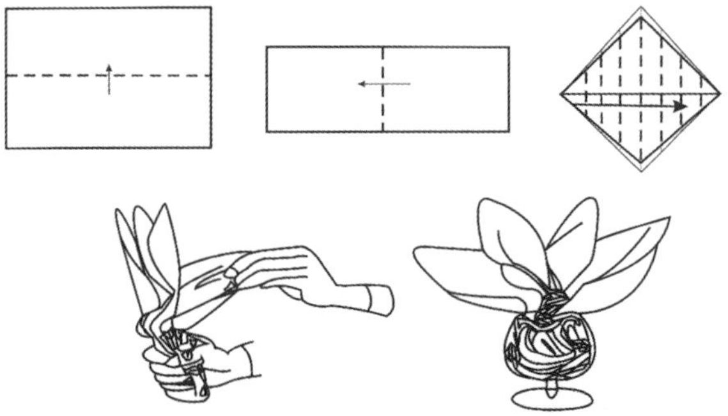

图 2-12　单叶荷造型

香山红叶。将底边斜向上对折；再从右向左对折呈锯齿状；将底角翻上在正中间；从中间向两边均匀推折；插入杯中整理成形（见图 2-13）。

图 2-13　香山红叶造型

单芯鸡冠花。将餐巾两端向中线呈长方形对折；再向背面对折呈窄长方形；由下至上推褶，宽度为 1 厘米；用筷子穿入其中的单个夹层，插入杯中，抽出筷子，整理成形（见图 2-14）。

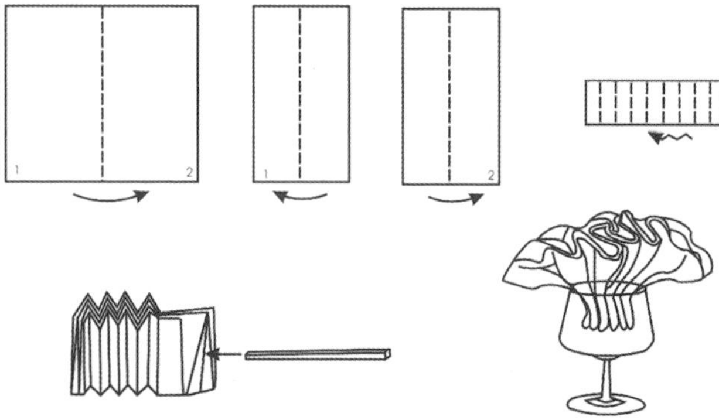

图 2-14　单芯鸡冠花造型

实物造型

彩扇送爽。将餐巾的巾边对折呈长方形，再将巾边对折呈窄长方形；从一边折成 3.3 厘米左右的折裥，用左手握巾裥，右手将巾边凸出部分拉出呈三角形，并压紧；慢慢摆开呈扇形（见图 2-15）。

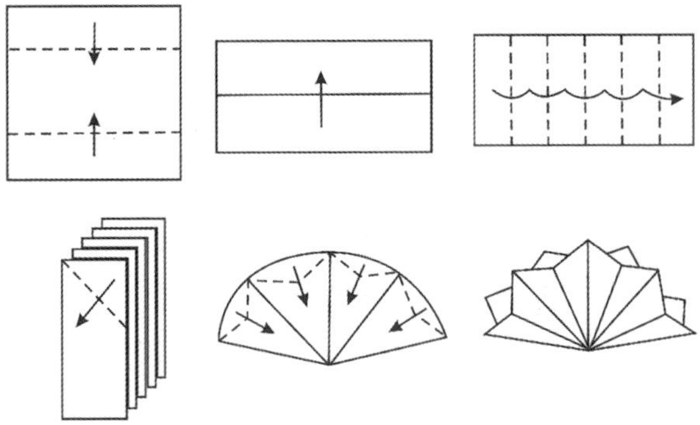

图 2-15　彩扇送爽造型

公主桂冠。将餐巾的巾边平行对折成六份，再向后折呈窄长方形；从两端向内双层平摊呈宽长方形；将上端巾角依次折成三角形；放在盘中展开三角形，整理成形（见图 2-16）。

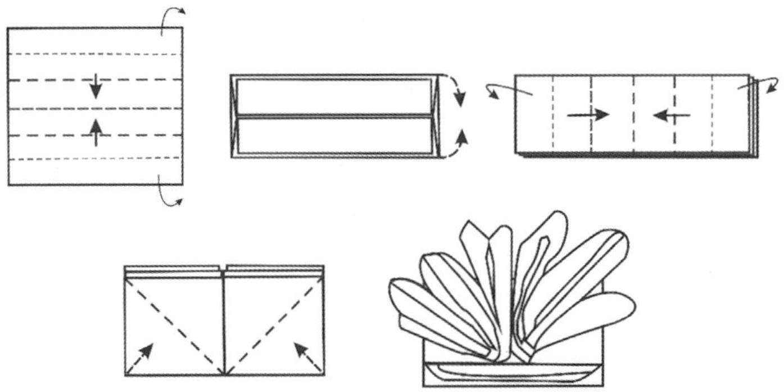

图 2-16　公主桂冠造型

皇冠。对折呈长方形；将对角向中间对拢；翻过来平行对折；将两层巾角翻上去，将左巾角折过来，放在夹层中；翻过来，将右巾角折过来，放在夹层中（见图 2-17）。

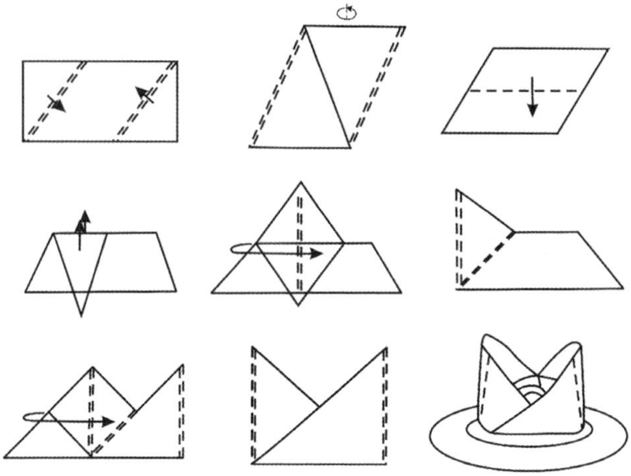

图 2-17　皇冠造型

一帆风顺。对折两层再折成四层；然后折成八层三角形；左右两角折向中线；翻转；左右两角下折；上下对折；将中间四片布拉出成帆；调整成帆船形（见图 2-18）。

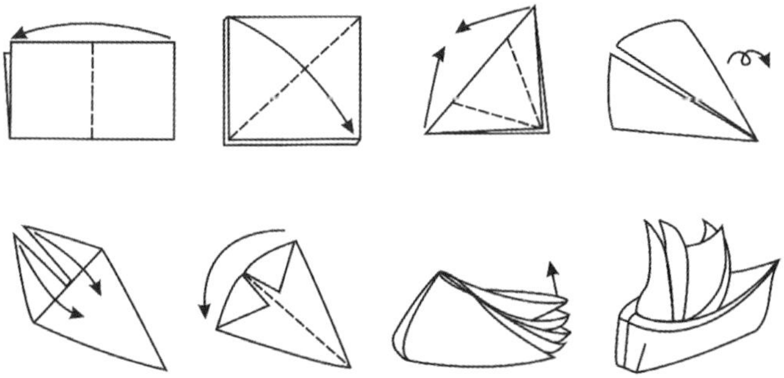

图 2-18　一帆风顺造型

精致西装。将餐巾的巾边相对折成三角形，两底角错位对折翻转餐巾，底角两次上翻，两侧角分别向内，按衣服比例翻折；再翻折，调整成形（见图 2-19）。

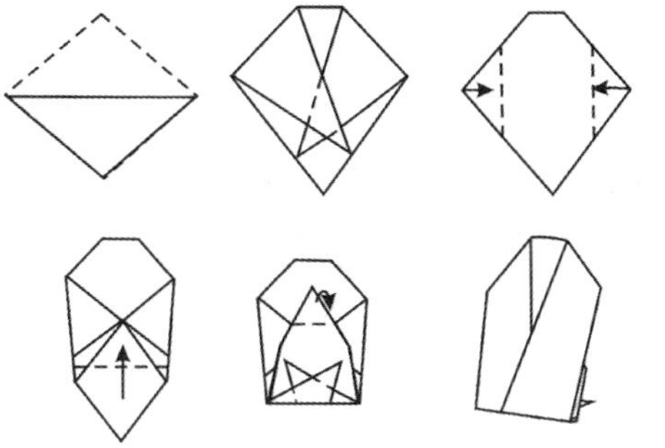

图 2-19　精致西装造型

（四）中餐摆台

摆台，是为客人放置就餐桌，确定座次，提供必要的就餐用具和装饰用品等，包括摆放餐桌、铺设台布、摆放餐具、美化席面、安排席位等。铺设后的餐台要求做到台型设计考究、合理，席位安置有序，餐具用具摆设齐全、整齐一致，既方便用餐，又利于服务，同时兼具艺术性和卫生性。

1. 零点摆台

根据餐别按照服务规格摆好餐具、用品。摆放餐具时，要求图案对正、距离匀称、整齐美观、清洁大方、便于使用（见图 2-20、图 2-21）。

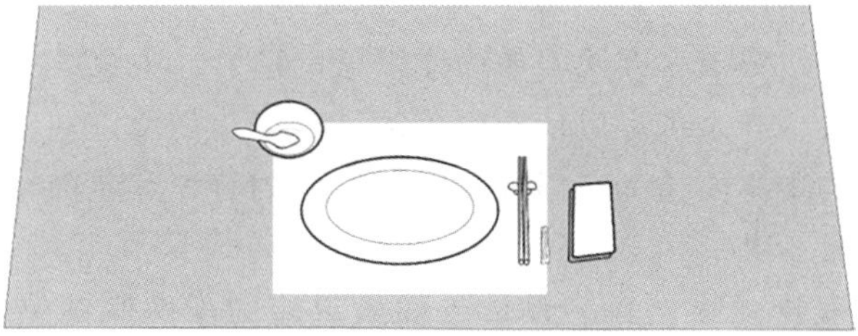

图 2-20　中餐零点早餐摆台

图 2-21　中餐零点午、晚餐摆台

2. 宴会摆台

合理布局

根据宴会主题、人数、接待规格、习惯禁忌、特别要求以及宴会厅的结构、形状、面积、空间、光线、设备等所设计的宴会餐桌排列组合的总体形状合理布局。布局应既合理利用宴会厅的固有条件，又表现主办方的意图，烘托宴会的气氛，便于客人就餐和服务员席间服务。

（1）餐桌与餐椅。中餐宴会10人标准餐台一般使用直径180厘米的圆桌。宴会餐桌标准占地面积一般每桌10~12平方米，桌与桌之间纵距一般为2米，横距一般为1.5米。

（2）台型布局。宴会台型布局时，一般应按照“中心第一、先右后左、高近低远”的原则进行。“中心第一”是指布局时要突出主桌或中心桌；“先右后左”是国际惯例，即主桌右席的客人身份地位应高于主桌左席客人的身份地位；“高近低远”是指身份高的客人的座席应离主桌近，身份低的离主桌远。

（3）主桌或主宾席区。在设计宴会台型时，要根据宴会厅的形状和面积，合理确定主宾席区和主桌位置。主宾席区的位置可放在宴会厅上首位置，其他桌次由上至下排列，也可将其置于宴会厅中心位置，其他桌次向四周辐射排列。主桌上通常使用考究的台布、桌裙、椅套和高档的银质餐具，台面装饰具有较强的感染力。

（4）工作台。是指为方便服务操作设置的边台。主桌或主宾席区一般设有专门的工作台，其余各桌可依照服务区域及工作需要设立工作台。不同工作台之间摆放的距离要适当，以便于服务操作为宜，其装饰布置应与宴会厅环境和氛围协调一致。

（5）桌次安排。宴会台型设计平面效果应力求图案的错落有致和对称协调。

座次安排

进行座次安排时，应遵循主办单位或主人的要求，根据客人身份确定其座次。

以10人位宴会为例：主人通常面门而坐，可纵观全局，副主人则与主人相对而坐；主人的右左两侧分别安排主宾和第二主宾就座，副主人的右左两侧分别安排第三、第四主宾就座，其他座次为陪同席。在特定情况下，副主人的右侧也可以安排第二主宾，主人的左侧则安排第三主宾。

在中国一些民间传统宴会时中常遵循高位自上而下、自右而左、男左女右的原则。

多桌宴会进行座次安排时的重点是确定主人位。以主桌主人位为基准点，其他各桌主人位的安排可采用两种方法：一种是其余各桌的主人位置与主桌的主人位置相同且朝向同一个方向；另一种是各桌主人位置与主桌主人位置相对。

座次的具体安排通常用座次卡体现。座次卡是根据饭店总体形象而设计的精美卡片，上面注明客人名字。字迹要清楚、整齐，如中方宴请则将中文写在上方，外文写在下方，反之亦然。大型宴会一般预先将客人座次打印在请柬上，以便客人抵达时能迅速找到自己的座位。

中餐宴会摆台步骤

（1）准备工作：洗净双手；准备好干净的各类餐具、台布等；折好餐巾花。

（2）摆台（见图 2–22、图 2–23）。

图 2-22　中餐宴会摆台单个餐位示意图

图 2-23　中餐宴会摆台全台示意图

（3）铺台布、放转盘、围桌裙、配餐椅。

• 铺台布。铺台布有三种方式，分别是推拉式、抖铺式和撒网式。推拉式：双手拇指和食指捏住台布的边缘距离中线均等约50厘米，用双手向前推，并用除拇指、食指外的其余三指将台布拉回直至台布全部收回，然后再用双手顺势将台布扣回呈内包状，贴桌面推出，推拉时注意台布中缝对正主人及副主人位，中心点落在餐台圆心处。铺好的台布布面平整、十字折线居中，四边均匀下垂。抖铺式：双手拇指和食指捏住台布的边缘距离中线均等约 50 厘米，用中指与食指将桌布横折夹起，双手抬高于胸前，将桌布抛出，力度适宜，当另一边刚过台时，双手将台布拉正即可。撒网式：双手拇指和食指捏住台布的边缘距离中线均等约 50 厘米，用中指与食指将桌布横折夹起，再左旋撒或右旋撒，将台布盖于台上，当盖在台面时，尚有空气未排出，台布会保持暂时的拱起，此时恰巧将台布拉正于台上即可。

• 放转盘。分清反正面，摆放在台面中心，旋转要灵活。

• 围桌裙。与桌面台布边缘齐平，用裙夹或珠头针均匀平整地固定在台周围。

• 配餐椅。以 10 人台为例，主人和副主人一侧分别摆放三把餐椅，陪同席两侧各摆放两把餐椅。

（4）骨碟定位。将骨碟码好，放入托盘，左手持托盘，右手摆放；摆放时，应从主人位开始顺时针依次进行。要求骨碟距桌边 1.5 厘米，定位均匀一致，花纹、店标要正面朝向客人。

（5）摆味碟、汤碗、汤勺。味碟位于骨碟正上方 1 厘米处；汤碗摆放在味碟左侧，距离味碟 1 厘米，汤勺勺柄向左，与所在餐位的桌边切线平行。

（6）摆红酒杯、白酒杯和水杯。三杯可分两圈摆放：第一圈将红酒杯和白酒杯摆放在带有垫布的托盘中，从主人位开始顺时针进行；第二圈将水杯摆放在带有垫布的托盘中，从主人位开始顺时针进行。要求：红酒杯位于味碟正上方 2 厘米处，白酒杯位于红酒杯右侧，水杯位于红酒杯左侧，杯肚的间距为 1 厘米，三杯成斜直线与水平成 30 度角。

（7）摆筷架、筷子。筷架摆在骨碟右侧，与味碟成一条水平直线。筷子、长柄勺搁摆在筷架上，长柄勺距骨碟 3 厘米，筷尾距桌边 1.5 厘米。筷套正面朝上摆放，牙签摆放于长柄勺和筷子之间，牙签套正面朝上摆放，底部与长柄勺齐平。

（8）摆茶具。茶杯底碟位于筷子右侧 2 厘米，中心与骨碟中心在一条直线上。

（9）摆公用餐具。公用餐具摆放在正副主人餐位的正上方。按先筷后勺顺序将筷、勺搁在公用筷架上（设两套），公用筷架与正副主人位水杯之间间距 1 厘米，公勺在外，公筷在里，筷子末端及勺柄向右。

（10）摆餐巾花。从主人位按顺时针摆放，花型应突出主人位和副主人位。

（11）摆花瓶或插花。花瓶或插花放于台面的中心位置。

（12）拉椅定位。将餐椅拉出距台布下垂边缘1厘米，椅背中央与骨碟中心在一条直线上。

检查工作

- 摆放餐具时，应检查其是否符合卫生标准，是否完好无破损。
- 检查台面摆设有无遗漏，是否合乎规范。
- 检查餐椅是否完好。

任务实操

中餐宴会摆台技能比拼

实训目的	提高学生中餐宴会摆台操作技能	
实训环境	中餐实训室	
各项目操作时间及效果		
项目	时间	效果
台布		
骨碟、味碟		
筷子、筷架		
汤碗、汤勺		
酒杯		
口布折花		

任务二　掌握中餐零点服务

任务导入

福满楼是一家位于市中心繁华地段的中餐零点餐厅，以其地道的中式菜品和卓越的服务而闻名。餐厅经理李明最近对服务流程进行了优化，以应对日益增长的客流量和提升顾客满意度。一个周六的晚上，福满楼迎来了客流高峰。张华一家五口预订了晚上 7 点的晚餐，以庆祝张华父亲 70 岁生日。张华一家到达餐厅，迎宾员小王立刻迎接并引导他们至预订的包间。

服务员小李为他们拉椅让座，并迅速递上菜单和酒水单。小李耐心询问张华一家的饮食偏好和是否有特殊需求，同时推荐了几道餐厅的特色菜。张华一家点完菜后，小李迅速将订单传至厨房，并为他们倒上茶水。菜品陆续上桌，小李及时为每位顾客更换了新的餐具，并在适当时机询问是否需要添加米饭或其他服务。

张华的父亲对海鲜过敏，小李立即通知厨房注意菜品中不得含有海鲜成分。用餐结束后，小李为张华一家提供了详细的账单，并指引他们至收银台结账。

张华一家离开后，小李迅速清理了包间，并检查是否有遗留物品，同时对本次服务进行了简短的复盘，记录下任何可以改进的地方。

张华一家对福满楼的服务非常满意，特别是对小李的专业态度和细心服务赞不绝口。张华的父亲表示，尽管他有饮食限制，但餐厅依然能够提供满意的菜品，让他感到非常贴心。他们表示会将这次愉快的用餐体验推荐给亲朋好友。

思考：

阅读上述材料，服务员小李为张华一家提供了哪些服务？福满楼餐厅的服务流程有哪些？

任务知识

一、迎送服务

（一）迎宾准备

1. 仪容仪表检查

提前 5~10 分钟到达岗位，检查自己的仪容仪表、精神状态。

2. 迎宾台物品准备

准备好迎宾台的相关物品，如预订本、笔、电话、菜单、推广宣传材料、订餐卡等，要求物品摆放整齐，工作区域内干净，无脏物，无积灰。

3. 掌握预订情况

根据预订的信息，准确掌握当日预订客人所预订的桌号、房间名称及客人姓氏等信息。

（二）迎宾服务

1. 与客问候

当客人来到餐厅时，要面带微笑，热情礼貌地问候客人。若为熟悉的客人，应称呼客人姓氏。问候客人时，迎宾员应身体微向前倾，点头示意；微笑问候宾客，遵循女士优先的原则；语言清晰悦耳；询问不熟悉客人的姓名，便于称呼客人。

微课 2-2　迎宾服务

2. 询问客人预订情况

（1）如果客人有预订，应核对预订信息，将客人引领到所订餐桌。

（2）如果客人没有预订，餐厅有空座，根据客人的人数、喜好、特点等为客人安排座位；

（3）如果客人没有预订，餐厅没有空座，应告知客人大致的等候时间，或给予其他餐厅的信息或建议。如餐厅有等候区，可将客人引领至等候区。若是酒店餐厅，对于住店客人，迎宾员应询问是否需要客房送餐，客人同意后，尽快安排。

3. 引领服务

迎宾员确定好宾客信息后，应将客人引领到就餐位置。引领过程中，迎宾员要始终跟客人保持 1 米左右的距离，随时转身示意客人行进方向，遇到转弯、台阶及其他特殊情况要及时提醒客人。

4. 座位安排

（1）根据客人的人数、喜好等为客人安排满意的座位，一张餐桌只安排同一批的客人就座。

（2）协助客人存放衣物，提示客人妥善放置贵重物品。

（3）迎宾员引领客人至座后，服务员应与迎宾员一起主动拉椅让座。拉椅时，应遵循女士优先、先宾后主的顺序。

拉椅入座：双手扶住椅背两侧，右脚在前、左脚在后，右膝轻抵椅背下方，缓慢平稳地将椅子拉出，待客人两膝略弯，即将坐下时，双手扶住椅背，右膝抵住椅背下方，手脚配合，轻轻向前推进座椅。

5. 迎宾工作注意事项

• 待客时，应面带微笑，热情问候并表达欢迎。

• 走在客人前方 1 米左右，引领过程中要注意步速，并不断回头招呼客人。

• 如遇台阶、障碍物或地滑，要及时提醒客人予以注意。

• 为客人保存衣物时应提醒客人保管好自己的贵重物品。

• 引领客人到休息区休息时，应及时提供小毛巾及茶水。

• 迎宾员应了解餐厅的促销信息和相关优惠政策以及餐厅的活动策划等，以便引领过程中及时解答客人的询问。

（三）送客服务

1. 打包服务

客人欲将多余菜点带走时，服务员应主动提供打包服务，并选择合适的打包用具，盛放菜品。

2. 致谢欢送

客人用餐结束后，迎宾员应与值台服务员一起送别宾客，提醒客人带好随身物品，并礼貌致谢告别，如有电梯，还应为客人摁好电梯按钮。

二、点菜服务

（一）点菜准备

点菜员应熟悉餐厅所售菜品，掌握菜肴的烹调方法、主要原料、口味特色、烹调时间和营养价值等信息，以便能为客人提供合理的建议。开餐之前，点菜员应了解当日的沽清菜品，避免出现点菜过程中因客人所点菜品短缺未提前告知，引起客人不满的情况。

微课 2-3　中餐点菜服务

（二）询问点菜

待客人入座片刻，服务员应站在客人右侧一步距离，上身微倾，以示对客人的尊重，有礼貌地问候客人，并询问客人是否可以开始点菜，得到肯定答复后，即为客人点菜。

（三）接受点菜

随着科学技术的不断发展，餐饮企业的点单方式越来越多样。在互联网时代，很多餐饮企业使用了餐饮点菜系统，如点菜机点菜、扫码点菜等，告别了手写点单的传统方式。为方便教学，本书将点单方式分为客人自点和为客点单两种方式。

1. 客人自点

如客人为餐厅老顾客或其他对餐厅菜品比较熟悉的客人时，客人往往会自行进行点菜，这时点菜员要及时告知客人已脱销的菜品，遇到客人点了同种味型的菜品后要及时提醒进行更换。对于客人所点菜品的数量要做好参谋，避免出现人多菜少或人少菜多的状况。

如餐厅有二维码等自助点餐设备设施，点菜员应引导客人进行自助点餐，并告知客人：先生（女士），咱们店采用自助点单，您可以扫一下桌上的二维码。如果需要我协助，很高兴为您服务。

2. 为客点单

当遇到需要服务员协助点菜的客人时，点菜员应细心观察客人需求，根据客人的用餐目的、消费水平和口味特点，主动、适时、适度地向客人介绍菜点，推介酒水、饮料，帮助客人挑选餐厅的特色菜，特别是当日创新菜、时令菜、特价菜。介绍时应简洁明了，切忌催促和强行推销。

2-9 不同人群的饮食偏好及建议性话术

客人所点的菜如果售罄，应及时告知并给予更换建议，发现有同味或者原料相同的菜式时，应礼貌提醒并询问意见。根据客情，预估餐点数量并提醒适量点餐。

（四）记录内容

点菜员应认真清楚地记下客人的桌号、用餐人数、时间、所点的菜点、酒水和特殊要求等，切不可将菜单放置在客人的餐桌上记录。

（五）复述确认

无论是为客点餐还是客人自点，客人点单完毕后，为了确保点单正确无误，点单员必须仔细核对菜单，并用清晰的语言复述客人所点的菜点和酒水名称、数量和特殊要求。

（六）礼貌致谢、下单

客人确认点菜信息后，点单员应向客人致谢，并说明大致需要等待的时间。

点完菜后点菜员应及时将客人所点的菜品输入电脑系统，或将点菜单的信息传递给厨房、传菜部门。

三、上菜与分菜服务

（一）上菜

1. 上菜位置

服务员上菜之前应注意观察，选择合适的位置上菜，以不打扰客人和方便操作为宜。不能从主人和主宾之间上菜，也不要在儿童或老人旁边上菜。

2. 上菜时机

客人点菜后 10 分钟内凉菜应上桌，20 分钟内上热菜，30 分钟内上齐全部菜品，也可根据客人要求灵活掌握上菜时机。

3. 上菜顺序

中餐上菜顺序一般是先冷菜后热菜，先咸菜后甜菜，先荤菜后素菜，先干菜后汤菜，先菜肴后点心、水果。上菜顺序受各地用餐习惯的影响，如鲁菜与粤菜上汤的顺序就有很大差别。

4. 上菜要领

• 上菜前，应仔细核对台号和菜品，避免上错菜。应对上菜位置做到心中有数，整理台面，留出空间。

• 上菜动作规范，不可从客人肩上、头顶上菜。

• 新上的菜应转至主宾面前。

• 报菜名时应保持音量适中、吐字清晰，特式菜品应做简单介绍。

• 上菜时，菜盘不准在转盘上推拉。

• 上带有调料的菜品时，应先上调料，再用双手将菜端上。

• 按位上的菜肴，应从主宾开始按顺时针方向依次为每位客人服务。

• 服务过程中，应及时撤走空菜盘，保持餐桌清洁美观。

• 服务过程中，应注意操作卫生，动作规范、优雅。

（二）菜品摆放

摆放菜品时，若有两道菜，应摆成一字形；三道菜，则摆成品字形；四道菜应呈菱形；五道菜，应以汤或主菜为圆心，其余四道菜在外侧均匀摆放；六道菜则应呈梅花形摆放，汤在中间。

（三）分菜

根据客人要求、菜肴特点提供相应的分菜服务。

1. 分菜的用具

中餐分菜的常用工具有：分菜叉、分菜勺、长柄汤勺、公用筷等。

2. 分菜的顺序

分菜时，应遵循先宾后主、先女士后男士的原则进行。

3. 分菜方法

（1）叉勺分菜法。操作前需要先更换骨碟。双手将菜肴端至餐桌上，进行展示并报菜名；展示后，将菜取下，左手用口布托垫菜盘，右手持叉或勺进行分菜。分菜时，应从主宾左侧开始，按顺时针方向依次进行。应保持左腿在前，右腿在后，身体微前倾，熟练操作。分菜时要做到每份数量均匀，分菜后盘中略有剩余，大约十分之一即可。分菜时注意菜盘与客人面前的骨碟略有交错，以免菜汁滴到餐桌或客人身上。此方法适用于分热炒菜和点心。

（2）旁桌分菜法。在餐桌旁放置服务车或服务台，准备好干净餐盘和分菜工具。双手将菜端上餐桌，示菜，报菜名；将菜取下放在服务车或服务台上分菜。菜分好后，从主宾右侧开始，按顺时针方向将餐盘送上。注意在服务台上分菜时应面向客人，以便客人观赏。此方法适用于分整形菜品。

（3）转台分菜法。双手将菜端上，示菜并报菜名。然后用长柄勺或分菜叉、勺直接在转台边站在客人右侧为客人分菜。侧身取托盘，将空菜盘撤走。此方法适用于分冷菜和汤。

（4）各客分菜法。厨师按照客人人数和要求在厨房就将菜品或汤等分成一人一份，由传菜生传递到餐厅；服务人员从主宾开始，按顺时针方向从客人右侧依次送上。这种分菜方法适用于汤羹类菜品或炖品，也适用于高档的宴会分菜。

4. 几种特殊菜肴的分菜方法

（1）清汤鱼翅。服务员分餐时，应先分翅后分汤，左手拿勺，右手持筷，把翅夹进勺后，再倒入客人的小碗里，然后一勺一勺加汤。

（2）鸽吞燕。服务员分鸽吞燕时，要先分汤后分鸽，也就是先将炖盅内的汤分进各位客人的小碗里，然后再用叉子压住鸽子，用刀从中间分开，切成块和燕窝一起再分给客人。

（3）分整鱼。服务员分鱼时，先将鱼翅用分菜刀、叉取下，放在旁边的小盘中，然后用分菜叉轻压鱼身，持分菜刀在鱼头和鱼尾各切一刀（目的在于把主骨断开），再从鱼身中间将鱼切开露出鱼骨，将鱼身的肉分向两边把鱼骨剔出放于小盘上，最后将分向两边的鱼肉向中间合拢，浇上汤汁。分鱼时动作要轻，尽量保持鱼原有的形状。

5. 分菜注意事项

- 菜量分配均匀。
- 分有卤汁的菜肴要浇汁。
- 注意操作卫生。
- 在保证服务质量的前提下力求快捷。
- 几种分菜方法并用，选择要适当。

四、席间服务

（一）毛巾服务

在客人落座之后，服务员要及时给客人上毛巾。提供小毛巾服务时，服务员应事先将准备好的毛巾放入毛巾篮中，用托盘托送、服务。同时要注意小毛巾的温度，冬季上热巾，夏季上凉巾。上了需用手剥的菜肴时要上洗手盅，同时上香巾。

小毛巾的制作有多种不同的方法，通常的做法是，将干净的毛巾放入加有精油的清水中进行浸泡（如在夏季，则在水中加入适量冰块，以达到冰镇的效果；如在冬季，则使用温水），将毛巾反复揉搓并拧去多余水分，不宜拧得过于干燥，然后折叠好放入保温箱或冷餐箱中进行保存。

（二）更换骨碟

为了体现优质服务，一餐中骨碟更换应不少于三次。大菜前更换一次骨碟；上甜菜前更换一次骨碟；吃完鱼后更换一次骨碟；上口味相差较大的菜肴前要更换一次骨碟；客人骨碟内杂物超过三分之一时更换一次骨碟；上水果前更换一次骨碟。

（三）清理台面

用餐服务过程中，服务员应及时清理台面。当桌面有掉落的菜肴、碎屑及客人用餐过程中产生的垃圾时，应及时进行清理。

（四）添加茶水、酒水

巡台过程中，发现客人的茶水、酒水需要添加时，要及时进行添加，并注意服务方法。

（五）收撤脏餐具

服务员巡台过程中，如发现有客人用过的脏盘、脏碗要及时进行收撤。当发现餐桌上的菜品用完，出现空盘时，也要及时撤走。

五、结账服务与餐后收档

（一）结账服务

1. 结账时机

客人用餐结束，示意结账时，服务员应迅速将核对好的账单用账单夹或收银盘送至客人面前，要将账单正面递给客人。如客人对账单表示质疑，服务员应及时再次核对。

2. 账单核对

在收银员打印出账单后，服务员应迅速仔细对账单进行核对，确认无误后，将账单交由客人进行确认后结账。服务员核对账单时应主要核对以下信息：菜品的数量是否正确、价格是否对应、退换菜是否做了调整、鲜活原料的菜品斤两是否正确等。

3. 账单支付

结账的方式也多种多样，包括信用卡、现金、挂账、支票、电子支付等。客人付账后，应礼貌致谢。

（1）信用卡结账注意事项：第一，确认信用卡种类；第二，确认持卡人姓名、性别、信用卡有效期等信息；第三，将信用卡和账单送交收银台，由收银员办理刷卡结账工作；第四，请客人确认账单金额，并在信用卡消费单上签名；第五，服务员将签单的顾客联、信用卡交还客人，并表示感谢。

（2）现金结账注意事项：客人付现后，服务员应当面点清并礼貌致谢，然后把找回的零钱和发票用账单夹或收银盘递送给客人，并让客人当面点清。

（3）挂账注意事项：挂账一般有两种情况，一种是住店客人，另一种是协议单位。对于住店客人要求挂账的，服务员应首先请客人出示房卡，以便核对客人信息（包括是否在有效期内、房卡上客人的签名、询问收银员房卡押金是否足够等）；确认无误后，请客人在账单上签名（核对与房卡上的签名是否一致）。对于协议单位要求挂账的，服务员应首先确定其是否为饭店的协议客户，其次是否为协议单位的有效签字人，确认无误后，请客人在账单上签名确认即可。

（4）电子支付：随着电子商务的发展，现在很多餐厅都采用微信、支付宝等多种电子支付手段。如客人提出使用电子支付时，服务员应及时正确地根据餐厅规定协助客人进行支付，并在支付完成后及时进行确认。

4. 开具发票

在为客人开具发票时，服务员应向客人确认所开发票的类型，是普票还是专票。询问开具发票的抬头信息、相关的开户行信息等内容，准确为客人开具发票。开具好的发票请客人确认后，用餐厅或酒店专用信封盛放递送给客人，方便客人携带。

（二）餐后收档

1. 撤台整理

送走客人回到餐厅后，服务人员首先应迅速检查餐厅，确认是否有客人遗留物品；然后，服务人员需要迅速清理桌面，并重新摆台，以便迎接下一批客人前来就餐。

2. 垃圾分类

服务人员在处理厨余垃圾时，应该按照所在地及酒店或餐厅企业的要求对垃圾进行正确分类和处理，以保护环境，避免浪费。

任务实操

中餐零点餐厅角色扮演

角色分配	每个小组成员分配一个角色，如服务员、顾客等
场景设置	快速设置模拟餐厅环境，准备必要的道具如菜单、点单本等
迎宾与引领	练习如何迎接顾客、引导至座位
点单服务	练习如何记录顾客点单，包括特殊要求
上菜与分菜服务	练习如何正确上菜和提供分菜服务
席间服务	模拟席间服务，如添加茶水、更换餐具等
总结（总结服务流程中的关键点和常见错误）	

任务三　进行中餐宴会服务

任务导入

金玉满堂餐厅以精致地道的中餐和一流的服务，成为举办各类宴会的首选之地。这个周六晚上，它将迎来一场特别的庆典——一家知名企业的十周年庆典。为了这场庆典，餐厅经理王梅与团队提前一周便开始了精心的筹备。

随着庆典之夜的到来，餐厅内灯光柔和、音乐悠扬，营造出了一种温馨而庄重的氛围。宾客们陆续抵达，被服务员们热情地迎接，并引导至他们精心安排的座位。在等待宴会开始的间隙，宾客们享受着餐厅提供的精致小食和欢迎饮料，气氛逐渐热烈起来。

企业领导的致辞为庆典拉开了序幕，随后，一道道精心准备的佳肴被端上了桌。服务员们以专业的服务确保了每一道菜的完美呈现，宾客们在美食的陪伴下，交流着、欢笑着，共同庆祝这个特别的时刻。

在庆典的高潮部分，企业领导进行了一番感人的演讲，并进行了敬酒，服务员们迅速而谨慎地协助这一环节的进行，确保每位宾客都能参与到这一重要时刻。

随着最后一道菜品的享用完毕，庆典也渐渐进入了尾声。王梅为主办方提供了一份详细的账单，并顺利完成了结账。宾客们在离开时，被服务员们以最诚挚的感谢和最优雅的礼仪送别。

这场十周年庆典在“金玉满堂”的精心策划和专业服务下，取得了圆满的成功。企业领导对餐厅的组织和服务质量给予了极高的评价，并表示未来还会选择这里作为庆典的举办地。对于王梅和她的团队来说，这不仅仅是一场成功的宴会，更是他们专业精神和服务理念的最好体现。而“金玉满堂”也再次证明了自己在中餐宴会服务领域的地位，成了人们心中不可替代的美食与服务的代表。

思考：

阅读上述材料，中餐宴会服务和中餐零点服务有何区别？

任务知识

2-10 电话预订的步骤

一、订餐服务

（一）宴会预订的方式

宴会预订方式是指客人与宴会预订人员联络、沟通订餐信息的媒介和渠道。随着餐饮市场的进一步发展，订餐方式也越来越多样。

1. 电话预订

电话预订是宴会预订的主要方式之一。因操作灵活方便，客人主要用此方式确认宴会的有关事宜，如宴会举办地点、日期等。同时，还可通过电话约定面谈的时间。

2. 面谈预订

宴会预订人员可以当面为客人介绍宴会产品，带客人实地考察宴会环境和接待能力，增强客人的信任。面谈是进行宴会预订比较有效的方法，可当面讨论所有细节，解决客人的特殊要求，讲明付款方式等。

3. 信函或邮件预订

这种预订方式主要用于回复客人询问或发送宴会活动安排细节。信函或邮件预订适用于提前较长时间的预订或环节较多的宴会活动。收到询问后要立即回复，随时保持与客人的联系，争取客人最终能够在本饭店举办宴会活动。

4. 网络预订

随着互联网技术的发展，官方网站、官方微信、小程序、公众号以及美团等第三方平台都成了当下流行的宴会预订渠道。酒店或餐饮企业应注重对其官微等自营渠道和美团等第三方渠道的维护，并注重对客人点评和评价的回复，以维系与客人的关系，保证获客量。

（二）宴会预订程序

1. 接受预订

在这个阶段，重要的是尽可能回答客人提出的所有问题。这就要求宴会人员要详细掌握有关宴会部的所有信息，以便回答客人提出的所有问题。例如，宴会菜肴、酒水的具体内容及价格，宴会厅的规模，消费标准，环境装饰、场地布置，举办宴会的一些设想店方是否可以满足，等等。

2. 填写宴会预订单

如果确定宴会预订可行，一定要填好一式两份的宴会预订单。其内容主要包括：宴会主办单位或个人、地址、联系电话、宴会类型、举办日期时间、出席人数、宴会标准、付款方式、预订金额、宴会预订员签名。

2-11　宴会预订单

3. 填写宴会安排日记簿

宴会预订单填写完成后，由预订员负责将预订的细节填写到宴会安排日记簿上，按照日期排列，以便全面掌握宴会的安排情况。日记簿上的内容主要包括：宴会举办的日期、时间、客人的联系电话、宴会类型、出席人数是暂定还是已确定等。

2-12　宴会合同书

4. 签订宴会合同、支付定金

虽然在预订时预订人员已经记录下客人的要求，但是客人日后可能出现变化。因此，一旦宴会确认举办，应与客人签订合同书。同时会要求客人预付一定数量的定金，通常大型宴会收取 50% 的定金，填好后由双方签字确认。

5. 发布宴会通知单

宴会正式确认后，由餐饮部下发宴会通知单（也称 BEO 单，即 Banquet Event Order）到相关部门，告知各部门在该宴会中应担负的接待工作。一次成功的宴会活动需要多部门通力合作，因此，通知单应将宴会所涉及的所有工作事项列出。各部门接到宴会通知单后，应按照通知单上的事项执行准备和接待工作。宴会通知单是宴会工作中各部门之间沟通的桥梁，各部门据此高效协作，确保宴会活动的顺利进行。

6. 宴会预订后的再确认

一般大型宴会都于数月前订下，时间的拉长难免有不确定因素的发生。例如，参加人数的增减、宴会开始的时间变更等。为及时应对宴会情况的变化，在宴会举办前的一周，宴会部要以电话或传真的方式，与客人再次确认宴会活动是否按期举行。如果有变化，应马上通知各相关部门。

7. 宴会的变更和取消

（1）宴会的变更。客人或店方关于宴会活动的任何变更，都要提前一周通知对方。预订部门应在宴会的前两天与客人进行联系，进一步确定所有细节。当客人通知酒店宴会活动更改时，预订员应热情、和蔼地了解更改的内容和原因，做好记录，并将更改后的信息及时通知各部门。预订员要填写更改通知单（见表 2–1），请客人签字确认。如此一来，各部门可以依照变更内容进行工作上的调整，合力达成客人的要求。不仅如此，变更通知单还可以准确传达变更后的宴会信息，避免不同部门之间的相互推诿。

表 2–1　宴会变更（取消）通知单

宴会变更（取消）通知单

宴会预订编号＿＿＿＿＿＿＿＿

发送日期＿＿＿＿＿＿＿＿

宴会名称＿＿＿＿＿＿＿＿

日期＿＿＿＿＿＿＿＿

部门＿＿＿＿＿＿　　　　　　更改内容＿＿＿＿＿＿＿＿

由＿＿＿＿＿＿＿＿　　　　　　发送＿＿＿＿＿＿＿＿

宴会部经理签名＿＿＿＿＿＿＿＿

日期＿＿＿＿＿＿＿＿

（2）宴会的取消。预订时，预订员要告知客人尽量遵守时间，遇特殊情况需变更时要提前通知酒店。如对方确因某种原因取消预订，预订员也要态度和蔼地接待，并问清取消的原因，以便为后续销售提供依据；在宴会预订单上盖上“取消”的印记，取消人及预订员双方签名，并及时通知相关部门。

8. 宴会售后管理

（1）信息反馈并致谢。宴会结束后，由宴会销售部门与客人再次沟通，征询客人对本次宴会接待工作的意见和建议，并对客人选择酒店作为本次宴会活动接待地点再次表示感谢。沟通结束后，将需要改进之处反馈给相关部门，以提升酒店的接待服务质量。

（2）跟踪回访。宴会销售部门应保持与客人的长期联系，利用节假日或者客户生日、纪念日等时机与客人进行沟通交流，为客人再次选择本酒店进行宴会接待创造机会。

（3）建立宴会档案。设立宴会档案，记录在本酒店举办过宴会的客人的详细资料，以便提高工作效率、改善工作效果，更好地提供个性化和针对性的服务。宴会档案的内容包括：预订资料、宴会实施资料以及宴会活动的总结资料。

二、宴会前准备

餐饮部门在接到宴会通知后，应根据各项具体要求，在宴会开始前进行一系列相应的准备工作。宴会前的组织准备工作主要包括掌握情况、人员分工、场地布置、物品准备与摆台、冷盘摆放、开餐前的检查和召开餐前例会等工作。

（一）掌握宴会情况

接到宴会通知后，餐厅服务员要做到“八知、三了解”。八知：知道宴会规模、知道宴会标准、知道开餐时间、知道菜单内容、知道宾主情况、知道收费办法、知道宴会主题、知道主办地点；三了解：了解客人风俗习惯、了解客人进餐方式、了解客人特殊需要和爱好。

（二）进行人员分工

宴会活动中人员的分工应根据宴会的规格和需求以及员工的工作特长来进行。大型宴会可将宴会桌次和人员分工情况用图形表示。进行人员分工时，要根据个人特长进行工作安排；注意男女服务人员的比例；参与服务人员应有宴会操作技能和临场应变能力；各区域负责人要有丰富的工作经验，要有处理突发事件的能力；主宾区通常要安排至少 2 名经验丰富、技能熟练的工作人员进行服务，其他副桌每桌 1 名或三桌 2 名服务人员；主桌安排传菜生 1 名，其余各桌可以两桌或三桌配 1 名传菜生；宴会活动安排专门迎宾员 1~2 名。为了保障宴会服务的流畅和有序，大型宴会活动需要提前进行服务彩排和预演。

（三）进行场地布置

宴会场地的布置应根据宴会的设计方案进行，既要反映宴会的特点，又要使客人进入宴会厅后感到舒适、美观。桌椅应整齐排列，并为客人行走和服务人员服务留有足够的活动通道。宴会厅的温度应保持稳定，且与室外气温相适应。

（四）准备相关物品

根据宴会人数和菜品数量准备相应餐具，一般情况下，备用餐具数量不低于客人人数的 20%。准备好茶壶、茶叶及开水，备好宴会所需酒水饮料，开启照明设备；宴会开始前 5~10 分钟摆放冷盘。

（五）进行开餐前检查

在宴会活动开始之前需要对宴会的准备活动进行全面的检查，检查内容包括：

（1）卫生检查。包括员工个人卫生、餐具卫生、宴会厅环境卫生等。

（2）设备检查。包括电器设备检查、空调运转及室温调节检查、有线设备检查等。

（3）安全检查。检查安全出口的通畅情况、餐桌椅的牢固情况、地面情况、易燃物品是否有专人保管等。

（六）召开餐前例会

宴会开始前需要由本次宴会的指挥者召集所有服务人员召开开餐前的会议，即餐前例会。餐前例会的主要内容包括：点名；员工仪容仪表检查；人员的任务分工；通报当日客情，强调 VIP 接待注意事项；介绍当日特殊菜肴及其服务方法；对前期准备工作进行总结，指明存在的问题和值得表扬学习的地方；抽查员工对菜单的掌握情况。

三、宴会餐间服务

宴会的迎宾服务程序与零点餐厅的迎宾服务流程相类似，不同之处在于宴会的迎宾服务只针对本次宴会活动进行，所掌握的宾客信息相对比较一致，迎宾员应于宴会开始之前在宴会厅门口迎候客人。对迎宾服务此处不再赘述。

2-13　茶水冲泡小知识

（一）入席服务

待客人坐定后，服务员应提供细致周到的入席服务，包括香巾服务、茶水服务、帮客人开餐巾、撤筷套、撤走席位卡和花瓶等。

（二）酒水服务

根据客人需求提供酒水服务。酒水斟倒时，应从主宾开始按顺时针方向逐位斟倒酒水。宴会活动中，使用酒水种类较多，通常先斟葡萄酒，再斟烈性酒，最后是饮料。酒水斟倒完毕后，及时撤走客人不需要的空酒杯。

（三）上菜、分菜服务

当冷盘用去三分之二时开始上第一道热菜。传菜员将菜肴传到餐桌旁或工作台，服务员应迅速确认菜品，然后双手将菜品奉上餐桌。为倡导餐桌文明和餐桌卫生，服务人员在上菜时，应为每道菜品配备公勺、公叉、公筷等共用餐具。对于规格较高的宴会，可采用分餐服务来上菜，每道菜均需单独分派给每位客人。

（四）甜品、水果服务

待所有菜品上齐后，服务人员及时告知客人。待客人菜品享用完毕后，服务人员应为客人收撤酒杯（留饮料杯），更换骨碟，并奉上甜品餐具或水果叉，服务甜品或水果。客人用完水果后，应及时清理台面，撤去不需要的餐具，保持台面清洁。

（五）巡台服务

宴会服务的巡台服务相对零点服务来说，因规格更高，人数众多，服务强度和质量要求更高，主要包括毛巾服务、更换骨碟、清理台面等工作（相关内容已在零点服务部分做了详细描述）。在客人使用了需用手剥的菜肴时，服务人员要及时上洗手盅和香巾；巡台过程中，服务人员应及时主动为客人添加酒水、茶水；及时清理台面，确保餐台干净整洁；及时将空的菜盘撤走，调整菜品位置。

宴会服务中，服务员要做到“三轻、四勤”。三轻：说话轻、走路轻、动作轻；四勤：眼勤、手勤、腿勤、嘴勤。

四、宴会餐后服务

结账服务是宴会收尾的重要工作之一。客人用餐结束，示意结账时，服务员应迅速核对账单，并将账单呈递给客人。结账服务流程已在零点服务中做了详细论述，此处不再赘述。

客人用餐完毕，宴会服务人员应及时送别客人，并提醒客人带好随身物品。送走客人回到宴会厅，首先要做的是迅速检查四周，看是否有客人遗留的物品，争取第一时间送还；其次将大灯关闭，以节能降耗；最后按照“一布草、二金银餐具、三玻璃器皿、四瓷器”的顺序收台；做好卫生清理，重新摆台。

在大型宴会活动结束之后，服务人员要对客人的喜好、评价等情况进行整理，建立客史档案，以便为客人提供更优质的服务。

思政园地

中餐服务不仅是餐饮体验，也是中华文化的重要载体。在服务中介绍中餐的传统和特色，可以增强顾客对中华文化的了解和认同，体现文化自信。二十大报告提到要加快构建新发展格局，提升产业链水平。通过提高中餐服务质量，展现专业精神，响应国家对高质量发展的要求。利用中餐服务作为文化交流的平台，向国际友人展示中国的饮食文化，促进不同文化的交流与互鉴，体现开放包容的国际视野。

任务实操

请根据表格完成中餐宴会实操训练，并将训练成果录制成视频提交。

中餐宴会实操流程

时间（分钟）	活动内容	小组成员	目的与说明
0~5	项目介绍与安全须知		介绍宴会服务流程，强调安全和卫生规范
5~10	角色分配与任务说明		为每位成员分配角色（服务员、宾客等），说明各自任务
10~15	场景布置与准备		快速布置模拟宴会场地，准备必要道具（如仿真菜品、餐具等）
15~20	迎宾接待模拟		练习如何迎接宾客、引导至座位，并提供欢迎饮料
20~25	菜单介绍与点单模拟		练习如何向宾客介绍菜单、记录点单，包括特殊需求
25~30	上菜与酒水服务模拟		练习正确的上菜顺序和酒水服务技巧，注意菜品介绍和适时提供服务

续表

时间（分钟）	活动内容	小组成员	目的与说明
30~35	席间服务与突发状况应对		模拟席间服务，如更换餐具、应对宾客特殊请求等；模拟突发状况，如菜品错误或宾客投诉
35~40	结账与送客模拟		练习如何高效完成结账并礼貌送别宾客
40~45	反馈与总结		培训师提供反馈，小组成员讨论各自表现，总结学习点和改进空间

项目训练

练一练

扫描右侧的二维码，开始做题吧。

随堂练习

项目三

提供西餐服务

项目导读

本项目为西餐服务，主要包括西餐的特点、各国西餐菜品、西餐的餐具种类、西餐台面的摆设标准、西餐服务方式、西餐零点、西餐宴会及自助餐的服务与管理等内容，旨在帮助学生认识和了解西餐，能够掌握西餐的服务与管理。

学习目标

知识目标	1. 了解西餐的定义、西餐的特点、西餐菜系组合 2. 了解西餐的餐具种类 3. 掌握各种不同的西餐服务方式 4. 掌握咖啡厅、扒房、西餐宴会以及自助餐、冷餐酒会、鸡尾酒会的服务与管理及其服务程序
能力目标	1. 能够识别各类西餐餐具 2. 能够掌握各类西餐台面的摆设标准 3. 能够掌握不同西餐服务方式的运用 4. 能够掌握西餐零点、西餐宴会、客房送餐以及自助餐的服务与管理
素质目标	1. 具备数字化运营思维 2. 具备良好的服务意识、团队协作能力 3. 具备良好的沟通能力、创新能力以及学习能力 4. 培养精益求精的工匠精神

思维导图

- 提供西餐服务
  - 走近西餐与西餐厅
    - 认识西餐菜系与菜品
    - 西餐厅的类型与服务方式
    - 摆台标准
  - 提供西餐零点服务
    - 西餐早餐服务
    - 客房送餐服务
    - 扒房服务
  - 进行西餐宴会服务
    - 正餐宴会服务
    - 冷餐酒会服务
    - 鸡尾酒会服务
  - 进行自助餐服务
    - 自助餐台设计
    - 自助餐备餐服务
    - 自助餐餐中服务

任务一　走近西餐与西餐厅

任务导入

某日中午，酒店的西餐厅来了5位客人，服务员Andy负责他们这一桌。Andy给客人递送了菜单，然后站在客人餐桌旁为客人点单。其中一位客人说："我们也没吃过西餐，想来尝尝，不知道都应该吃些什么。" Andy说："牛排吧，西餐一定要吃牛排。"客人马上说："对对，牛排，每人一块牛排。" Andy问："要几成熟？配什么汁？"客人一脸迷茫问道："应该几成熟呀？" Andy回答道："外国人吃牛排都是三成熟的。"客人说："好的，我们也要三成熟的。" Andy说："配黑椒汁吧。要不要点瓶葡萄酒？吃西餐一定要喝葡萄酒的。"客人答道："好的，要一瓶。"说完其中一位客人便点了一瓶法国白葡萄酒。Andy点完牛排和葡萄酒后便离开了餐桌。一会儿Andy为客人上了面包和黄油，并为客人斟倒了冰水。白葡萄酒拿来后，Andy未经客人检查一下这瓶酒就直接打开，并依次给客人斟上。

时间不长，Andy便为客人上了牛排。5位客人形态各异拿起刀叉，发现牛排有很多血水，便叫服务员。Andy过来后，客人说牛排不熟，Andy回答说三成熟就是这样的。客人要求重新加工，Andy将牛排拿回厨房，告知厨师做成全熟后重新上到客人的餐桌。

客人依然是形态各异地拿着刀叉，吃完了牛排，喝完了葡萄酒，并将桌上的面包未抹黄油全部吃完。客人结完账后，一边说西餐真难吃，没有吃饱，一边离开了西餐厅。

思考：

阅读上述材料，你认为服务员Andy的服务标准吗？哪几个服务步骤需要改进？如果在餐厅中来了像本案例的客人，你应该如何对他们进行服务？

任务知识

一、认识西餐菜系与菜品

（一）西餐的定义及发展简史

西餐是西方国家的餐食，广义上讲，也可以说是对西方餐饮文化的统称。

我们所说的“西方”，习惯上是指欧洲国家和地区，以及由这些国家和地区为主要移民的北美洲、南美洲和大洋洲的广大区域。

自从16世纪意大利女子凯瑟琳·德·美第奇嫁给法国国王亨利二世，把罗马的饮食文化介绍到法国之后，法国人就融汇了两国餐饮的精华，奠定了法国饮食文化的基础。

随着欧洲文艺复兴运动的兴起，以意大利为中心，饮食业蓬勃发展起来。1638—1715年，讲究饮食而被称为美食家的法国国王路易十四在宫廷中发起了烹饪大赛，向优胜者颁发奖章及奖赏，其间涌现出许多出色的厨师，各种烹饪书籍的出版，推动了专业术语、烹调标准的制定和规范，烹饪技术也成了一门专门的学问，影响遍及欧陆各国。

（二）西餐的特点

西餐，选料精细，营养丰富。西餐的显著特点主要有以下几点：

1. 注重营养搭配

西餐极重视各类营养成分的搭配组合，菜品制作时充分考虑人体对各种营养和热量的需求。

2. 选料精细，口味香醇

西餐选料精细，一般采用新鲜的原材料，在质量和规格上都有严格的标准和要求。西餐制作时多使用各类香料、调料、酒类等，口味鲜美香醇。

3. 单独烹制沙司

西餐调味沙司与主料一般分开单独烹制。西餐菜肴在形态上以大块为主，烹调时不易入味，所以大都要在菜肴成熟后浇上沙司，使其口味更富层次及特色。

4. 注重肉类菜肴烹制的老嫩程度

欧美人对肉类菜肴的老嫩程度很讲究。牛羊肉一般有5种火候，分别是：一成熟（Rare），三成熟（Medium Rare），五成熟（Medium），七成熟（Medium Well）和全熟（Well Done）。

（三）各国西餐

西餐大致可分为法式、英式、意式、美式、俄式、德式等几种，不同国家的人有着不同的饮食习惯。

1. 法式西餐

法国人一向以善于吃并精于吃而闻名，他们对于菜肴的色泽、味道、外形以及营养成分的搭配都非常讲究。法式西餐是欧美西餐公认的代表。

法式菜肴的特点是：选料广泛，加工精细，烹调考究，风格多样。法式菜还比较讲究吃半熟或生食，如牛排、羊腿以半熟鲜嫩为特点，海味的蚝也可生吃。法式菜肴重视调味，调味品种类多样，喜欢用酒来调味。

法式菜肴的代表菜有：焗蜗牛（见图 3-1）、马赛鱼羹、鹅肝排、巴黎龙虾、鸡肝牛排、烤羊腿、普罗旺斯鱼汤等。

图 3-1　焗蜗牛

2. 英式西餐

英国人比较重视餐饮礼节，生活讲究，口味清淡，烹调讲究鲜嫩，菜量要求少而精，注重营养。

英式菜肴的烹调方法多以蒸、煮、烧、熏见长。

英式菜肴的名菜有：鸡肉沙拉、芝士烤大虾、薯烩羊肉、黑椒牛肉卷、炸鱼排等。

3. 意式西餐

意大利是西餐的发祥地，意式菜对整个欧洲的烹饪有很大的影响，其中以面条、奶酪和萨拉米香肠闻名于世。

意式菜肴的特点是：原汁原味，口味纯正浓郁，烹调注重炸、熏等。

意大利人喜爱面食，做法、吃法甚多。各种形状、颜色、味道的面条多样，如通心面、斜管面、贝壳面、螺丝面等。意大利人还喜食意式馄饨、意式饺子等。

意式菜肴的代表菜有：焗馄饨、肉酱通心粉、比萨饼（见图 3-2）、意大利蔬菜汤、佛罗伦萨式焗鱼、罗马式炸鸡等。

图 3-2　比萨饼

4. 美式西餐

美国菜是在英国菜的基础上发展起来的，继承了英式菜简单、清淡的特点，口味咸中带甜，扒类菜品居多，喜欢食用各类新鲜蔬菜和水果，注重营养。

美式菜肴的代表菜有：华尔道夫沙拉、烤火鸡、橘子烧野鸭、美式牛扒、马里兰式炸鸡、苹果沙拉等。

5. 俄式西餐

俄国人受地理环境等因素影响，喜欢热量高的食物，口味较重，以酸、甜、辣、咸为主。烹调方法以烤、熏、腌为特色。各类腌制的鱼肉、熏肉、香肠、火腿以及酸菜、酸黄瓜等深受人们的喜爱。

俄式菜肴的代表菜有：什锦冷盘、鱼子酱、罗宋汤、酸黄瓜汤、冷苹果汤、红烩牛肉、鱼肉包子、黄油鸡卷等。

6. 德式菜肴

德国菜以经济实惠而著称。德国人偏好猪肉，喜欢香肠、酸菜、土豆、奶酪、水果等。

德式菜肴的代表菜有：咸猪手、柏林式炸猪排、红酒火腿、法兰克福香肠等。

（四）西餐的上菜顺序及名菜名点

西餐的上菜顺序一般为开胃头盘，汤，第一道主菜或副菜，主菜，甜品，咖啡或茶。

微课 3-1　西餐的上菜顺序

1. 开胃头盘（Appetizer）

开胃头盘又称开胃菜、开胃品，是开餐的第一道菜。开胃头盘一般量较少，色泽鲜艳，装饰美观；多用清淡的海鲜、熟肉、蔬菜、水果制作，旨在开胃和刺激宾客的食欲。

有些餐厅在上菜之前也会给客人上一些量更少的餐前开胃小吃（Amuse Bouche）。

开胃头盘有冷、热之分。

开胃头盘代表菜：鹅肝酱、鱼子酱、烟熏三文鱼、生蚝、海鲜鸡尾杯、串烧海虾、油炸云吞等。

2. 汤（Soup）

与中餐不同的是，西餐的第二道菜是汤。汤类在西餐中占有重要的地位，西方人的饮食习惯是在上热菜之前先喝汤。

西餐汤的品种较多，可分为冷汤和热汤。热汤又有清汤和浓汤之分。制作要求是原汤、原色、原味。

西餐汤的代表有：法国洋葱汤、西班牙冻汤、意大利蔬菜汤、俄国红菜汤、牛尾清汤等。

3. 副菜（Side Orders）

副菜通常是水产类菜肴。西餐吃鱼类菜肴讲究使用专用的调味汁，如配鱼类的荷兰汁（Hollandaise Sauce）、奶酪白汁（Mornay Sauce）、鞑靼汁（Tartare Sauce）、美国汁（American Sauce）、鳀鱼汁（Anchovy Sauce）、白葡萄酒汁（White Wine Sauce）等。

4. 主菜（Main Course）

主菜是西餐正餐中最重要的部分，制作讲究，既考虑菜肴的色香味形，又考虑菜肴的营养价值，多用海鲜、牛、羊、猪肉和禽类作为主原料。

著名的主菜有：西冷牛排、T 骨牛排、肉眼牛排、爱尔兰烩羊肉、美式火鸡、马里兰式炸鸡、烤羊马鞍、黄油鸡卷、苹果烤鹅、意式焖猪排、鞑靼牛排、巴黎龙虾等。

主菜注重调味汁，主菜调味汁有：配羊排的薄荷汁（Mint Sauce）、薄荷啫喱（Mint Jelly）；配牛排的贝耐汁（Bearnaise Sauce）、贝西汁（Bercy Sauce）、伯那西汁（Bordelaise Sauce）、胡椒汁（Pepper Sauce）、诺曼德汁（Normande Sauce）、蘑菇汁奶油（Creamy Mushroom Sauce）等；配猪排的苹果汁（Apple Sauce）、布朗汁（Brown Sauce）等；配鸡肉家禽的车沙汁（Chasseur Sauce）、番茄汁（Ketchup）等。

很多时候，上主菜时会搭配沙拉。沙拉是用各种凉透了的熟料或是可以直接食用的生料加工成较小的形状后，再加入调味品或浇上各种沙拉汁拌制而成的，大都具有色泽鲜艳、外形美观、鲜嫩爽口、解腻开胃的特点。

沙拉按原料来分，可分为蔬菜沙拉、水果沙拉、海鲜沙拉和肉类沙拉。按进餐顺序来分，可分为开胃菜沙拉（即前菜沙拉）、主菜沙拉、甜品沙拉（即餐后沙拉）。

著名的沙拉有：厨师沙拉、什锦沙拉（见图 3–3）、华尔道夫沙拉、苹果芹菜沙拉、鲜虾沙拉、洋葱沙拉等。

汁酱对于沙拉非常重要。常用的沙拉汁有：蛋黄酱（Mayonnaise）、鸡尾汁（Cocktail Sauce）、油醋汁（Oil & Vinegar Sauce）、法汁（French Dressing）、千岛汁（Thousand Island Dressing）等。

图 3-3　什锦沙拉配鞑靼汁

5. 甜品（Dessert）

主菜过后是奶酪或者甜点（见图 3–4）。食用奶酪时要用胡椒和盐调味，并搭配黄油、面包、芹菜条、胡萝卜等。

甜点有冷热之分，常见有薄饼（Pancake）、烤饼（Scone）、松饼（Muffin）、蛋糕（Cake）、派（Pie）、馅饼（Tart）、蛋奶酥（Souffle）、冰激凌（Ice Cream）、布丁（Pudding）、果冻（Jelly）等。

图 3-4　甜点——荔枝香包

6. 咖啡或茶（Coffee or Tea）

西餐最后上咖啡或茶，服务咖啡和茶时一般要搭配牛奶和糖。

比较常见的茶有：立顿红茶（Lipton Tea）、绿茶（Green Tea）、伯爵茶（Earl Grey Tea）、薄荷茶（Peppermint Tea）等。

比较常见的咖啡有：爱尔兰咖啡（Irish Coffee）、皇室咖啡（Royal Coffee）、意大利特浓咖啡（Espresso）、意大利奶泡咖啡（Cappuccino）、冰咖啡（Iced Coffee）、现磨咖啡（Freshly Brewed Coffee）等。

（五）西餐菜品与酒水的搭配

西餐中的酒水，可以分为餐前酒、佐餐酒和餐后酒三种。它们各自又有许多具体种类。总的来说，口味清淡的菜式与香味淡雅、色泽较浅的酒品相配，深色的肉禽类菜肴与香味浓郁的酒品相配；餐前选用旨在开胃的各式酒品，餐后选用各式甜酒以助消化。

二、西餐厅的类型与服务方式

（一）西餐餐具及其分类

西餐餐具种类繁多，主要有银器（表 3–1）、不锈钢餐具（表 3–2、表 3–3、表 3–4、表 3–5）、瓷器（表 3–6）、玻璃器皿（表 3–7）等。

3–1　西餐礼仪

表 3-1 银器

中文名称	英文	用途或用法
咖啡壶	Coffee Pot	主要用于咖啡保温
洗手盅	Finger Bowl	使用时将水大约盛至 6 分满，并在洗手盅里摆放两片柠檬片或花瓣
田螺盘	Snail Plate	是专门用来放置田螺的银盘，上有 6 个小孔。为了使田螺放在上面不易滑动，盘中有圆凹洞的特殊设计，以平稳放置带壳的田螺
面包篮	Bread Basket	用于盛装各式面包
红酒篮	Red Wine Basket	服务红葡萄酒时使用
坚果架	Nut Holder	服务各式坚果时使用
汁船	Sauce Boat	用于盛装各式调味汁

表 3-2 不锈钢餐具——刀类

中文名称	英文	用途
正餐刀	Dinner Knife	在食用主菜时使用
扒刀	Steak Knife	在食用各类扒类食品时使用，如牛排、羊排等
鱼刀	Fish Knife	专用于所有热的鱼、虾、贝类等菜肴
开胃品（头盘）刀	Salad Knife	在食用开胃头盘、沙拉时使用
黄油刀	Butter Knife	放在面包盘上，供涂抹黄油之用
甜品刀	Dessert Knife	在食用水果、甜品时使用

表 3-3 不锈钢餐具——叉类

中文名称	英文	用途
正餐叉	Dinner Fork	在食用主菜时与主餐刀搭配使用
鱼叉	Fish Fork	专用于热的鱼、虾、贝类等菜肴，以及部分冷的鱼、贝类

续表

中文名称	英文	用途
开胃品（头盘）叉	Salad Fork	在食用开胃头盘、沙拉时与开胃品刀搭配使用
甜品叉	Dessert Fork	在食用开胃菜、水果、沙拉、奶酪及甜品时使用
服务叉	Serving Fork	用于取食大餐盘内的食品

表 3-4　不锈钢餐具——勺类

中文名称	英文	用途
汤勺	Soup Spoon	在喝汤时使用
甜点勺	Dessert Spoon	在食用甜品时与甜品叉搭配使用
咖啡勺	Coffee Spoon	用于咖啡、茶、热巧克力、贝类、水果类、开胃菜、葡萄柚以及冰激凌等餐点
特浓咖啡勺	Espresso Spoon	在饮用特浓咖啡时使用
冰激凌勺	Ice Cream Scoop	在食用冰激凌时使用
服务勺	Serving Spoon	在取食品时使用

表 3-5　其他不锈钢餐具

中文名称	英文	用途
蛋糕夹	Cake Tong	在取用蛋糕等甜品时使用
蛋糕铲	Cake Server	在取用蛋糕等甜品时使用
龙虾夹	Lobster Cracker	在食用龙虾时使用
龙虾叉	Lobster Fork	在食用龙虾时使用
牡蛎夹	Oyster Breaker	在食用牡蛎时使用
牡蛎叉	Oyster Fork	在食用牡蛎时使用
蜗牛钳	Snail Tong	在食用蜗牛时使用
蜗牛叉	Snail Fork	在食用蜗牛时使用
柠檬夹	Lemon Cracker	在食用柠檬时使用

续表

中文名称	英文	用途
服务夹	Serving Tong	在取食品时使用
葡萄酒桶	Wine Bucket	在服务白葡萄酒、红葡萄酒时使用

表 3-6　瓷器

中文名称	英文	用途
装饰盘	Show Plate	西餐摆台时起装饰作用
主餐盘	Dinner Plate	在盛装主菜时使用
鱼盘	Fish Plate	用于盛装各类鱼、海鲜等食品
沙拉盘	Salad Plate	用于盛装各类沙拉、开胃品等食品
甜品盘	Dessert Plate	用于盛装各类甜品
双耳汤杯	Soup Cup	用于盛装各类汤品
汤杯垫碟	Soup Cup Saucer	用于放置双耳汤杯
汤盘	Soup Plate	用于盛装各类汤品
面包碟	Side Plate	用于盛装面包
咖啡杯	Coffee Cup	用于盛装咖啡
咖啡碟	Coffee Cup Saucer	用于放置咖啡杯
特浓咖啡杯	Espresso Cup	用于盛装特浓咖啡
特浓咖啡杯托	Espresso Cup Saucer	用于放置特浓咖啡杯
奶缸	Milk Jug	用于盛装服务咖啡及红茶时的牛奶
糖缸	Sugar Basin	用于盛装服务咖啡及红茶时的糖
英式茶壶	Tea Pot	用于盛装英式红茶
盐瓶	Salt Shaker	用于盛装调味品盐
椒瓶	Pepper Shaker	用于盛装调味品胡椒粉
烟灰缸	Ashtray	服务于客人吸烟时
花瓶	Flower Vase	用于插放餐桌装饰用鲜花

续表

中文名称	英文	用途
麦片碗	Cereal Bowl	用于盛装麦片粥
水果盘	Fruit Plate	用于盛装水果
鸡蛋盅	Egg Cup	用于盛装整只鸡蛋

表 3-7　玻璃器皿

中文名称	英文	用途
水杯	Goblet	用于盛装冰水和矿泉水
白葡萄酒杯	White Wine Glass	高脚杯，杯身细而长，用于盛装白葡萄酒
红葡萄酒杯	Red Wine Glass	高脚杯，杯身细而长，用于盛装红葡萄酒
香槟杯	Champagne	用于盛装香槟酒、葡萄汽酒。香槟杯有三种形状：碟形（Saucer）、笛形（Flute）和郁金香形（Tulip）
甜酒杯	Liqueur Glass	用于盛装利口酒和餐后甜酒
海波杯	Highball	用于盛装各种软饮料及果汁
白兰地杯	Snifter	用于盛装白兰地
古典杯	Old Fashioned Glass	杯身宽而短，用于盛装加冰的烈性酒和古典鸡尾酒
鸡尾酒杯	Cocktail Glass	用于盛装短饮鸡尾酒
爱尔兰咖啡杯	Irish Coffee Glass	用于盛装爱尔兰咖啡
醒酒器	Decanter	用于服务红葡萄酒
雪莉杯	Sherry Glass	用于盛装雪莉酒，为较小的高脚杯，杯身细而窄
波特杯	Port Glass	用于盛装波特酒，容量较小，形状像红葡萄酒杯
水扎	Water Jug	用于盛装冰水

三、摆台标准

（一）摆台标准

摆台标准见表 3-8 所示。

微课 3-2 西餐宴会摆台　3-2 技能大赛摆台标准

表 3-8 摆台标准

项目	标准细则
台布	台布中凸线向上，两块台布中凸线对齐
	两块台布重叠面 5 厘米
	主人位方向台布交叠在副主人位方向台布上
	台布四边下垂长度均等
	铺设操作四次整理成形
餐椅定位	摆设操作从餐椅正后方进行
	从主人位开始按顺时针方向摆设
	餐椅之间距离基本相等
	相对餐椅的椅背中心对准
	餐椅边沿与下垂台布相距 1 厘米
装饰盘	从主人位开始顺时针方向摆设
	盘边距离桌边 1 厘米
	装饰盘中心与餐位中心对准
	盘与盘之间距离均等
	手持盘沿右侧操作
刀、叉、勺	主刀置于装饰盘右侧，距桌边 1 厘米，距装饰盘 1 厘米
	鱼刀置于主菜刀右侧，距桌边 5 厘米，距主刀 0.5 厘米
	汤勺置于鱼刀右侧，距桌边 1 厘米，距鱼刀 0.5 厘米
	开胃品刀置于汤勺右侧，距桌边 1 厘米，距汤勺 0.5 厘米
	主菜叉置于装饰盘左侧，距桌边 1 厘米，距装饰盘 1 厘米
	鱼叉置于主菜叉左侧，距桌边 5 厘米，距主菜叉 0.5 厘米
	开胃品叉置于鱼叉左侧，距桌边 1 厘米，距鱼叉 0.5 厘米

续表

项目	标准细则
刀、叉、勺	甜品叉、勺置于装饰盘的正前方，甜品叉距装饰盘 1 厘米，叉头向右、勺头向左，两者平行，相距 0.5 厘米
	各餐件距桌边距离规范
	摆设逐位完成
	摆放操作规范、卫生
面包盘、黄油刀、黄油盘（碟）	摆放顺序：面包盘、黄油刀、黄油碟
	面包盘盘边距开胃品叉 1 厘米
	面包盘中心与装饰盘中心取齐
	黄油刀置于面包盘右侧边沿 1/3 处
	黄油盘（碟）摆放在黄油刀刀尖正上方，相距 3 厘米
	黄油盘（碟）左侧边沿与面包盘中心成直线
杯具	摆放顺序：白葡萄酒杯、红葡萄酒杯、水杯 （白葡萄酒杯摆在开胃品刀的正上方，杯底中心在开胃品刀的中心线上，杯底距开胃品刀尖 2 厘米）
	三杯成斜直线，与水平线成 45 度角
	各杯身之间相距约 1 厘米
	操作时手持杯的中下部或颈部
花瓶或花坛	花瓶或花坛置于餐桌中央和台布中线上
	花瓶或花坛的高度不超过 30 厘米
蜡烛台	烛台与花坛或花瓶相距 20 厘米
	烛台底座中心压台布中凸线
	两个烛台方向一致，并与杯具所成直线平行
牙签盅	牙签盅与烛台相距 10 厘米
	牙签盅中心压台布中凸线
椒盐瓶	椒盐瓶与牙签盅相距 2 厘米
	椒盐瓶两瓶间距 1 厘米
	椒盐瓶间距中心对准台布中凸线

续表

项目	标准细则
盘花	造型美观、大小一致
	在盘中摆放一致，左右成一条线
托盘使用	餐件和餐具分类按序摆放，符合科学操作
	杯具在托盘中杯口朝上
综合印象	台席中心美观新颖、主题灵活
	布件颜色协调、美观
	整体设计显高雅、华贵
	操作过程中动作规范、娴熟、敏捷、声轻、姿态优美，能体现岗位气质

（二）西餐厅的类型

3-3 上菜及撤盘

西餐厅是指经营西式菜系的餐厅。在进行西餐厅种类划分的时候，人们基本上是根据具体的菜系对西餐厅进行划分的。具体来说，西餐厅可以分为以下几种类型：

1. 扒房

扒房多不是独立的西餐厅，基本上是附属于五星级酒店的餐厅，装修以法式风情为主，业内多把它归为法式餐厅的类型。

2. 意大利西餐厅

意大利西餐厅是西餐厅中的新贵，这类餐厅在我国还相对较少。其菜式融合了东西方饮食的精华，更有一种浓浓的地中海风情。

3. 德式西餐厅

德式西餐厅以地道的巴伐利亚菜式为特色，在装修上具有浓郁的慕尼黑啤酒作坊的风情。德式餐厅经常会举办一些啤酒节来吸引客人。

4. 美式西餐厅

美式西餐厅是最常见的西餐厅类型，这类西餐厅装修以田纳西州的乡村风情、纽约大都市风情以及夏威夷风情为主。在菜肴方面，以传统的扒类以及烧烤类为其特色，非常迎合现代人对于品位生活的追求。

5. 俄式西餐厅

俄式西餐厅装修设计以古典俄式装修设计为主，气势恢宏如宫殿，又不乏细致柔美。国内最著名的俄式西餐厅当数北京的“莫斯科餐厅”。

6. 文化主题西餐厅

文化主题西餐厅没有固定的风格，主要是以某个文化主题作为装修特色，比如“海上钢琴师”西餐厅、电影西餐厅等。

（三）西餐服务方式

西餐服务源于欧洲贵族家庭，经多年的演变，形成了各国各地区不尽相同的服务方式。目前在国内饭店中常见的服务方式有法式服务、俄式服务、美式服务、英式服务、大陆式服务及自助餐服务等。

1. 法式服务（French Style Service）

法式服务又称里兹服务（Ritz Service），产生于法国。它是西餐服务方式中最豪华、最讲究、最细致和最周密的一种服务方式。通常法式服务用于法国餐厅，即扒房。法国餐厅装饰豪华高雅，以欧洲宫殿式为特色，餐具常采用高质量的瓷器和银器，酒具常采用水晶杯。通常采用手推车或旁桌现场为客人进行加热和调味菜肴及切割菜肴等服务。

法式服务的特点

法式服务周到，每位客人都能得到充分的照顾，注重服务程序和礼节礼貌；注重服务表演以吸引客人的注意力，客前烹制可以烘托就餐气氛；服务的客人人数较少，所需服务空间较大，花费较高，服务节奏慢、时间长。餐厅利用率和餐位周转率都比较低。

法式服务规则

· 所有食品除沙拉、面包、黄油外均采取右上右撤的原则。

· 沙拉、面包、黄油采取左上左撤的原则。

2. 俄式服务（Russian Style Service）

俄式服务又称银盘服务（Silver Plate Service），产生于俄国的沙皇时代。与法式服务在很多方面有相似之处，它同样非常正规和讲究，客人也能得到相当多的关照，台面的摆设也与法式服务如出一辙，但是，它的服务方法不同于法式服务。俄式服务讲究优美文雅的风度，将装有整齐和美观菜肴的大浅盘端给所有客人过目，让客人欣赏厨师的装饰和手艺，也刺激了客人的食欲。俄式服务，每一个餐桌只需要一个服务员，服务的方式简单快速，服务时不需要较大的空间。因此，它的效率和餐厅空间的利用率都比较高。由于俄式服务使用了大量的银器，并且服务员将菜肴分给每一个客人，使每一位客人都能得到尊重和较周到的服务，因此增添了餐厅的气氛。

俄式服务特点

俄式服务具有服务效率较高，服务成本相对法式服务较低，服务空间占用较小，银盘投资大，最后一位客人挑选菜肴的余地较小等特点。无论在欧美还是在我国，俄式服务已成为宴会服务中不可缺少的、深受客人欢迎的一种服务方式。

俄式服务规则

· 所有食品在厨房准备。

· 分餐前先将空盘从客人右侧摆放在每位客人面前。

· 分餐从客人左侧逆时针进行。

3. 美式服务（American Style Service）

美式服务又称盘子服务（Plate Service），产生于美国。客人所点菜肴由厨师在厨房按客人人数烹制装盘，每人一份，服务员直接端给客人。美式服务是简单、快捷的餐饮服务方式，一名服务员可以看数张餐台。美式服务简单，速度快，餐具和人工成本都比较低，空间利用率及餐位周转率都比较高。美式服务是西餐零点和宴会理想的服务方式，广泛用于咖啡厅和西餐宴会厅。

美式服务特点

美式服务具有简单明了，服务速度快，餐具成本及人力成本低，用餐费用低，缺乏表演性及烘托餐厅气氛等特点。美式服务适用于西餐厅及咖啡厅，也常用于西餐宴会。

美式服务规则

服务员在上菜时采用右上右撤的原则。

4. 英式服务（British Style Service）

英式服务又称家庭式服务（Family Style Service），由主人将整块食物亲自动手切片装盘，并配上蔬菜，服务员把装盘的菜肴依次端送给每一个人。调味品、沙司和配菜都摆放在餐桌上，由客人自取或相互传递。英式服务家庭的气氛很浓，许多服务工作由客人自己动手，用餐的节奏较慢。

英式服务特点

英式服务具有气氛比较活跃，节省人力，节奏较慢等特点。

英式服务规则

服务员将厨房做好的食物盛在大盘中放在男主人的面前，由男主人进行分菜，然后将餐盘递给服务员，再由服务员将餐盘递给女主人、主宾和其他宾客。

5. 大陆式服务（Continental Service）

大陆式服务又称综合式服务，是一种融合了法式、俄式及美式的综合服务方式，也是当前西餐服务中普遍采用的服务方式，根据一套菜中每道菜的特点选用不同的服务方式。不同的餐厅或不同的餐次选用的服务方式组合也不同，这与餐厅的种类和特色、客人的消费水平、餐厅的销售方式有着密切的联系。

大陆式服务的特点

不同的餐厅选择的服务方式组合不同，一般以方便客人就餐、方便服务人员服务为主要原则。

大陆式服务规则

通常用美式服务上开胃头盘和沙拉，用俄式服务上汤，用法式服务上主菜或甜点。

6. 自助餐服务（Buffet Service）

自助餐服务是把事先准备好的菜肴摆在餐台上，客人进入餐厅后自己动手选择符合自己口味的菜点，然后拿到餐桌上用餐。这种用餐方式称为自助餐。餐厅服务员的主要工作有餐前布置，餐中撤掉用过的餐具和酒杯，补充餐台上的菜肴等。

思政园地

习近平总书记在2022年新年贺词中提出，世界各国要风雨同舟、团结合作，书写构建人类命运共同体的新篇章，充分展现了中华民族各美其美、美美与共的发展智慧。在漫长的历史长河中，中华民族创造了灿烂的饮食文化，成为世界饮食文化宝库中的一颗璀璨明珠。世界各国在自身的发展中也形成了独具特色的饮食文明。各国饮食在人类社会发展中相互融合，又保有了自己的特色。各国饮食也只有在人类命运共同体中互相欣赏，不断相互融合发展，才能促进人类餐饮文明走向另一个辉煌。

任务实操

西餐宴会摆台实训项目

实训名称	西餐宴会摆台
实训背景	中国旅游协会旅游教育分会举办的全国旅游院校服务技能（饭店服务）大赛
实训目的	掌握西餐摆台的标准操作要领
实训过程	以小组为单位进行西餐宴会摆台训练
实训结果	

任务二　提供西餐零点服务

任务导入

周日是李先生和夫人的结婚纪念日，李先生特意预订了靠窗的餐桌，能欣赏到室外的湖景。他还提前预订了一瓶法国波尔多产区的红葡萄酒，领班 Jack 带领员工为他们提供了优质的西餐扒房服务。当餐 Jack 为客人推荐了头盘美味鲜虾酿馅蘑菇，汤是法式洋葱汤，主菜是 T 骨牛排配芦笋，甜品是水果芝士蛋糕。李先生和太太非常满意。

思考：

阅读上述材料，西餐中红葡萄酒可以和哪些菜品相搭配？扒房服务有哪些流程？

任务知识

一、西餐早餐服务

（一）早餐种类

西餐早餐一般分为散餐和套餐。散餐一般包括果汁类、水果类、谷麦类、鸡蛋类、肉类、面包类、热饮类等。

早餐套餐可分为以下几种：

1. 欧陆式早餐（The Continental Breakfast）

也称为标准早餐。其内容简单，包括：

（1）果汁类：一般有橙汁（Orange Juice）、菠萝汁（Pineapple Juice）、番茄汁（Tomato Juice）、苹果汁（Apple Juice）、西柚汁（Grapefruit Juice）等。客人可任选一种。果汁一般用新鲜水果榨取，也可采用听（罐或瓶）装果汁。

（2）面包类：一般有吐司（Toast）、牛角包（Croissant）、丹麦包（Danish Bread）、松饼（Muffin）、软包（Soft Roll）、硬包（Hard Roll）、全麦包（Whole Wheat Bread）等种类供客人选择，上面包时配黄油（Butter）或果酱（Jam）。常见的果酱有苹果酱（Apple Jam）和橘子酱（Marmalade）。

（3）饮料类：早餐最常用的饮料是咖啡（Coffee）和茶（Tea）。另外还有牛奶（Milk）、热巧克力（Hot Chocolate）和酸奶（Yogurt）。服务咖啡和茶时要配牛奶和糖。

（4）水果类：一般为时令水果（Fresh Seasonal Fruit）。

2. 美式早餐（The American Breakfast）

美式早餐比欧陆式早餐复杂，除欧陆式早餐的内容外，还包括：

（1）谷物类：一般有燕麦片（Oatmeal）、玉米片（Corn Flakes）、卜卜米（Rice Crispy）等。通常加水或牛奶煮成粥类食品。

（2）蛋类

• 煎蛋（Fried Egg）。可分为单面煎（Sunny-side Up）和双面煎（Turn-over）。双面煎又可分为双面煎嫩蛋（Turn-over Easy）和双面煎老蛋（Turn-over Hard），其中的区别是蛋黄是否凝固。

• 煮蛋（Boiled Egg）。煮蛋一般因客人要求不同而老嫩不一。煮制 2~3 分钟的为嫩蛋，5~7 分钟的为老蛋。所以客人点煮蛋时应问清煮制火候。煮蛋应放在蛋盅内奉客，同时送上垫碟和咖啡勺。

• 炒蛋（Scrambled Egg）。炒蛋要求鸡蛋熟但无凝结的蛋块，炒蛋时一般应加少许牛奶调匀，以确保成品质量。炒蛋通常放在烤面包上提供给客人，也可直接装盘。

• 水波蛋（Poached Egg）。水波蛋与我国一些地区的“糖氽蛋”类似，先将鸡蛋打入碗中，轻轻倒入加了少量盐和白醋的沸水锅内煮制两三分钟后捞出沥干水分，放在烤面包上装盘，服务时搭配糖浆或蜂蜜。

• 蛋卷（Omelet）。蛋卷又称奄列蛋，是将蛋液倒入放了少许油但油温较高的煎锅内摊成饼形，再加入不同原料后卷成梭子形。加入的原料主要有：西红柿（Tomato）、洋葱（Onion）、橄榄（Olive）、烟肉（Bacon）、火腿（Ham）、香肠（Sausage）等。客人点蛋卷时要问清所要加入的原料。服务蛋卷一般要配番茄酱。

（3）肉类：一般有火腿（Ham）、香肠（Sausage）、烟肉（Bacon）三种，服务前应在油锅中略煎一下，通常与蛋类一起装盘。

3. 英式早餐（The English Breakfast）

英式早餐包括烤番茄、炒蛋、香肠、咸肉、麦片（搭配牛奶或酸奶）、茄汁黄豆、炸蘑菇等菜点，还包括黑布丁、炸面包、烤面包、吐司（搭配牛油与果酱）、丹麦卷等。

饮料以橙汁和牛奶为代表，咖啡与茶也有供应。

3-4　早餐零点菜单

4. 行政式早餐（The Executive Breakfast）

除美式早餐的内容外，可另点菜和扒类食品。

（二）西餐早餐服务程序

1. 餐前准备

准备工作

准备好摆台用具、服务用具、果汁、黄油、果酱、糖、牛奶等。

摆台（见图 3-5）

按标准要求进行摆台。

图 3-5　咖啡厅早餐摆台图片

检查

检查餐厅设施设备、环境卫生、空调温度，检查桌椅是否整齐，检查摆台是否规范，检查背景音乐是否播放正常，检查个人仪容仪表是否标准，等等。

2. 餐中服务

迎宾服务

看到客人，迎宾员应主动礼貌地问候客人，应面带微笑并注意目光接触。引领客人进入餐厅，为客人安排合适的餐桌并拉椅让座。

点单服务

客人入座后，值台服务员上前问好并递上打开的菜单，从客人右侧为其铺上餐巾。记录客人所点内容，客人若点鸡蛋，应问清制作方法和老嫩程度，并在点菜单上注明。重复客人的点单。将点菜单送至厨房和收银台。

菜品服务

根据客人所点菜品补充餐具。从客人右侧送上果汁、咖啡或茶，左侧送上面包、黄油和果酱。依次从客人右侧服务谷类食品、肉类和鸡蛋。

注意事项

要服务迅速，技艺娴熟；熟记本餐厅提供的早餐种类；注意问清宾客的特殊要求；面包要新鲜，咖啡和茶要热。

结账服务

提前准备好账单，检查无误；客人用餐完毕后，送上账单，询问满意度并感谢客人。

送客服务

客人起身为其主动拉椅，感谢客人并祝客人愉快。

3. 餐后服务

客人离开后，迅速整理桌椅，清理台面，同时检查有无客人遗留物品。重新摆台，准备迎接下批客人。

二、客房送餐服务

（一）客房送餐服务的特点

客房送餐服务有服务独立性强；服务环节多，人工成本高；餐饮品种与服务内容有一定限制的特点。因为与客房部的关系最为密切，往往需相互配合。

（二）客房送餐的服务程序

1. 服务程序

接受订餐

点单员通过电话接受客人点单，要详细记录客人所点菜品及酒水，做适当的推销，重复点单内容和特殊要求，记录好客人的房号和姓名，告知客人送餐时间，感谢客人来电。

送订单

将订单分别送到相应厨房和吧台。

准备用具

准备托盘或餐车，准备相应的餐具、餐巾、调料、椒盐瓶、花瓶、洗手盅、收餐卡等。

准备食品和酒水

准备好食品和酒水，注意食品的温度，须保温的应放在餐车的保温箱内。

准备账单

提前打印好账单，放在账单夹内并准备好笔。

检查

检查服务用具、餐具是否干净，食品酒水是否合乎标准，账单是否无误。

送餐

搭乘员工电梯送餐。到达客人房间门口时，先敲门报送餐服务（Room Service）。客人开门后先问好，将食品酒水摆放至客人指定位置，简单介绍，请客人结账并祝客人用餐愉快，告知客人收餐时间，离开客人房间。

2. 服务注意事项

• 客房送餐的预订方式有两种：一种是门把手早餐菜单预订，另一种是全天电话预订。

• 订餐员要熟记送餐菜单内容，以便准确记录宾客所点饮食。

• 送餐服务员送食物到客房时，须将调味料事先准备好，连同所需餐具一并送入客房。

• 易冷的热菜或易融化的冰冻食品，须用保温或冷藏设备，并以最快的速度送至房间。

• 到达宾客房间时，须征询客人同意后方可进入房间，同时称呼客人姓名问候，进房后，征询托盘或餐车的放置位置，然后按要求放好。

• 结账收款时唱收并告知找零的数目，然后前往收银台办理。若宾客签单收款，务必告知宾客使用正楷和签字的位置。

• 结账后，恭祝宾客用餐愉快，退离房间并为客人关好房门。

• 若客人未来电要求收餐，送餐员在送早餐 30 分钟或正餐 60 分钟后，打电话到客房，征询客人进餐情况和对菜品的意见，询问是否可以收餐。

• 送餐服务员应具有充足的服务知识和技巧、良好的语言功底、灵敏的反应和足够的耐心。

（三）智能机器人送餐服务

随着科技的不断进步，机器人在各行各业的应用越来越广泛。酒店行业也不例外，越来越多的酒店开始使用机器人送餐，以提高效率和满足客人需求。智能送餐机器人以人工智能和机器人技术为基础，酒店通过将智能机器人引入酒店服务流程，实现了送餐服务的自动化，节省了人工成本。

客人通过智能语音交互系统或手机 App 发出配送指令，告知酒店需要配送的房间号和点单信息。酒店将相关指令下达给智能送餐机器人，机器人收到指令后，会自动规划最佳配送路线，并前往指定的餐厅或厨房。

机器人到达餐厅或厨房后，可以通过智能感知系统自动识别并抓取需要配送的食物或饮料。机器人将食物或饮料送到指定的房间门口，并通过智能语音交互系统或手机 App 通知客人取餐。

客人可以通过智能语音交互系统或手机 App 与机器人进行互动，确认配送物品的信息。

三、扒房服务

扒房以供应法式大餐为主，多采用法式服务。扒房布置要求高雅、富丽、神秘并具有独特风格和浪漫、典雅的氛围。扒房所使用的餐具、服务器具既高档又专业化，如银质或镀银的餐叉、餐刀，水晶杯，贵重的烹制车、酒车、甜品车、手推车，精致的瓷器等。

扒房服务员以男性为主，须着西装或燕尾服，配戴领结。女引座员或服务人员一般着正式的裙装。扒房的用餐时间较长，对服务员的服务技术要求较高。除要掌握各种基本服务技能外，还应熟悉菜肴与酒水知识及服务方式，娴熟地掌握客前烹制技能，并具有高超的服务技巧和熟练的英语或法语会话能力。

扒房主要经营午、晚餐，提供高档西餐菜品、葡萄酒、威士忌、白兰地等。

扒房午、晚餐服务程序十分复杂，讲究服务礼仪和操作规范。

（一）餐前准备

1. 准备各类餐具用具

包括不锈钢餐具、各类瓷器、杯具、服务用具等。

2. 摆台（见图 3–6）

按标准要求摆台。

图 3-6　扒房摆台图片

3. 检查

检查餐厅设施设备、环境卫生、空调温度是否适宜，检查桌椅是否整齐，检查摆台是否规范，检查背景音乐，检查面包、黄油是否备好，检查客前烹制车等设备用品，检查个人仪容仪表是否标准，等等。

（二）餐中服务

1. 迎宾服务

看到客人，迎宾员应主动礼貌地问候客人，应面带微笑并注意目光接触。询问客人是否有预订，如有预订，询问客人电话、姓名等，然后引领至预先安排好的餐桌。如无预订，询问客人用餐人数及位置偏好，为客人安排合适的餐桌并拉椅让座。

2. 递送菜单

客人入座后，值台服务员上前问好并递上打开的菜单，从客人右侧为其铺上餐巾。

3. 开胃酒服务

首先询问客人喝什么开胃酒，做相应介绍和推荐。记录客人所点开胃酒，重复点单。去吧台领取开胃酒，为客人服务开胃酒。遵循先女士后男士、先宾后主的原则从客人右侧服务。如客人不需要开胃酒，则为客人倒上冰水。

4. 面包黄油服务

从客人左侧依次送上面包和黄油，如有多种面包，应先让客人选择，或将面包篮放在桌子的中央。

5. 点菜服务

站在客人右侧为客人点菜，主动介绍推荐菜品。记录客人所点菜品并重复点单，记录客人特殊要求，如牛排制作的成熟度、所需配料、调味汁品种等。及时将点菜单送至厨房。

6. 点酒服务

为客人递上酒水单，根据客人所点的菜品做相应的酒水介绍和推荐，注重菜品与酒水的搭配。记录客人所点酒水并重复点单。

7. 酒水服务

根据客人所点酒水，到吧台领取并准备相应的服务用具及酒杯，如红酒篮、醒酒器、冰桶、开瓶器等。根据客人所点酒水摆放相应杯具，为客人服务酒水。

3-5 红白葡萄酒的服务程序

8. 菜品服务

（1）根据客人所点菜品补充餐具。

（2）从客人右侧服务各类菜品，左侧送上面包、黄油。依次从客人右侧服务开胃菜、汤、沙拉、主菜、甜品、咖啡或茶。

（3）每当客人用完一道菜，应将所用餐盘及餐具一起撤下。必须等所有宾客都吃完一道菜后才可以一起撤盘。

（4）客前烹制，指为客人制作牛排，或在客前烹制车上制作沙拉或甜品等。此项服务要求服务员具有娴熟的服务技能，注意操作安全和卫生，烘托餐厅气氛，提高客人用餐兴趣。

（5）服务主菜：主菜的最佳部位对着客人放，而配菜自左向右按白、绿、红的顺序摆放；主菜的沙拉要立即跟汁，沙拉盘应放在客人的左侧。

（6）服务甜品、水果：上甜品之前先撤下除酒杯以外的餐具，包括主餐盘、主餐餐具、面包盘、黄油碟、椒盐瓶、面包篮等；用一块叠成四方块的餐巾对餐台进行扫台；摆好甜品叉勺；为客人点甜品酒，服务甜品酒。

（7）服务咖啡或茶：服务咖啡或茶之前先摆好糖缸和奶缸；咖啡杯或茶杯放在客人的右手边。

9. 结账服务

提前准备好账单，检查无误。客人用餐完毕后，送上账单，领班或值台服务员应征询客人满意度并感谢客人。

10. 送客服务

客人起身时主动为其拉椅，礼貌道别，送客人离开，感谢客人并祝客人愉快。

（三）餐后服务

客人离开后，迅速整理桌椅，清理台面，同时检查有无客人遗留物品。重新摆台，准备迎接下批客人。操作要轻，避免影响其他客人。

（四）扒房服务注意事项

• 扒房服务节奏慢，就餐时间长，所以餐位周转率低，来就餐的客人往往须提前预订才能保证餐厅的座位。

• 点菜时需先画好座位示意图，分别准确记下每位客人所点菜肴，并立即复述确认。

• 点菜时注意问清客人对菜肴的特殊需求。

• 严格按照西餐上菜顺序上菜。

• 推介酒水时，注意菜肴和酒水的搭配。

• 必须在同桌每一位客人都用完同一道菜并撤盘后，才能服务下一道菜。

• 在桌边烹制时，需选择本桌客人都能观赏到的角度。

• 扒房的服务员须具备良好的外语水平。

• 服务过程中，始终体现“女士优先”的原则，并展示高超的服务技能和优雅而规范的服务姿态。

任务实操

扒房服务流程

实训名称	制作扒房服务流程思维导图
实训背景	上海某家五星级酒店的扒房
实训目的	掌握扒房服务流程和标准
实训过程	以小组为单位进行扒房服务流程和服务注意事项的讨论
实训结果	

任务三　进行西餐宴会服务

任务导入

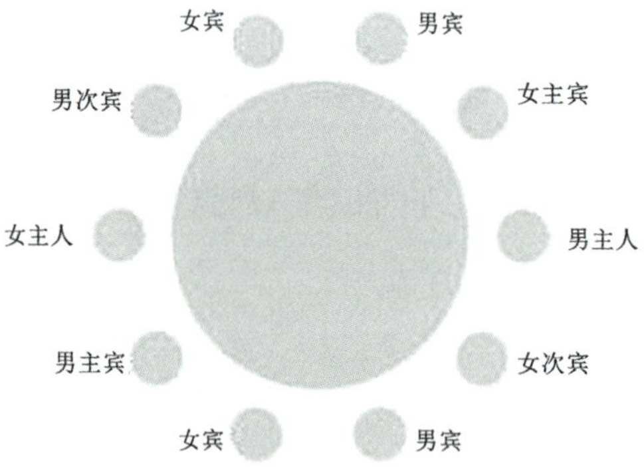

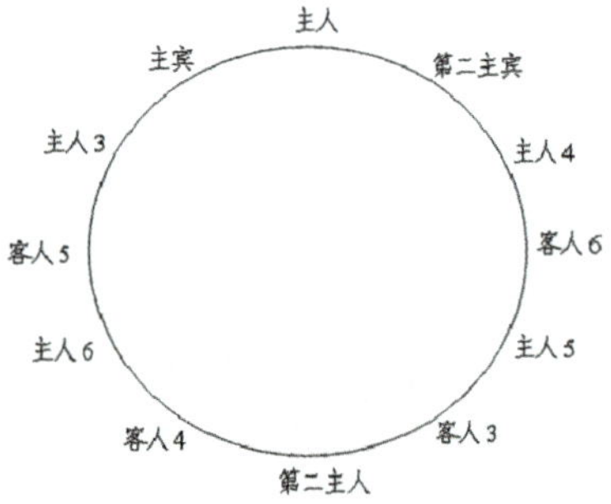

思考：

从上面两幅图中，可以得出中西餐宴会的座次安排有哪些区别？西餐宴会的座次安排还有哪些方式？

任务知识

一、正餐宴会服务

西餐宴会是一种按西方国家礼节习俗举办的宴请。西餐宴会摆台正式隆重，菜品丰富，服务讲究程序和规范，讲究食品与酒水的搭配，有较高的礼仪要求，注重就餐的环境和氛围。

（一）西餐宴会前的组织准备工作

1. 掌握宴会情况

宴会前，应详细了解宴会的人数、标准、台型设计、宾主身份、举办单位或个人、付款方式、特殊要求、菜单内容、酒水内容和服务要求等内容。

（1）布置宴会厅。西餐宴会厅的环境布置应具有欧美文化艺术特点，如挂油画、设壁炉等，同时布置各种绿色植物，准备好背景音乐。

（2）设计台型。西餐宴会的台型主要有以下几种常见形式：

“一”字型长台。通常设在宴会厅的正中央，与宴会厅四周的距离大致相等，但应留有较充分的位置，以便于服务员操作。

“U”型台。又称马蹄型台，一般要求横向长度应比竖向长度短一些。

“E”型台。“E”型台的三翼长度应相等，竖向长度应比横向长度长一些。

“回”字型台。一般设在宴会厅的中央，是一个中空的台型。

除上述基本台型外，还有“T”型台、鱼骨型台、星型台等。现在许多西餐宴会也使用中餐的圆桌来设计台型。总之，西餐宴会的台型应根据宴会规模、宴会厅形状及宴会主办者的要求灵活设计。

2. 席位安排

（1）宴会主人坐背对门的位置，而面对门的位子则是上位，由最重要的客人坐。

（2）长型桌排列时，男女主人分坐两头，门边一端是男主人，另一端是女主人，男主人右手边是女主宾，女主人右手边是男主宾，其余依序排列（见图 3–7）。

图 3-7　长条桌座位安排

（3）桌子是“T”型或“U”型排列时，横排中央位置是男女主人位，身旁两边分别为男女主宾座位，其余依序排列（见图 3-8、图 3-9）。

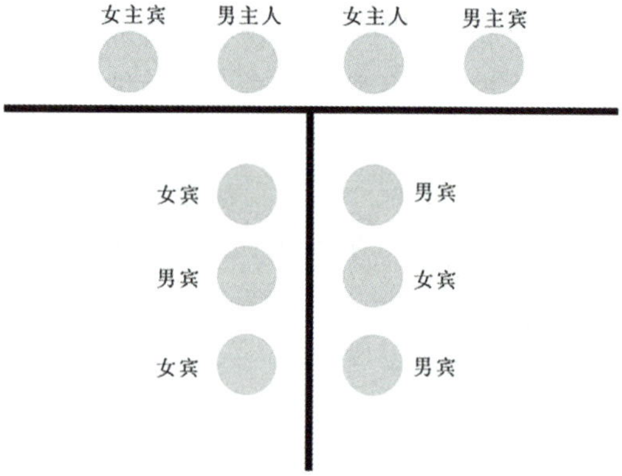

图 3-8　“T”型桌座位安排

图 3-9　“U”型桌座位安排

（4）西餐排座位，通常男女间隔而坐，用意是男士可以随时为身边的女士服务（见图 3–10）。

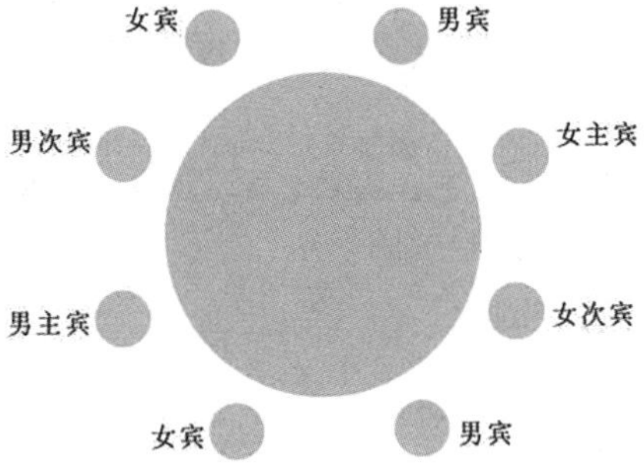

图 3–10　西餐圆桌座位安排

（5）西餐宴会也使用席次卡，有外宾时一般需要中英文。

3. 准备餐具用具

主要有不锈钢类、瓷器类、杯具、服务用具及布草等物品。

4. 宴会摆台

按标准进行宴会摆台。

5. 准备酒水饮料

一般在宴会厅一侧设置吧台（或固定，或临时）。吧台内备齐本次宴会所需的各种酒水饮料及酒水服务用具，如酒篮、冰桶、开瓶器等。

6. 服务面包、黄油

在宾客到达前 5 分钟，摆放黄油、面包。所有客人的面包、黄油种类和数量都应是一致的。

7. 服务冰水

摆放完面包、黄油后，为客人斟倒冰水或矿泉水。小型宴会可在客人入席后进行此项服务。

（二）西餐宴会服务程序

1. 迎宾服务

（1）热情迎宾，使用敬语，将客人引领至餐桌，拉椅让座，按先女宾后男宾、先客人后主人的顺序，为客人铺餐巾。

（2）西餐宴会一般提供存衣服务。

2. 宴会中服务

（1）西餐宴会上菜顺序是：开胃头盘、汤、沙拉或副菜、主菜、甜品、咖啡或茶。

（2）根据宴会预订单的要求及菜单内容搭配相应的酒水。

（3）客人每用完一道菜，应将所用餐盘及餐具一起撤下。

（4）西餐宴会要求等所有宾客都吃完一道菜后才可以一起撤盘，多桌时，以主桌为准。

（5）所有服务遵循先宾后主、“女士优先”的原则和右上右撤的服务方法；派送面包和黄油则从客人左侧服务。

（6）席间注意及时添加酒水。

3. 结账服务

当客人用完餐后，准备好账单，检查无误后，与宴会负责人结账。

4. 送客服务

（1）客人离席时，主动为客人拉椅。

（2）为客人取所存衣物，热情道别。

（三）宴会后的收尾工作

宴会结束后，检查台面，检查有无客人遗留物品；收拾台面，清理餐桌；进行总结提高。

二、冷餐酒会服务

（一）冷餐酒会的种类及特点

冷餐酒会是西方国家比较流行的一种宴会形式，因气氛热烈、交流方便、进餐自由而深受客人的欢迎。目前我国正逐渐流行。

1. 冷餐酒会的种类

冷餐酒会从其进餐形式可分为以下几种：

（1）立式冷餐酒会：所有来宾站立着用餐，但在宴会厅周围备有座椅供客人休息。

（2）坐式冷餐酒会：所有来宾坐着用餐，与正式宴会相同。

2. 冷餐酒会的特点

（1）自助形式的宴会，环境布置热闹隆重，菜品丰盛。

（2）客人用餐自由，气氛热烈。

（3）一般持续时间较长。

（二）冷餐酒会的服务程序

1. 餐前准备

餐台设计及摆设

· 冷餐酒会的餐台设计应根据客人人数及宴会场地灵活摆放，一般有“一”字型、“T”型及波浪型等。

· 摆放好餐台的各类菜品。

· 摆放好所用的各类餐具，如主餐盘、甜品盘、汤碗等。

· 摆放好取餐用的服务叉勺。

· 摆放好各类调料。

· 冷餐酒会必须设置吧台，并安排专门的酒水员服务。备好各类酒水、酒杯和服务用具。

摆台

立式冷餐酒会需在宴会厅内摆放鸡尾酒桌，方便客人放用过的餐盘酒杯等，同时摆放牙签筒、餐巾纸等，并摆放鲜花装饰。

坐式冷餐酒会餐桌摆台通常按照西餐零点摆台方式，主要摆放主餐刀、主餐叉、汤勺、面包盘、黄油刀、餐巾、椒盐瓶、牙签筒等。

摆设签到台

签到台一般摆在宴会厅入口处一侧，应根据主办单位要求备好签到簿、名片托盘等。

检查

检查餐台菜品是否摆放完全，是否整齐美观，菜品温度是否合适，各类取餐餐具是否齐全，酱料调料是否齐全，饮料是否备齐等。检查宴会厅设施设备、环境卫生、空调温度，检查桌椅是否整齐，检查摆台是否规范，检查背景音乐是否播放正常，检查个人仪容仪表是否标准，等等。

2. 餐中服务

迎宾服务

看到客人，迎宾员应主动礼貌地问候客人，应面带微笑并注意目光接触。为客人提供存衣服务。引领客人到签到台签到，然后进入宴会厅。

酒水服务

服务员为客人送上各类酒水供客人选择。

餐桌服务

立式冷餐酒会服务：服务员用托盘托送酒水饮料，及时为客人服务，及时收走客人用过的餐盘、餐具。

坐式冷餐酒会服务：为客人斟倒酒水饮料，及时撤收客人用过的餐盘，及时补充相应餐具等。

结账服务

当客人用完餐后，准备好账单，检查无误后，与宴会负责人结账。

送客服务

冷餐酒会结束后，及时为客人取所存衣物，热情道别。

3. 自助餐台服务

安排专门员工负责自助餐台，及时清理整理自助餐台面；通知厨房补充菜品；清理服务用具，补充餐盘，补充调料；及时补充自助餐台的饮料；随时为客人介绍菜品；随时做好菜品的保温工作等。

4. 餐后服务

冷餐酒会结束后，将自助餐台剩余菜品撤至厨房处理，清理自助餐台。巡视四周，看有无客人遗留的物品，收拾宴会厅进行卫生整理。

3-6　茶歇

三、鸡尾酒会服务

鸡尾酒会的形式较为灵活，以供应酒水为主，备有简单菜肴和小吃。客人站立饮食，用餐自由，交流广泛。

（一）鸡尾酒会的特点

（1）以酒水为主，另外还有一些饮料。服务员用托盘托着酒水、饮料在客人间行走，由客人自行拿取。

（2）食品简单。只提供一些小吃、点心及少许的菜品。

（3）不摆台、不设座。客人基本都是站着进食和交流，气氛活跃。

（4）地点灵活。室内室外均可，空间不受限制。

（二）鸡尾酒会服务程序

1. 餐前准备

（1）根据客人要求布置会场，准备各种所需物品。

（2）准备足够量的餐具用具。

（3）对人员进行分工，专人负责吧台。

（4）酒会开始前几分钟，要端出各种小吃。

2. 迎宾服务

看到客人，迎宾员应主动礼貌地问候客人，应面带微笑并注意目光接触，为客人提供存衣服务。

3. 酒水服务

服务员用托盘托送酒水、饮料来回走动，注意观察客人的举动，及时为宾客提供服务。调酒师按客人所需及时调配鸡尾酒，由服务员送至客人面前。

4. 菜品服务

服务员用托盘托送各类食品小吃，一般由客人自行拿取。保证有足够量的菜品及餐具的供应。专门的人员负责收拾空的餐具，保持环境清洁。

5. 结账服务

当客人用完餐后，准备好账单，检查无误后，与宴会负责人结账。

6. 送客服务

鸡尾酒会结束后，及时为客人取所存衣物，热情道别。

3-7　英式下午茶

7. 餐后工作

环视四周，看是否有宾客的遗留物品。收拾宴会厅进行卫生整理。

任务实操

西餐宴会服务流程

实训名称	制作西餐宴会服务流程思维导图
实训背景	年底某市宴请在本市工作的欧美客人，宾主共计 100 多人，在本市一家五星级酒店的宴会厅举行西式宴会
实训目的	掌握西餐宴会的服务流程和标准
实训过程	以小组为单位进行西餐宴会服务流程和服务注意事项的讨论
实训结果	

任务四 进行自助餐服务

任务导入

思考：

从上面两幅图中，可以得出什么样的餐台展示更能吸引客人？如何设计科学、美观的自助餐餐台？

任务知识

西餐传到中国以后，自助餐的就餐方式自然随之带到我国。自助餐以其形式多样、菜式丰富、营养全面、就餐灵活、用餐简便而深受消费者喜爱。

一、自助餐台设计

自助餐台通常设在餐厅的一侧或餐厅中央，由一个主台和几个小台组成。一般分为冷菜区、汤类区、热菜区、甜品区、现场烹制区、饮料区等。自助餐台的摆设有如下要求：

- 美观、醒目且富有吸引力。
- 方便客人取菜。
- 餐台设计合理，并有很好的保温效果，如热菜使用加热布菲炉等。
- 餐台设计应结合场地特点。
- 餐台设计有主题性。使用鲜花、装饰品、灯光照明设施等装饰餐台。

二、自助餐备餐服务

1. 自助餐台摆放

（1）摆放好自助餐台的各类菜品。

（2）摆放好所用的各类餐具，如主餐盘、甜品盘、汤碗、饮料杯等。

（3）摆放好取餐用的服务叉勺。

（4）摆放好各类调料。

2. 餐桌摆台

自助餐餐桌摆台通常按照西餐零点摆台方式，主要摆放主餐刀、主餐叉、汤勺、面包盘、黄油刀、餐巾、椒盐瓶、牙签筒等。

3. 检查

检查自助餐台菜品是否摆放完全，是否整齐美观，菜品温度是否合适，各类取餐餐具是否齐全，酱料调料是否齐全，饮料是否备齐等。检查餐厅设施设备、环境卫生、空调温度，检查桌椅是否整齐，检查摆台是否规范，检查背景音乐是否播放正常，检查个人仪容仪表是否标准，等等。

三、自助餐餐中服务

（一）用餐服务

1. 迎宾服务

看到客人，迎宾员应主动礼貌地问候客人，应面带微笑并注意目光接触。引领客人进入餐厅时，询问客人是否有预订，如有预订，引领至预先安排好的餐桌。如无预订，询问客人用餐人数及位置偏好，为客人安排合适的餐桌并拉椅让座。

2. 餐桌服务

及时收撤客人用过的餐盘，补充相应餐具等。

3. 结账服务

提前准备好账单，检查无误；客人用餐完毕后，送上账单，询问满意度并感谢客人。

4. 送客服务及餐后工作

客人起身主动为其拉椅，礼貌道别。

客人离开后，迅速整理桌椅，清理台面，同时检查有无客人遗留物品。重新摆台，准备迎接下批客人。

（二）自助餐台服务

安排专门员工负责自助餐台，及时清理整理自助餐台面；通知厨房补充菜品；清理服务用具，补充餐盘，补充调料；及时补充自助餐台的饮料；随时为客人介绍菜品；随时做好菜品的保温工作等。

餐段结束后，将自助餐台剩余菜品撤至厨房处理，清理自助餐台，将所有服务用具进行清洗，做好餐台卫生清洁工作。

（三）自助餐服务注意事项

- 进行人员分工时，派专人负责自助餐台服务。
- 始终保持餐桌、餐台清洁卫生。
- 不断补充自助餐台陈列的食品，保持盛放食品不少于三分之一。
- 检查控制食品温度，热菜始终保持一定热度，冷菜始终保持一定凉度。
- 客人点不包含在自助餐餐费中的酒水时，须向其说明要单独另付费用。
- 注意前后台的密切协调配合。
- 妥善保管餐台装饰物品。

任务实操

自助餐服务流程

实训名称	自助餐服务流程思维导图
实训背景	本市某家五星级酒店的自助餐厅
实训目的	掌握自助餐的服务流程和标准
实训过程	以小组为单位进行自助餐服务流程和服务注意事项的讨论
实训结果	

项目训练

练一练

扫描右侧的二维码，开始做题吧。

随堂练习

项目四

掌握餐饮服务设计

项目导读

本项目主要包括餐饮服务设计、宴会氛围设计、餐饮菜单设计等内容，旨在帮助学生了解餐饮服务设计的要求，培养学生进行餐饮服务、宴会设计、菜单设计等方面的应用能力，提升学生从事餐饮服务的职业能力。

学习目标

知识目标	1. 了解餐饮服务设计及餐饮服务优化的相关要求 2. 了解不同宴会的用餐需求并能够提供定制化的宴会氛围设计方案 3. 了解电子菜单的特点 4. 掌握菜品定价及菜单制作的要求
能力目标	1. 锻炼学生独立进行餐饮服务接待工作的能力 2. 增强学生对餐饮服务的理解 3. 培养学生采集、分析、归纳、使用信息的能力 4. 提升学生对客交流的能力
素质目标	1. 培养学生餐饮服务相关的职业素养 2. 树立学生正确的餐饮服务职业道德观念 3. 提升学生餐饮服务意识、培养团队协作的精神

思维导图

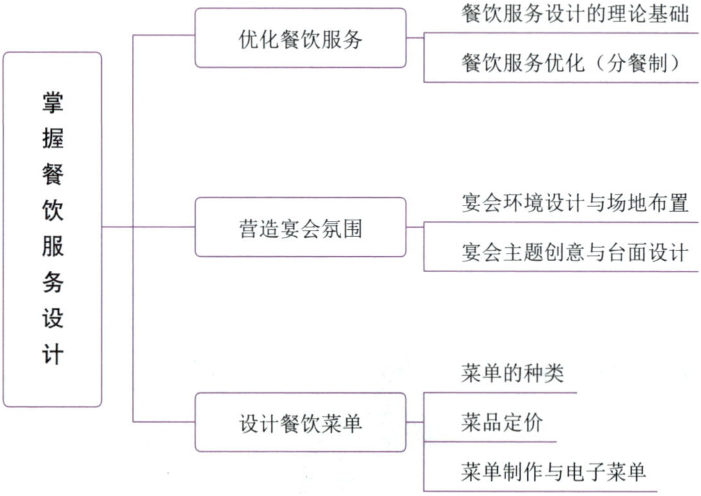

任务一　优化餐饮服务

任务导入

在一家西餐厅供应早餐期间，服务员小李看到一位客人吃煎蛋时，用餐巾将鸡蛋上的油吸掉，用餐刀把蛋白和蛋黄切开，只吃掉了蛋白，并且不像其他客人一样往鸡蛋上撒盐。小李猜测，这位客人可能患有某种疾病，才会有特殊的饮食习惯。第二天，小李看到这位客人落座后，主动上前询问客人，是否享用和昨天一样的早餐，待客人回复后，小李将早餐摆放在餐桌上，客人看到鸡蛋只有蛋白没有蛋黄，非常高兴。他一边用餐一边跟小李交谈，说他因为患有高血压，所以才有这样的饮食习惯。以前在别的酒店就餐时，自己的要求往往被服务员忽视，这次用餐，他感到非常满意。

思考：

小李的个性化服务赢得了顾客的认可，你认为优质的对客服务还包含哪些方面？

任务知识

一、餐饮服务设计的理论基础

（一）认知餐饮服务设计

服务设计是有效地计划和组织服务中所涉及的人、基础设施、通信交流以及物料等相关因素，将人与物、环境、行为等相互融合，创造与改善服务体验，从而提高用户体验和服务质量的设计活动。

微课 4-1　餐厅动线设计

餐饮服务设计需要结合餐饮各岗位、各部门服务全过程，对服务接触点进行分析、设计，改善餐饮行业已有的或者创造新的服务，有效地提高顾客的用餐体验；寻找潜在的可以被开发的创新服务方向，为顾客提供差异化的服务和体验。例如，当顾客在饭店大堂吧点一杯咖啡时，服务员多问一句：“先生贵姓？”顾客回答：“免贵姓张！”当服务员上咖啡时说：

4-1　餐厅动线设计注意事项

"张先生，您的咖啡好了，请慢用！"一声"张先生"，给顾客很强的亲和力。这就是服务设计过程中人与人之间的触点，给被服务者很好的服务体验。

（二）餐饮服务设计的意义

随着餐饮业的发展，顾客的消费预期不断提高，顾客在就餐前、就餐中、就餐后获得的体验决定着饭店和餐厅的整体品质以及在顾客心中的地位。顾客可以在短短几分钟内对他们体验的产品和服务做出评估和比较，因此餐饮业要为所提供的产品和服务予以更多的关注。

4-2 奶茶店排队人数控制在 1~3 人

餐饮服务设计能够帮助饭店和餐厅提高服务效率，在一方面减少有形产品在生产过程中对资源和能源的过度使用，从而节约成本；另一方面，餐饮服务设计的应用可以有效地提升顾客对服务的满意度，从而提升餐厅的知名度和饭店的整体形象。

在我国，餐饮服务设计发展时间还不长，但中国餐饮服务行业有着巨大的市场需求，随着"以顾客为中心"服务理念的发展，中国餐饮服务设计将会迎来很大的发展空间。

（三）餐饮服务设计的目标要求

1. 营造怡人的进餐环境

餐饮服务设施不仅要满足宾客的生理需求，还要能满足其精神需求。所以餐饮服务设计首先应营造一个舒适、怡人的进餐环境，给客人留下良好的第一印象。如餐饮服务设施的装饰、布局要与饭店等级协调一致；灯光、色彩应柔和、协调；家具、餐具必须配套并与整体环境相映成趣；环境卫生必须符合卫生标准要求；服务人员的仪表仪态应符合饭店要求；餐饮服务设施的温度、湿度应使人舒适、愉悦等。

2. 供应适口的菜点酒水

宾客的口味需求各异，其对菜点酒水的质量评判以适口为准。餐饮管理者应了解市场需求及宾客的消费趋向，供应的菜点酒水品种应符合目标市场的需求；食品原料的采购必须符合饭店的规格标准；厨房制作必须照顾宾客的不同口味要求；原料采供、厨房生产、餐厅服务等环节密切配合。

3. 提供优质的对客服务

适口的菜点酒水加上优质的对客服务，才能真正满足宾客的餐饮需要。优质的服务虽然不能掩盖或弥补因粗劣的菜点酒水带给客人的不满，但适口的菜点酒水肯定会因不良的服务变得难以下咽。由此可见，对客服务在某种程度上比美味佳肴更能满足客人的需要。优质的对客服务包括良好的服务态度、丰富的服务知识、娴熟的服务技能和适时的服务效率等。

4. 取得满意的三重效益

餐饮服务设计的最终目标是获取三重效益，即社会效益、经济效益和环境效益。社会效益是指餐饮经营给企业带来的知名度和美誉度，它可为企业赢得客源，并增强企业的竞争力；经济效益是指餐饮经营给企业创造的利税（绝对效益）以及由餐饮带来的企业其他设施的宾客消费（相对效益）；环境效益是指餐饮企业因采取各种节能环保措施而带给自己的效益，同时也使企业具备可持续发展的能力，也是企业社会责任感的具体体现。

二、餐饮服务优化（分餐制）

（一）分餐制在中国的发展历史

合餐制是当下中国的主流用餐方式。事实上中国是世界上最早进行分餐制的国家，也是分餐制历史最悠久的国家之一。在中国的传统饮食文化中，“席地而坐，分案而食”的分餐制，是人们主要的进食方式。《周礼》《礼记》等古代典籍均有分餐制的记载，分餐制最早在周朝就开始实行了。

4-3　举案齐眉

4-4　鸿门宴的分餐制

4-5　春秋战国时期的分餐制

如今，人们对餐饮卫生的关注度越来越高，分餐被认为是最卫生健康的方式。实行分餐制可以减少各种疾病交叉感染的机会，还可以根据每人每餐所需摄入营养，合理搭配，保证营养均衡和健康饮食。

思政园地

2020年国家标准委发布了《餐饮分餐制服务指南》，这份指南对餐饮分餐制服务的服务方式、分餐要素和分餐实施等内容提供了标准，为餐馆、饭店等餐饮服务组织的分餐活动提供了指导。分餐制在我国古已有之，后来随着社会经济的发展，逐渐被合餐制所取代。

分餐式进餐方式可以最大限度防范和减少餐饮环节的交叉感染，以及食源性疾病的传播，降低各类疾病的发生；同时，还可以引导公众养成良好的用餐习惯，推动形成“舌尖”文明新风尚，广泛践行“餐桌文明”。

（二）餐饮服务优化（分餐制）标准[①]

1. 分餐方式

按位分餐

（1）在菜品设计时，以按位分餐的要求制订菜单、搭配菜品。

（2）在菜品加工完成后，由厨师在后厨对菜品进行分餐盛装，或由服务人员在餐厅服务台进行分餐盛装。

（3）在菜品提供时，注意菜品传送过程安全卫生以及温度控制。

公共餐具分餐

（1）配备适宜的公勺、公筷、公叉、公夹或公刀等专用分餐餐具（见图4–1）。

（2）服务人员引导就餐人员使用专用分餐餐具取餐。

（3）公共餐具的配置要充分考虑菜品的特性。

图 4–1　公筷公勺

自取分餐

（1）在菜品设计时，充分考虑就餐人员方便拿取。

（2）在菜品提供时，每一道菜品均配有相应取餐工具；菜品盛放器具应设置防护挡板或防护盖，防止菜品污染；应设计并配置单独的取餐工具放置器皿。

（3）在用餐过程中，就餐人员使用独立餐具自取菜品，必要时可在服务人员的协助下完成取餐。

（4）在用餐服务场所，通过提示语等方式，提示就餐人员不混餐。

2. 分餐制要素

餐具

（1）公共分餐餐具主要包括公勺、公筷、公叉、公夹和公刀等。

① 引自《餐饮分餐制服务指南》（GB/T 39002–2020）。

（2）通过造型、尺寸、材质或色彩设计等，对分餐餐具与个人餐具进行区分。

（3）公叉、公夹、公刀等分餐餐具尺寸宜与餐盘尺寸相匹配，便于使用。

（4）设置公共分餐餐具专用存放区域，便于识别取用，且配备专门的器皿盛放分餐餐具，并在使用前对分餐餐具及其盛放容器进行清洗消毒。

（5）对分餐餐具和个人餐具进行分类管理。

（6）服务人员及时更换已被污染或混用的分餐餐具。

菜品

（1）菜品研发设计宜考虑分餐需要以及不同分餐方式的特点，并以分餐制实施为导向创新菜品。

（2）将菜品与分餐餐具的匹配性设计纳入菜品设计内容。

（3）对有整体造型展示需求的菜品，进行分配方式技法设计。

流程

（1）以实现分餐为导向进行分餐流程的设计。

（2）重点针对易产生交叉混用的用餐环节，进行流程设计。

（3）当有应急需求时，进行必要的流程重构设计。

设施设备及用品

针对不同就餐场景与需求，配备餐具存储柜、洗手池、洗手液等设施设备及用品。

3. 分餐制实施

总则

（1）餐饮服务提供者应根据就餐需求和供餐能力，确定分餐方式。

（2）建立分餐制管理制度并落实。管理制度包括设施设备改进、分餐餐具配置、菜品设计优化、服务流程构建、人员卫生防护、人员学习培训、知识理念宣传、标志标识引导等内容。

按位分餐服务提供

（1）后厨分餐

• 器皿准备：准备用于盛放菜品的器皿，必要时对热食盛放器皿提前进行温蒸加热。

• 菜品盛放：由厨师将加工制作完成的菜品盛入配套器皿内。

• 菜品传送：传菜员使用专用器具将菜品送达餐厅。

• 交接核对：传菜员与服务人员进行菜品交接核对。

• 菜品分发：服务人员将菜品送至每位就餐人员。

• 器皿回收：服务人员应关注就餐进度，及时回收用后器皿。

（2）服务台分餐

• 菜品介绍：由服务人员将接收到的整盘菜品放置于餐桌并进行介绍。

• 分餐操作：服务人员将菜品撤至服务操作台，将菜品按位分至配套器皿中，或在菜品原盛装器皿中将菜品分开；分餐人员熟练掌握分餐技能和分割技巧，宜采用双勺或者勺叉上下配合的技法，将菜品分至配套器皿或就餐人员餐盘中。

• 菜品分发：服务人员将已分菜品按位送至每位就餐人员。

（3）公共餐具分餐服务提供

• 餐具准备：服务人员在开餐前准备类型、数量充足的专用分餐餐具。

• 服务告知：就餐人员落座后，服务人员在餐前进行分餐服务告知。

• 餐具配备：服务人员上菜时，根据每道菜品特点放置适宜的分餐餐具，并提醒使用。服务人员全程关注分餐餐具使用情况，及时复位或更换。

• 分餐协助：就餐人员提出要求时，服务人员使用分餐餐具对菜品进行分配。

（4）自取分餐服务提供

• 场所布置：宜在就餐场所明示餐具放置区、菜（饮）品放置区。

• 餐具配备：配备数量充足的自取餐具和用餐餐具，保持卫生干燥，分类摆放，并易于获取。

• 菜品盛放：菜（饮）品等提前制作完成，分区、分类放置于专用盛器中。

• 餐具更换：服务人员及时整理取餐台，需要时更换取餐工具。

任务实操

以小组为单位，设计就餐情境，各成员分别扮演顾客、服务人员，完成一次分餐。

任务二　营造宴会氛围

任务导入

假若你是一家大型知名酒店的高管，刚得知本市一家新媒体公司要在酒店举行一场年会，年会时间定为 1 月 16 日。年会旨在答谢客户一年来的支持。

宴会要融入数字化元素，不仅能够提升客户体验，还能展示公司的创新精神和前沿技术能力。

思考：

根据上述阅读材料，带领员工设计一场融入数字化元素的年会。

任务知识

宴会氛围是宴会设计的重要内容，氛围的设计直接影响宴会对顾客的吸引力。宴会氛围主要有两种：一种是有形气氛，如宴会厅面积、餐桌位置摆设、花草景色、内部装潢和空间布局等方面；另一种是无形气氛，要依靠餐饮部管理人员和服务人员的协作。宴会氛围设计主要针对有形氛围进行，其中设计要素主要包括宴会环境设计、场地布置、宴会主题创意、餐桌台面设计等方面。

一、宴会环境设计与场地布置

（一）宴会环境设计的内容

宴会环境设计是宴会厅的光线、色调、音响、气味、温度等各方面因素的组合。优良的环境设计必须结合宴会的主题及顾客的心理需求。顾客的职业、民族、国籍、风俗习惯、社会背景、收入水平和就餐时间以及偏好等因素都直接影响宴会的经营。针对宴会主题及顾客要求进行环境设计，既体现饭店的管理服务水平，又能促进宴会的销售，通常要考虑如下几方面内容：

1. 光线

光线是宴会环境设计应该考虑的最关键因素之一，在灯光设计时应根据宴会厅的风格、档次、空间大小、光源形式等，合理巧妙地配合，以营造优美温馨的就餐环境。

宴会厅使用的光线种类很多，如白炽灯光、烛光以及彩光等。白炽灯光是宴会最常用的光线，食物在这种光线下看上去最自然，又能够突出宴会厅的豪华气派；烛光是传统的光线，既能调节宴会厅气氛，又能使顾客和食物都显得漂亮，适用于西式冷餐会、节日盛会、生日宴会等。彩色的光线会影响人的面部和衣着，如桃红色、乳白色和琥珀色光线可用来增强热情友好的气氛。

不同形式的宴会对光线的要求也不一样，中式宴会以金黄和红黄光为主，大多使用暴露光源，以进一步增加宴会热闹的气氛；灯具与宴会厅总的风格相吻合，一般与吊灯、宫灯配合使用。西式宴会的气氛特点是幽静、安逸、雅致，西餐厅的照明应适当偏暗、柔和，同时应使餐桌亮度稍强于餐厅本身的亮度，以使餐厅空间在视觉上变小而产生亲密感。

在宴会举办过程中，还要注意灯光的变化调节，以营造不同的宴会气氛。如结婚喜宴在新郎、新娘进场时，宴会厅灯光调暗，仅留舞台聚光灯及追踪灯照射在新人身上，新郎、新娘定位后，灯光调亮，新郎、新娘切蛋糕时，灯光调暗，仅留舞台聚光灯。

2. 色彩

色彩是宴会环境设计中可视的重要因素。色彩的运用更重要的是能表达宴会的主题思想。红色使人联想到喜庆、光荣。我国的传统文化中“红色”是表示吉祥，举办喜庆宴会时，在餐厅布置、台面和餐具的选用上多体现红色，而忌讳白色（办丧事的常用色调）；但西方喜宴却多用白色，因为白色表示纯洁、善良。颜色的使用还与季节有关，宴会厅里冬季应该使用暖色，如红、橙、黄等，从而给顾客一种温暖的感觉；炎热的夏季使用绿、蓝等冷色的效果最佳。

不同的宴会厅色彩设计也应有区别。中餐宴会厅一般适宜使用暖色，以红、黄为主调，辅以其他色彩，丰富其变化，以创造温暖热情、欢乐喜庆的环境气氛。西餐宴会厅可采用咖啡色、褐色、红色之类，色暖而较深沉，以创造古朴稳重、宁静安逸的气氛；也可采用乳白、浅褐之类，使环境富有现代气息。

3. 温度、湿度和气味

温度、湿度和气味是宴会厅气氛的一方面，它直接影响顾客的舒适程度。温度太高或太低，湿度过高或过低 ，以及气味的种类都会给顾客带来迅速的反应。豪华的宴会厅多用较高的温度来增加其舒适程度，因为较温暖的环境给顾客以舒适、轻松的感觉。

湿度会影响顾客的心情。湿度过低，即过于干燥，会使顾客心烦气躁。适当的湿度，可增加宴会厅的舒适程度。

气味也是宴会气氛中的重要组成因素。气味通常能够给顾客留下极为深刻的印象。顾客对气味的记忆要比视觉和听觉记忆更加深刻。如果气味不能严格控制，宴会厅里充满了污物和一些不正的气味，必然会给顾客的就餐造成极为不良的影响。

一般宴会厅温度、湿度、空气质量受地理位置、季节、空间大小、室外温度等因素的制约，达到舒适程度的指标包括：

• 温度：冬季温度控制在 18~22℃，夏季温度控制在 22~24℃，用餐高峰客人较多时温度控制在 24~26℃。

• 湿度：相对湿度一般在 40%~60%。

• 空气质量：室内通风良好，空气新鲜，换气量不低于每人 30 立方米 / 小时，其中 CO 含量不超过 5 毫克 / 立方米，CO_2 含量不超过 0.1%，可吸入颗粒物不超过 0.1 毫克 / 立方米。

4. 声音

声音是指宴会厅里的噪声和音乐。噪声是由空调、顾客流动和宴会厅外部噪声所形成的。宴会厅应加强对噪声的控制，以利于宴会的顺利进行。一般宴会厅的噪声不超过 50 分贝，空调设备的噪声应低于 40 分贝。

宴会厅的音乐主要是指背景音乐，也包括乐器和乐队的现场演奏。背景音乐是通过声音的传播，影响宾客的心理。通过以下方式进行设计，从而产生主题宴会预期的氛围。

根据宴会的主题和进程来设计

背景音乐所表现出的民俗风情、自然景色、精神内涵等内容，都是反映主题宴会的极好素材，例如，婚宴上的《婚礼进行曲》、生日宴会上的《祝你生日快乐》等。另外，背景音乐要与宴会的进程相一致，如迎宾时的《迎宾曲》、祝酒时的《祝酒歌》、席间的《步步高》和送客时的《欢送进行曲》等。

根据主题宴会的装饰风格进行选择

宴会服务背景音乐要与主题宴会的装饰风格相吻合。仿古式宴会，墙壁上挂有古代名画，加上古色古香的雕栏玉柱，使人沉浸于悠远的气氛之中，此时配上古典音乐，如《阳关三叠》《春江花月夜》之类的乐曲，则会给人以古诗一般的意境美。

根据主题宴会主要目标客源的需求进行设计

对音乐的爱好因人的年龄、收入、文化水平和个人偏好等差异而不同，主题宴会承办者要准确了解客源的音乐偏好，了解其最喜欢的音乐、最喜欢的音乐家、最喜欢的曲调，根据这些信息为目标顾客安排适当的背景音乐。

另外，宴会厅还经常会被用作会议会场，可能还要为会议提供多种同声翻译的音响设备，所以宴会厅应根据经营需要配备相应的音响设施。

（二）宴会场地布置

宴会场地布置是根据宴会的性质、形式和档次高低、参加宴会的人数，对宴会举办场地进行选择和利用，并对环境进行艺术加工和布置。宴会场地布置的基本要求如下：

1. 宾客需求导向

场地布置要考虑宾客的需求，首先要满足主办者的要求，并协助主办者考虑主宾的需求；场景设计应满足大多数宾客的主导需求，然后侧重迎合其中少数特殊人物的心理需求。

2. 科学选择场景

场景主要是指宴会所在场地的自然环境和装饰环境。好的场景可以突出宴会主题，增强宾客在宴饮时的愉悦感受，且方便服务员工作。

宴会所在场地的自然环境首先要考虑宴会厅的家具陈设

家具的选择和使用是营造宴会厅整体氛围的一个重要部分。家具设计应与宴会厅其他装饰布置统一和谐。家具的设计或选择应根据宴会的性质而定。以餐桌而言，中式宴会常以圆桌为主，西式宴会以长方桌为主。宴会厅家具的外观与舒适感也同样十分重要。家具的舒适感取决于家具的造型是否科学，尺寸比例是否符合人体健康标准，餐桌和椅子的高度必须合理搭配，不能使客人因桌椅不适而增加疲劳感，而应该让客人感到自然、舒适。

宴会所在场地的自然环境还包括利用自然美

可以充分利用天地日月、湖光山色、海滩草原作为宴会背景，如海滩宴、船宴、湖畔宴（见图 4–2）、草地酒会等，让宾客在自然美景的环抱中享受美食。

图 4-2　利用自然环境的宴会场地设计

宴会场地注意环境点缀

为了突出宴会主题，设计宴会场景时必须注意对宴会场地进行适当的点缀和装饰。常见的点缀方法有：

（1）在宴会厅内放置一些盆栽花木或盆景鲜花，根据不同季节摆设不同花盆景观，如悬吊绿色明亮的柚叶藤及羊齿类植物等。高档宴会厅一般不提倡以人造花取代照料费力的盆栽，更不要将假花、假树摆设在顾客伸手可及的地方，以免让客人发现是假物而大失情趣，甚至连食物都不觉美味。

（2）宴会厅的主墙面应该是整个场地布置的重心，也是突出主题的重要手段。可以在墙面或柱子上挂置一些字画、工艺挂毯刺绣、摄影作品及其他小饰物，或借以增强宴会厅的文化艺术氛围，或起到画龙点睛、烘托宴会主题的作用。

（3）在宴会厅放置切合主题的古玩、雕刻制品及其他工艺品，使宴会厅具有高品位、高格调的主题特色。

4-6　G20 杭州峰会午宴厅的布置

（4）利用色彩与灯光渲染宴会主题，营造宴会的意境。

3. 合理布置场地

布置宴会场地时，要根据宴会的性质、形式、主办单位的具体要求、参加活动的人数、宴会厅的形状和面积等情况来进行科学设计和安排。

设计时，首先要遵循突出主桌或主宾区的台型布置原则

原则上，主桌应设在最显眼的地方，以所有来宾都能看到为宜。一般情况下，主桌安排在面对宴会厅正门、背靠有壁画或加以特殊装饰布置的主墙面的位置。按照国际惯例，主人的右席位高于主人的左席位。通常按被邀请宾客的身份安排座位，身份高的离主桌近，身份低的离主桌远。

设计台型时要对服务区域进行总体规划、统筹兼顾

确定餐桌与餐椅布置要求，设置工作台，安排主席台或表演台，必要时考虑会议台型与宴会台型的区域分隔。饭店或者餐饮企业通常都会预先备有数种不同的宴会厅台型设计图，例如，中餐宴会常见的台型有“吕”字型（两桌宴会）、“品”字型（三桌宴会）、“◇”菱型（四桌宴会）、“立”字型（五桌宴会）；西餐宴会常见的餐桌排列有“一”字型、“口”字型、“回”字型、马蹄型、“T”型、“E”型及分散型。这些台型可提供给客人作为选择时的参考依据。若顾客有特殊要求，饭店需尽量尊重其意见，并且综合考虑现场场地情况，以完成符合客人要求的适当布置。

大型宴会台型布置要注意餐桌间的距离，方便宾客进餐，离座敬酒，便于服务员穿行服务。宴会负责人员须在宴会开始前将事先画好的宴会厅场景布置示意图张贴于宴会厅正门口显眼的地方，便于来宾对号入座。若举行冷餐会，则要突出主要的自助餐台，设计流畅的人流路线，并注意突出冷餐会主题。

会议的台型布置时主席台要位置显著，会议要用的设施设备，如讲台、麦克风、签字台、幻灯机、投影仪须设计好位置。可根据会议的主题、主办方的要求、参加会议的人数和会议厅的大小和形状设计为教室型、剧场型、长方台型、“口”字型、“一”字型等。

4-7　常见主题宴会场地的布置要求

二、宴会主题创意与台面设计

（一）宴会主题创意

宴会主题创意就是宴会主办者的设宴意图。根据宴会主办者的设宴意图，设计准确的宴会主题。各种摆设、台型、布置、点缀、灯光、色彩等都须围绕和衬托主题。饭店或者餐饮企业也可根据历史、文化、文学、时事、流行时尚等因素，策划各种主题宴会。

以常见的中餐主题宴会为例，其主题创意一般要突出中国传统文化特色及当前社会发展的热点，彰显中国传统文化的特点。所以，在选择中餐宴会主题时，要善于挖掘地方传统文化底蕴，结合不同地域的风土人情、原料特点、历史名人或典故来拟定主题，同时也可以根据当前社会焦点、时尚风情、民俗节日文化等因素来选取主题。这样选取的主题往往具有一定的独特性、针对性和新颖性，使顾客能够享受到别具一格的宴会氛围及具有个性特征的饮食文化内涵。

（二）台面设计

宴会台面设计是根据宴会主题、主办单位的要求、接待规格、用餐人数、习惯禁忌、特别需求，设计宴会餐桌的总体布局，是一种餐桌布置艺术。宴会台面设计主要包括桌布的选用、餐具的选择、餐巾的选择和餐巾花造型设计、餐桌的中心装饰物造型及菜单等内容。

（1）桌布、口布的选择与设计。桌布、口布的选择与设计要起到吸引眼球，烘托主题的效果。

首先，桌布、口布的选择首先要考虑的是颜色。可以选用印花、刺绣、编织等各种颜色的桌布、口布，也可以通过桌布、桌裙、口布等不同的颜色、形状和组合来衬托台面效果。颜色搭配要坚持与主题的对应协调，通常整个主题台面的布草颜色一般不能超过三种，布草尤其是桌布与口布的颜色一定要协调。

最后，设计要考虑的就是桌布、口布的材质与图案，设计者可以根据宴会的主题考虑选择符合主题的图案。

再次就是口布折花的设计。口布的花型要适合宴会的性质、主题、规模和时令季节等，并适合宾客的身份、宗教信仰、风俗习惯及喜好，同时突出主人位。一般情况下，中餐宴会的主题偏古典简约的，可选择盘花或环花形式，而经典的主题和个性鲜明的主题，其口布折花可采用传统的比较繁琐的杯花来烘托。从当前宴会口布折花的发展过程来看，现在大多数宴会设计的口布折花都采用环花和盘花形式。

（2）餐具的选择。餐具的挑选应根据主题选择不同风格，所有的餐具设计与摆放都是围绕主题而展开的。餐具的选择和布置须根据宴会的性质和档次、服务方式和内容、菜点的数量和色彩等来进行。当然，有时也可根据主题选择一些较特殊的餐具，如可以根据主题创意选择天然植物果蔬或经过处理的食材来做餐具。

（3）中心装饰物的设计。主题宴会台面的中心装饰物是表现与烘托宴会主题及其创意的点睛物品，对整个台面的主题展示起到十分关键的作用。因此，中心装饰物的设计首先要考虑的就是与宴会的主题创意相呼应，从材质到造型都应力求与主题相适应，其次装饰物的色彩要与整个餐桌台面相协调（见图 4–3）。

同时，装饰物的大小及高度要符合宴会就餐的要求，一般情况下，中心装饰物的大小不宜过大或过小，高度以不妨碍宾客交流视线为宜。中心装饰物的材质上，避免选择不符合餐饮卫生要求或者影响食欲的材料出现在宴会台面上。就目前中餐主题宴会的中心装饰物来看，可以选择中国传统食雕、拼盘、主题插花以及各种创意小造型和盆景等。

图 4-3　宴会台面设计

中西餐宴会设计中运用最广泛的一种中心装饰物是主题插花，主题插花对于美化台面、增强效果、烘托气氛具有十分重要的作用。宴会台面插花一般要选用鲜花，根据宾客禁忌、宴会主题、季节变化予以调整。

（4）宴会菜单设计。主题宴会的菜单设计是主题宴会设计的重要内容。菜单设计一般包括菜单形式、菜单内容和菜品的具体选择三个方面。

微课 4-2　宴会菜单设计

首先是菜单形式的设计。菜单形式的设计不但要新颖，而且要与主题相适应。菜单形式上，既要考虑材质外形，如纸质菜单、陶瓷菜单、竹简雕刻菜单、扇形菜单等，还要充分考虑菜单的大小、颜色、形状、图案效果等，总体上要彰显出与主题的一致性。

其次是菜单内容的设计。菜单内容的设计主要表现在菜名与菜品的选取上，菜名要和主题一致，突出主题宴会的主题内涵。菜名要有寓意，而且这个寓意要能很好地体现宴会的主题，使宾客能感受和理解到这种独特的寓意。

最后是菜品的具体选择。通常菜品的选择与设计可考虑如下几种平衡：原料搭配要合理；菜品要兼顾不同的烹调方法；菜品的形态及颜色要丰富合理；菜肴的品种、档次要丰富；菜肴的质地要多样及菜肴的营养与成本都要考虑平衡。

宴会台面设计还包括主题牌、牙签套、筷子套以及椅子套等内容。牙签套、筷子套的颜色和图案效果应该与宴会的主题创意相呼应，尽量与桌布、口布的图案一致；主题牌的颜色与整个台面协调。

任务实操

一酒店承接了某化工企业的一场大型宴会，宴会要求如下：主题是庆祝产品销售量创历史新高，中餐宴会，参与人数是208人，主桌要求用长桌，其余用圆桌。请设计宴会餐桌在餐厅中的布局。

任务三　设计餐饮菜单

任务导入

一家经营了10年的餐饮店，陷入了发展的瓶颈期，老板邀请多位酒店行业大咖“会诊”，行业大咖认为这家店的菜品、服务等都没问题，而多年未更换的菜单是最大的漏洞，最终开出了更换菜单的“药方”。更换后的纸质菜单图文并茂，电子菜单简洁明了，一个月后，餐饮店的营业额提升了70%。

思考：

什么样的菜单才能称得上好菜单？

任务知识

菜单是餐饮企业向客人提供的餐饮产品的品种和价格的一览表。一份好的菜单，不但可以使顾客对餐饮企业产生好感、增强印象，而且还会产生一定的广告宣传效果，增加企业经济效益，因此菜单设计与制作的好坏将直接影响餐饮经营的口碑与收入多少。

一、菜单的种类

（一）点菜菜单

点菜菜单的使用最为广泛，是按一定程序排列餐厅供应的各式菜点，每种菜点都有单独的价格，就餐客人可以根据自己的口味爱好和消费能力来自由选择所需的菜点。点菜菜单分早、午、晚餐菜单和客房送餐菜单等。

4-8 菜单与菜谱的区别

1. 早餐菜单

早餐应简单、快速，但要求高质量。星级饭店的早餐菜单一般分为中、西式两种。

2. 午、晚餐菜单

一般来说，客人对午餐的要求相对简单一些，但对晚餐的要求高一些。客人对午、晚餐菜单的要求是品种繁多，选择余地较大，并富于特色。在一部分西餐厅，午、晚餐菜单是分设的，但绝大多数中餐厅的午、晚餐菜单是合一的。

3. 周末早午餐菜单

一些餐饮企业为适应错过早餐时间客人的生活特点和饮食需求，便在周末推出早午餐（也称晚早餐）菜单。早午餐菜单介于早餐和午餐菜单之间，既有早餐菜点，又有午餐菜点。

4. 客房送餐菜单

星级饭店大都提供客房送餐服务（Room Service），并制订了专门的客房送餐菜单。该菜单的特点是：品种较少，质量较高，价格较高。

（二）套餐菜单

套餐是指由餐厅按一般的进餐习惯为客人提供规定的菜点，而客人不能自由搭配。套餐菜单就是规定菜点的排列表，其特点是只有一餐的统一价格，而没有每道菜点的单独价格。

（三）团队用餐菜单

餐饮企业一般都会接待旅游团队、会议团体等，这些团队客人的用餐一般由餐饮企业根据其用餐标准安排，一般应注意：

• 根据客人的口味特点安排菜点。

• 中西菜点结合，高、中、低档菜点搭配。

• 这些客人往往会在餐厅连续用餐，所以应注意菜点的花色品种，争取做到天天不一样、餐餐不重复。

（四）宴会菜单

宴会菜单是根据客人的饮食习惯、口味特点、消费标准和宴请单位或个人的要求而特别制订的菜单。餐饮企业一般会根据季节、标准等制订几套宴会菜单，当客人前来预订时再根据客人的要求作适当的调整。

（五）自助餐菜单

自助餐菜单与套餐菜单相似，两者的主要区别是菜点的种类和数量。自助餐菜单的定价方式一般也有两种：一种是与套餐菜单相同的包价方式，即价格固定，然后客人任意选择餐厅提供的所有菜点；另一种是每种菜点单独定价，客人选择某种菜点就支付该菜点的费用。

（六）酒单

酒单和菜单同等重要，相当一部分餐饮企业的菜单与酒单合二为一，但最好还是单独设计酒单。酒单应清楚、整洁和精美，不宜太复杂，而且应根据客人的需求经常更新。

除上述菜单外，部分餐饮企业根据其类型及客源对象不同，还有一些其他菜单，如快餐菜单、今日特价菜菜单、儿童菜单等。

二、菜品定价

餐饮产品的价格是否合理，对产品的销售、企业在市场中的竞争力及其市场占有率、企业的营业收入和利润等都会产生极大的影响。

（一）影响定价的因素

影响餐饮产品定价的内部因素有成本和费用、定价目标、产品、档次等因素，还有原料、工艺、人力资源、经营水平、餐饮企业的形象等方面的因素。

影响餐饮产品定价的外部因素包括市场需求、竞争因素、市场发展情况、环境、本地区人民生活水平、气候以及消费者的心理价位等。

（二）菜单定价的目标

1. 保本导向定价目标

在市场不景气或竞争异常激烈的情况下，许多餐饮企业为了生存，在定价时只求保本，待市场需求回升或企业有了一定知名度后再提高价格。另外，也有一些企业集团或公司为方便接待来往的客户而开办一家餐饮企业，此类餐饮企业也通常以保本为定价目标。

以饭店中的某一餐厅为例，当餐厅的营业收入与固定成本、变动成本和营业税之和相等时，餐厅即可保本。餐厅保本点的营业收入等于固定成本除以贡献率（贡献率为 1– 变动成本率 – 营业税率），用公式表示为：

保本点营业收入 = 固定成本 ÷（1– 变动成本率 – 营业税率）

餐厅的固定成本包括房租、水电费用、人力资源成本、餐酒茶具消耗、管理费用、财务费用等。

餐厅的变动成本一般是指餐饮原料的成本，有些餐厅的变动成本也包括燃料费用。餐厅的平均变动成本率一般在 40%~60%，主要根据餐饮企业的等级来确定。

2. 利润导向定价目标

目标收益率

根据目标收益率来确定餐厅的定价目标，是最常见的利润导向定价目标。这种目标可以是获取占营业额一定百分比的利润率，也可以是获得一定的投资收益率，还可以是获得一定数额的利润。

某一餐厅要实现一定的目标利润，其营业收入可用公式表示为：

营业收入 =（固定成本 + 目标利润）÷（1– 变动成本率 – 营业税率）

追求最高利润

大多数餐厅均采用追求最高利润的定价目标。值得注意的是，追求最高利润，并不等于餐饮产品的最高价格，而是追求餐厅的长期最高总利润。为了实现这一目标，餐厅可能在短期内为了争取更多的消费者，而采用低价薄利的定价策略，或牺牲局部利润，如酒水饮料的进价销售或推出某些特价菜肴等，以争取整个餐厅的最高利润。

获得满意的利润

有些餐饮企业以获得令业主（投资者）满意的利润为定价目标。此类企业规定在将来的某一时期内（一般为一年）实现的利润数额或利润增长率，以确保企业的长期生存与发展。另外，许多餐饮企业认为对企业能否实现最高利润的目标很难精确地估量，因此也把获得满意的利润数额作为定价目标。

3. 营业额导向定价目标

增加营业收入

大多数餐饮企业都相信营业额的增长即意味着利润的增加，但若通货膨胀严重、能源紧张或餐饮原材料缺乏，会导致生产和销售成本、费用的增加，即使营业额增加，也未必会增加利润额。因此，虽然仍有企业以增加营业额为定价目标，但这些企业也同时将企业的利润作为定价目标。

维持原有的市场

在餐饮业的竞争日趋激烈的今天，许多餐饮企业都采取各种方法，以保持企业原有的客源市场，并据此作为定价目标。这些餐饮企业有固定的客户，为他们提供适口的餐饮产品，以使自己保持与本企业规模和声誉相适应的营业额水平。

开辟新的客源市场

作为有远见的餐饮企业，往往采取各种方法来开辟新的客源市场。在原有市场已经饱和的情况下，针对本企业的具体情况，选择新的目标市场，并以他们的消费水平来确定定价策略，很容易获得成功。

4. 竞争导向定价目标

在市场经济条件下，竞争是不可避免的。当餐饮企业面对竞争时，通常会采用竞争导向的定价目标。竞争导向定价目标是指餐饮企业为应对或避免竞争而采用的一种定价目标，主要有以下两种情况：

应对或避免竞争

有相当多的餐饮企业制订产品价格的主要依据是对市场有决定影响的竞争者的价格。在一般情况下，消费者对价格较为敏感，因此，这些企业的餐饮产品价格不一定与竞争对手的价格完全相同，但会根据自己的具体情况而制订比竞争对手略低或稍高一些的价格。这些企业在成本、费用或消费者的需求发生变化时，如果竞争对手的餐饮产品价格保持不变，他们也会维持原有的价格，但若竞争对手作出价格变动的决定时，他们也会对价格进行相应的调整，以应对竞争。

非价格竞争

有些知名度较高的餐饮企业通常会以非价格竞争作为定价目标。这些企业非常强调企业的兴旺取决于菜点和服务的质量以及企业的品牌，而不与竞争对手进行价格竞争。采用这种定价目标的企业实际上是餐饮行业的佼佼者，其产品已经得到消费者的认可，也已经培育了一批忠诚的消费者。

（三）成本核算

食品成本是决定菜肴价格的依据，其核算的准确与否直接影响饭店或餐饮企业的经济效益。

1. 主、配料成本的核算

餐饮企业使用的各种原材料，有不少鲜活品种在烹制前要进行初步加工。在初步加工之前的食品原材料一般称为毛料，而经过屠宰、切割、拆卸、拣洗、涨发、初制等初步加工处理，使其成为可直接切配烹调的原料则称为净料。原料经初步加工后，净料与毛料不仅在重量上有很大区别，而且在价格、等级上的差异也较大。

为了便于计量，确定菜肴或点心的原料定额并定价，目前许多星级餐饮企业都采用净料成本来计算食品成本。

净料率的概念

净料率是指食品原材料在初步加工后的可用部分的重量占加工前原材料总重量的比率，它是表明原材料利用程度的指标，其计算公式为：

净料率 = 加工后可用原材料重量 ÷ 加工前原材料总重量 ×100%

实际上，在原材料品质一定，同时在加工方法和技术水平一定的条件下，食品原材料在加工前后的重量变化，是有一定的规律可循的。因此，净料率对成本的核算、食品原材料利用状况分析及其采购、库存数量控制等方面，都有着很重要的作用。

净料成本的核算

净料成本的核算根据原料的具体情况有一料一档及一料多档之分。

（1）一料一档的净料成本核算：

一料一档是指毛料经初步加工处理后，只得到一种净料，没有可供作价利用的下脚料。一料一档的净料成本核算公式为：

净料成本 = 毛料进价总值 ÷ 净料总重量

如果毛料经初步加工处理后，除得到净料外，尚有可以利用的下脚料，则在计算净料成本时，应先在毛料总值中减去下脚料的价值，其计算公式为：

净料成本 =（毛料进价总值 – 下脚料价值）÷ 净料总重量

（2）一料多档的净料成本核算：

一料多档是指毛料经初步加工处理后得到一种以上的净料。为了正确计算各档净料的成本，应分别计算各档净料的单位价格。各档净料的单价可根据各自的质量，以及使用该净料的菜肴的规格首先决定其净料总值应占毛料总值的比例，然后进行计算。其计算公式为：

该档净料成本 =（毛料进价总值 – 其他各档净料总值之和）÷ 该档净料总重量

成本系数

由于食品原材料中大部分是农副产品，其地区性、季节性、时间性很强，因此，原材料的价格变化很大。每次进货的原材料价格不同，其净料成本也会发生变化。为避免进货价格的不同而需要逐项计算净料成本，餐饮企业可利用“成本系数”进行净料成本的调整。成本系数是指某种食品原材料经初步加工或切割、烹烧实验后所得净料的单位成本与毛料单位成本之比，用公式表示为：

成本系数 = 净料单位成本 ÷ 毛料单位成本

成本系数的单位不是金额，而是一个计算系数，适用于某些食品原材料的市场价格上涨或下跌时重新计算净料成本，以调整菜肴定价。计算方法为：

净料成本 = 成本系数 × 原材料的新进货价格

2. 调味品成本的核算

单件产品调味品成本的核算

单件制作的产品的调味品成本也称个别成本，餐饮企业中大多数单件烹制的热菜的调味品成本均属这一类。在核算此类调味品成本时，首先应将各种不同的调味品的用量估算出来，然后根据其进货价格分别计算其金额，最后逐一相加即可。其计算公式为：

单件产品调味品成本 = 单件产品耗用的调味品（a）的成本 + 单件产品耗用的调味品（b）的成本 +……+ 单件产品耗用的调味品（n）的成本

批量产品平均调味品成本的核算

平均调味品成本也称综合成本，是指批量生产的菜或点心的单位调味品成本，餐饮企业中的点心类产品、卤制品等的调味品成本都属于这一类。在核算此类调味品成本时，首先应像单件产品调味品成本核算那样计算出整批产品中各种调味品的用量及其成本，由于批量产品的调味品使用量较大，因此调味品用量的统计应尽可能全面，以准确核算调味品成本，同时也更能保证产品质量；然后用批量产品的总重量来除调味品总成本，即可计算出每一单位产品的调味品成本，用公式表示为：

批量产品的平均调味品成本 = 批量产品耗用的调味品总成本 ÷ 批量产品总量

（四）菜单定价的方法

餐饮企业的产品定价方法较多，且各不相同。每种定价方法各有优点和缺点。各饭店及餐饮企业应根据自身的具体情况及不同的产品类别灵活选用定价方法。

1. 销售毛利率法

销售毛利率法是根据餐饮产品的标准成本和销售毛利率来计算餐饮产品销售价格的一种定价方法。其计算公式为：

销售价格 = 原材料成本 ÷（1– 销售毛利率）

2. 成本毛利率法

成本毛利率法是根据餐饮产品的标准成本和成本毛利率来计算餐饮产品销售价格的一种定价方法。其计算公式为：

销售价格 = 原材料成本 ×（1+ 成本毛利率）

（五）菜单定价的策略

1. 心理定价策略

尾数定价策略

（1）餐饮产品的价格尾数应为 6、8、9 等吉利数字。

（2）注意定价中的第一位数字。

（3）应尽量让价格保持在一定范围内。

（4）价格不宜频繁调整。

整数定价策略

普通消费者在购买某种商品时，对产品的制作过程或烹调技艺等都是不了解的，却都具有“一分价钱一份货”的价值观念，因此餐饮企业在制订餐饮产品价格时应将产品的价格调整到代表产品价值效用数附近的整数，以使消费者比较容易接受并选购。

声望定价策略

消费者经常把价格看作产品质量的标志。知名度较高的星级餐饮企业的高档餐饮产品在定价时应适当提高，这样既可提高本企业餐饮产品的身价，又衬托出消费者的身份、地位和消费能力，给消费者以心理上的极大满足。

2. 折扣定价策略

数量折扣

- 非累计折扣；
- 累计折扣：包括消费金额累计折扣和消费次数累计折扣两种情况。

时段折扣

餐饮经营的特点之一是餐饮消费受就餐时间的限制，因此，餐饮企业为扩大餐饮销售，通常会在营业的非高峰期间给予消费者以消费折扣优惠，这在星级餐饮企业的咖啡厅、酒吧等处特别常见。

实物折扣

餐饮企业为鼓励客人大量消费本企业的餐饮产品，可给予消费者以实物的刺激，例如为就餐客人赠送茶点、酒水、水果或纪念品等，也会收到较好的效果。实物折扣对于老顾客和有消费潜力的新顾客具有较大的吸引力。如餐饮企业为来就餐的外国客人赠送筷子、中式点心、当地的小纪念品；又如为国内的餐饮消费者赠送菜肴、茶点、水果及纪念品等；再如高星级饭店的西餐厅为就餐的客人赠送自制的巧克力等。

推销津贴

为鼓励客户为餐饮企业招徕客源，有些企业会给予这些对企业有贡献的客户以推销津贴。推销津贴可以是现金，也可以是本企业的餐饮消费券。有些餐饮企业为鼓励本企业的员工多向食客推销餐饮产品，也制订一些奖励措施，如给予那些在日常工作中销售出色的员工一定的推销津贴。

3. 招徕定价策略

这是餐饮企业为促进销售而制订的价格策略，其中包括亏损招徕、特价招徕等策略。

亏损招徕策略

亏损招徕是指餐饮企业廉价出售某些餐饮产品，企业将某种或某几种餐饮产品的价格制订得特别低，甚至低于成本，从而以低廉的价格招徕消费者，并给他们留下一个廉价的印象。采用这种定价策略的企业在吸引消费者购买廉价餐饮产品的同时，刺激消费者购买或消费其他正常定价的餐饮产品。餐饮企业销售这些廉价餐饮产品，从表面上看无利可图，但从整体考虑，消费者必然会消费其他餐饮产品，如此餐饮企业不仅能收回这些亏损产品所失去的利润，而且还可提高总的营业收入和利润额。

特价招徕策略

这是许多餐饮企业在特定阶段采取的一种定价策略。如某餐饮企业在营业淡季时，推出鲈鱼一元一条或基围虾一元半斤等，以吸引客人前来消费。餐饮企业在采用这种策略时，应与相应的广告宣传活动相配合，通过提高总的餐饮产品的销售量来降低单位食品成本，从而增加利润额。

4. 新产品定价策略

餐饮行业是一个没有专利的行业，任何一种餐饮产品在推出不久以后就可能很快丧失优势。因此，餐饮企业在进行新产品定价时必须考虑到产品的生命周期。如果新产品的生命周期较短，可采用高价策略，以使企业增加盈利，但容易引起竞争者加入；如果新产品的生命周期较长，可采用低价策略，即实行向市场渗透的策略，坚持薄利多销的原则，从而避免竞争者加入。新产品定价策略具体有以下三种形式：

撇油定价策略

撇油的原意是将牛奶上面的那层奶油撇出来。撇油定价策略是指餐饮企业在新产品刚推出时采用高价的策略，以便使企业迅速赢利，因为消费者对新产品总有一种求新的消费心理，他们愿意支付较高的价格以先尝为快。当竞争对手推出同样的产品时，企业马上降低价格，以吸引更多对价格较为敏感的消费者，也为了应对竞争对手的挑战。

渗透定价策略

与撇油定价策略相反，渗透定价策略是指餐饮企业将创新的餐饮产品以较低的价格投放市场的策略。餐饮企业把产品的价格定得较低，以便迅速占领市场，增加该产品的销售量，并刺激其他产品的销售，从而使企业尽快获得较好的经济效益。

满意价格策略

这是一种介于撇油定价策略与渗透定价策略之间的折中定价策略，它汲取上述两种定价策略的优点，采取两种价格之间的适中水平来确定创新产品的价格，既能保证餐饮企业获得较为合理的利润，又能为消费者所接受，从而使双方都满意。同时，餐饮企业还可根据市场需求的状况、市场竞争激烈程度、产品的新奇特程度和企业本身的实力（如知名度和美誉度的高低等）来确定产品偏高或偏低的价格。

三、菜单制作与电子菜单

（一）菜单的设计程序

1. 准备所需材料

- 各种旧菜单，包括餐饮企业目前在用菜单；
- 标准菜谱档案；
- 库存原料信息；
- 菜肴销售结构分析；
- 菜肴的成本；
- 客史档案；
- 烹饪技术书籍；
- 菜单词典等。

2. 制订标准菜谱

标准菜谱一般由餐饮部和财务部共同制订，其内容有：

- 菜肴名称（一菜一谱）；

• 该菜肴所需原料（主料、配料和调料）的名称、数量和成本；
• 该菜肴的制作方法及步骤；
• 每盘分量；
• 该菜肴的盛器、造型及装饰（装盘图示）；
• 其他必要信息，如服务要求、烹制注意事项等。

3. 菜单总体构思

• 根据菜单设计依据确定菜肴种类；
• 根据进餐先后顺序决定菜单程式；
• 进行菜单定价；
• 着手菜单的装潢设计；
• 印刷和装帧。

（二）菜单的制作

1. 材料

菜单的制作材料应根据餐厅使用菜单的方式而定。一般来说，菜单有“一次性”和“耐用”两种使用方式。“一次性”是指使用一次即处理掉的菜单，如咖啡厅的纸垫式菜单、客房送餐服务的门把手菜单、宴会菜单等；“耐用”是指能长时期使用的菜单，如零点菜单等。另外，主题宴会菜单的材料可以结合主题选用竹简、折扇等多种材质。

2. 规格与式样

菜单的尺寸大小应根据餐厅规模、菜点品种而定，关键是要求菜单的大小必须与餐厅面积、餐桌大小和座位空间相协调。菜单的式样最常见的是长方形，也可以根据餐厅的具体情况设计成圆形、正方形、梯形、菱形等，但必须与餐厅风格相协调。主题宴会的菜单样式应该与主题相呼应。

3. 菜单的内容

菜单上除了餐饮产品名称、价格等信息之外，还必须注明餐饮企业名称、地址、电话号码、餐厅营业时间、服务内容、预订方法等。此外还必须有一些描述性说明，但产品的描述性说明应准确并恰如其分，做到实事求是、易于理解。

菜单上的文字图案均应印刷清楚、清晰可读。菜点名称应有中英文对照，风味餐厅的菜名还应配有相应国家或地区的文字。

（三）电子菜单

电子菜单是传统菜单与现代点菜技术相结合的产物，是集无线点菜系统、触摸屏点菜系统和后台服务管理软件于一体，通过 Wi-Fi 所实现的一种可视化餐饮业点菜工具。电子菜单是新一代餐饮行业电子点餐技术，是新技术发展的必然趋势（见图 4–4）。

图 4–4　电子菜单

从 iPad 点餐发展到现在的微信扫码点餐，电子菜单新颖的点菜方式、简便的操作使用，提升了饭店档次，提高了顾客满意度，同时也减少了工作失误。

1. 电子菜单的特点

（1）综合成本远低于传统纸质菜单。传统纸质菜单制作成本高且需要不断翻新、修改、更换。以电子菜单 3 年的使用周期看，综合成本远远低于传统纸质菜单。

（2）信息存储量大，菜单可实时更新，且能实现售罄提示功能。电子菜单能够存储大量的文字、图片、语音、视频等信息。除菜单之外可以添加酒店背景、厨师资历简介等餐厅信息，是企业文化最全面的展示平台。电子菜单的实时售罄提示功能，能够避免菜品售罄造成的退单等情况，同时可以为顾客推荐类似口味菜品，保障餐厅销售业绩。

（3）提高服务效率，降低人力成本。推荐菜、折扣菜、套餐等更多的消费模式，大大提高客人点餐效率，节省点菜时间，提高翻台率。菜单实时自主更新，更换迅速简便；新品菜、特色菜、套餐推荐消费模式，引导顾客消费，把握主动权。信息提交方便简单，包间、后厨、收银信息连接更直接，从而减少了工作失误，提高了顾客满意度。

（4）电子菜单也有不可避免的缺陷，点餐过程缺少了与服务员的情感互动，无形中降低了顾客的消费体验，尤其是老年顾客首次去某家餐厅，对着冷冰冰的电子屏幕点餐更是不太符合其消费习惯。

2. 电子菜单的发展前景

电子菜单与纸质菜单各有特点，在未来很长一段时间里还会共存。随着移动互联网的快速发展，企业逐渐实现静止媒体向移动媒体、单一媒体向多媒体的转变。电子菜单是餐饮企业扩展推广的重要渠道，可以通过电子菜单提升企业形象。

（1）电子菜单通过移动 App 可以及时将餐饮企业的促销和优惠信息推送给每位顾客，很大程度减少了宣传成本，降低运营费用；并且还能有效增加老客户的信任度，吸引再次消费。

（2）通过移动 App 订餐更加方便，可随时随地点餐，且能送达指定地点。App 点餐基本可以将饭店的各种美食一网打尽，更符合时尚潮流的年轻人的消费特点。订餐 App 都支持在线支付，避免了找零钱等麻烦，节省时间。

（3）电子菜单通过移动 App 增加评论和分享的模块，既可以增加顾客量，又有利于餐饮企业提升服务质量。

任务实操

请以小组为单位，完成下面宴会菜单设计：商务晚宴，客人 5 男 4 女，年龄在 35~45 岁，选择高档酒店，自带红葡萄酒（698 元 / 瓶），人均消费 200 元。

项目训练

练一练

扫描右侧的二维码，开始做题吧。

随堂练习

项目五 学习餐饮数字化营销

项目导读

随着科技的飞速发展，数字化营销已成为餐饮业不可或缺的一部分。从社交媒体的互动到移动支付的便捷，数字化工具正在重塑消费者的就餐体验和餐饮企业的运营模式。本项目从以下几个方面对餐饮行业的数字化营销进行了全面地阐释：认识餐饮的数字化营销，并探讨科技进步如何影响消费者的餐饮选择和行为；学习如何利用社交媒体平台进行有效的品牌推广和顾客互动；掌握如何创作吸引人的品牌故事和文化内容，以及如何进行内容规划与管理；了解数据收集、分析的方法，并学会如何利用数据支持营销决策。

学习目标

知识目标	1. 明确数字化营销的定义，认识其在餐饮行业中的应用范围 2. 了解并掌握移动应用、社交媒体、内容营销、数据分析等数字化工具的使用 3. 了解消费者线上行为模式，通过数据洞察消费者需求；有效收集市场数据，并利用数据分析支持营销决策 4. 熟悉在微信、微博、抖音等平台进行品牌推广和顾客互动；学习创作吸引人的品牌故事，以及如何规划和管理内容
能力目标	1. 能够运用数字化工具进行市场调研，分析顾客偏好，制定相应的营销策略；在遇到营销挑战时，能运用创新思维提出解决方案，不断优化营销策略 2. 熟练操作社交媒体、移动应用、数据分析软件等工具，进行营销活动策划与执行 3. 能够创作富有吸引力的营销内容，有效管理内容发布与更新，提高用户参与度 4. 能对收集到的数据进行深入分析，提取有价值的信息，支持营销决策的制定与调整 5. 设计并执行有效的社交媒体营销计划，提升品牌影响力和顾客互动
素质目标	1. 在团队项目中发挥积极作用，有效沟通协调，促进团队协作 2. 在团队项目中展现领导潜能，有效组织团队活动，提升团队效能 3. 快速适应数字化营销的最新趋势，持续学习新技术和策略 4. 培育创新思维，勇于尝试新方法，不断提升营销活动的创意与效果 5. 对项目负责，确保按时完成任务，具备高效执行营销计划的能力

思维导图

- 学习餐饮数字化营销
  - 认知餐饮数字化营销
    - 数字化营销的概念认知
    - 餐饮消费者行为变迁
    - 餐饮数字化营销的意义
  - 玩转餐饮业社交媒体营销策略
    - 选择合适的社交媒体平台
    - 用户互动与社群建设
    - KOL与网红营销
  - 创作与管理数字化营销内容
    - 品牌故事与文化传递
    - 内容规划与主题设定
    - 数字营销中的文案撰写
  - 让数据助力数字化营销
    - 确定数据收集目标
    - 数据收集渠道与方法
    - 数据整合与标准化
    - 数据分析与应用

任务一 认知餐饮数字化营销

任务导入

2023 年 5 月，瑞幸咖啡成功迈入“万店连锁俱乐部”，紧随正新鸡排、华莱士、绝味鸭脖和蜜雪冰城之后，成为中国第五个达成此里程碑的餐饮品牌。

瑞幸咖啡之所以能够迅速发展，是因为其高效的数字化营销策略。该品牌利用精心设计的移动应用、微信小程序以及在线社交群体，通过提供各类吸引人的福利，有效满足用户需求。这种热情通过产品分享和推荐传递至新用户，加之品牌利用价格战策略积极争夺市场份额，并通过市场推广教育消费者形成新的购物习惯。

瑞幸咖啡主要通过几种方式吸引用户：实体店体验、外卖卡购买、公众号互动与裂变式活动。品牌首先通过社群和企业微信平台吸引潜在用户，然后通过加强社群互动活动来维护用户参与度，并通过微信小程序引导他们完成购买，实现用户转化。瑞幸的社交平台策略独到之处，在于其基于实际门店的 LBS（基于位置的服务）运用。当用户加入社群时，可选择常去的瑞幸咖啡门店，社群名称与门店名称一一对应。瑞幸在全国范围内设有众多门店，利用地理位置优势实现精准的社交互动。此外，瑞幸还能根据用户地理位置的不同，区分学生和白领客户，制定针对性优惠策略，有效降低运营成本。

通过便捷的线上自助点餐及外卖服务，瑞幸咖啡为消费者提供了自由的购物体验，使他们能够在忙碌或宁静的生活中随时享受高品质咖啡。此外，通过积分、折扣和优惠券等多元化的激励机制，瑞幸巧妙地增强了客户忠诚度和复购率，紧密地将消费者与品牌联系起来。

思考：

阅读以上材料，瑞幸咖啡是通过哪些线上营销方式让自己赢得了客户的青睐？

任务知识

一、数字化营销的概念认知

数字化营销，简单来说，是指利用数字化技术和网络平台，通过数据分析、精准定位等手段，实现营销活动的智能化、高效化和个性化。在餐饮行业，数字化营销涵盖了从消费者洞察、市场定位、产品推广到服务优化的全过程，旨在提升餐饮品牌的知名度和影响力，增强消费者黏性和忠诚度。

在餐饮行业，数字化营销的应用尤为广泛，它涵盖了从消费者洞察、市场定位、产品推广到服务优化的全过程。通过数字化营销，餐饮企业可以更好地了解消费者的需求和偏好，从而提供更加个性化的服务和产品。例如，通过社交媒体、移动应用等渠道收集用户反馈，企业可以及时调整菜单和服务，满足消费者的个性化需求。

数字化营销还能帮助餐饮企业实现精准的市场定位（见图 5-1）。通过分析消费者数据，企业可以确定目标消费群体，制定有针对性的营销策略。例如，针对年轻消费者，企业可以通过短视频平台推广时尚的餐饮产品；针对健康意识强的消费者，企业可以推广低脂、低糖的健康食品。此外，数字化营销还能提高产品推广的效率。通过在线广告、搜索引擎优化（SEO）、内容营销等手段，企业可以快速传播品牌信息，吸引潜在顾客。例如，通过与知名博主或网红合作，企业可以迅速提高品牌知名度，吸引大量粉丝关注。通过数字化营销还能优化服务流程，提升顾客体验。通过在线预订、自助点餐、移动支付等数字化服务，企业可以减少顾客等待时间，提高服务效率。同时，通过收集顾客反馈，企业可以不断优化服务流程，提升顾客满意度。

图 5-1　数字化营销的智能化展示

二、餐饮消费者行为变迁

随着科技的进步和数字化浪潮的席卷，餐饮行业的消费者行为正经历着显著的变化。这些变迁不仅影响着顾客的就餐选择，还推动着整个行业向更加数字化、个性化和便利化的方向发展。

1. 线上化消费成为常态

信息搜索习惯改变。消费者在决定用餐前，越来越依赖于在线平台（如大众点评、美团、饿了么）来查找餐厅信息、查看菜单、比较价格和阅读评价，而非传统的口口相传或随机选择。

外卖服务普及。随着外卖平台的兴起，越来越多的消费者选择在家或办公室通过手机应用订购餐饮，享受送餐上门的便捷服务，这不仅改变了就餐地点，也促使餐饮企业调整菜单结构和包装设计以适应外卖需求。

2. 社交媒体影响力增强

国内的社交媒体平台，例如微信、微博、抖音，拥有广泛用户基础和高度活跃度，为餐饮业提供了数字化营销的重要渠道。在这些平台上，信息传播速度快，覆盖广，而且互动方式多样，有利于餐饮企业利用创意内容和互动活动来吸引顾客并保持他们的关注度。具体来说，餐饮业可以这样利用社交媒体：一是发布关于新菜品、优惠活动的信息，以此来吸引潜在顾客的兴趣并鼓励他们参与；二是通过分析社交媒体上的用户数据，了解消费者的饮食偏好和消费模式，从而指导新产品的开发和营销策略的制定；三是组织线上线下结合的活动，提升顾客的参与感和对品牌的忠诚度，同时促进正面口碑的自然传播。

社交媒体平台因其庞大的用户群和高效的传播能力，成了餐饮企业推广品牌、与消费者建立紧密联系的理想工具。通过内容营销、数据分析及互动体验的优化，餐饮企业不仅能够有效提升自身的知名度和吸引力，还能更好地适应市场需求，推动业务增长。

3. 个性化与定制化需求上升

现代消费者越来越注重饮食的健康和营养成分，倾向于选择低脂、低糖、有机或素食等特定类型的食物，餐饮企业需要提供多样化的菜单选项以满足不同健康需求。

通过数字化工具（如智能点餐系统、顾客偏好记录），餐饮企业能够为顾客提供更多个性化服务，如根据顾客历史订单推荐菜品、调整辣度或分量等，提升顾客满意度。

5-1 人群画像

三、餐饮数字化营销的意义

餐饮业作为服务业的重要组成部分，在数字化浪潮的推动下，利用数字化营销方式已经成为行业发展的必然趋势。这种转型不仅是对市场竞争的积极应对，更是企业持续成长和创新的必由之路。

数字化营销不仅只是在营销上，其前端数据也可以帮助餐饮企业实现业务流程的自动化和智能化。通过引入智能点餐系统、自动化厨房设备和供应链管理系统，餐饮企业可以减少人工操作，降低错误率，提高服务速度和质量。例如，顾客可以通过自助点餐机或移动应用进行点餐，后厨接收到订单后，自动化设备可以迅速准备食材，加快出餐速度。

更重要的是，数字化转型使餐饮企业能够通过数据驱动的经营决策来更加精准地把握市场机会。通过收集和分析顾客的消费数据、行为数据和反馈信息，餐饮企业可以深入地了解顾客需求和市场趋势，从而制定更加精准的营销策略和产品开发计划。例如，餐饮企业可以根据顾客的口味偏好和消费习惯，推出符合市场需求的新菜品或促销活动。在转型的过程中还有助于餐饮企业实现可持续发展。通过数据分析，餐饮企业可以优化能源使用，减少浪费，实现绿色环保。同时，数字化营销可以帮助企业建立品牌形象，提高品牌知名度，吸引更多顾客，从而实现长期的业务增长。

任务实操

四名学生为一个小组，每组需要找到一个餐饮品牌，就这个餐饮品牌的数字化营销活动进行调研。

实操目标	1. 理解数字化营销在餐饮行业中的应用 2. 掌握数字化营销工具和策略 3. 学习如何分析和满足消费者需求 4. 增强团队合作和沟通能力
实操要求	1. 收集目标市场的数字化消费行为数据 2. 分析竞争对手的数字化营销策略
成果展示要求	1. 数字化营销策略的创新性和可行性 2. 顾客体验设计的人性化和便捷性 3. 数据分析的准确性和营销活动的调整策略 4. 成果展示的清晰性和说服力

任务二　玩转餐饮业社交媒体营销策略

任务导入

有一家名为“时光小馆”的复古主题餐厅，它坐落在一个充满历史文化气息的街区，为了能更大限度地获得客户的关注，成功地将复古风情与现代社交媒体营销相结合，创造了一系列让人难以忘怀的营销活动。

餐厅首先在微信公众号上发布了一系列讲述旧时光故事的文章，配以怀旧风格的图片和视频，营造出浓厚的情感氛围。这些内容不仅讲述了餐厅的设计灵感，还穿插了老一辈人的食谱故事，触动了众多读者的乡愁情怀。紧接着，餐厅利用微信小程序开发了“时光记忆卡”活动，顾客可以通过小程序上传自己与家人、朋友在餐厅的合照，并附上一段关于温馨回忆的文字，生成一张带有餐厅专属水印的电子明信片。餐厅精选部分感人故事，在公众号上进行展示，并为入选故事的顾客赠送特色菜品券，鼓励更多用户参与和分享。此外，“时光小馆”还创建了微信社群，定期在群内举办线上复古主题派对，如老歌猜谜、复古穿搭比赛等，增强了顾客的归属感和社群活跃度。通过社群互动，餐厅收集顾客反馈，不断调整菜品和服务，同时也为新菜品上市、节日促销等活动预热，形成良好的口碑传播链。

“时光小馆”的成功之处在于，它深刻理解并运用了微信作为社交平台的深度互动能力，将品牌故事、用户参与、社群维护和顾客体验完美融合，不仅提升了品牌文化内涵，还通过情感营销加深了与顾客的情感连接，实现了顾客忠诚度与品牌影响力的双重提升。

思考：

在社交媒体营销中，如何有效地挖掘和利用情感元素来增强品牌与消费者之间的纽带？“时光小馆”通过建立微信社群，促进了用户之间的互动和分享。那么社群营销的关键成功因素有哪些？如何维持社群的活跃度和正面氛围，同时有效转化社群成员为忠实顾客？

任务知识

微课 5-1　餐饮行业的社交媒体营销策略

一、选择合适的社交媒体平台

在数字化时代，社交媒体已成为餐饮品牌与消费者互动的前沿阵地。正确选择并利用社交媒体平台，不仅能够提升品牌知名度，还能有效促进顾客转化。接下来将深入探讨如何挑选最适宜的社交媒体平台，通过分析主流平台特性，匹配品牌调性与目标客群，以及实施多平台联动策略，实现品牌全网覆盖的营销目标。

（一）主流营销平台特点分析

微信、微博、抖音和小红书，作为当前互联网生态中举足轻重的社交媒体平台，它们各自塑造了独特的网络文化空间，对餐饮业的社交媒体营销策略起到了重要的作用，不仅拓宽了品牌与消费者互动的边界，也为餐饮品牌提供了多样化、个性化的营销舞台。

1. 微信

微信，作为中国最普及的即时通讯与社交平台，其对餐饮业社交媒体营销的意义远不止于一个沟通工具。微信的多功能性、高用户黏性和私域流量的潜力，使其成为餐饮企业构建品牌、维护顾客关系和促进销售转化的强有力武器。

（1）微信公众号

品牌宣传与内容营销：公众号作为内容发布的核心渠道，可定期发布品牌故事、新品预告、优惠活动、营养健康知识等内容，通过高质量的原创文章建立品牌形象，提升用户黏性。利用自动回复、关键词回复等功能，提供即时客服服务，解答顾客疑问，收集反馈。同时，通过举办投票、问卷调查等活动，增强与用户的互动。通过公众号集成会员管理系统 CRM，实现会员积分、等级、优惠券发放等功能，个性化推送信息，提升顾客忠诚度。

（2）微信小程序

小程序为餐饮企业提供了一个无须下载安装即可使用的应用环境，顾客可以直接在小程序上浏览菜单、下单、支付，大大简化了就餐流程，提升用户体验。结合地理位置服务（LBS），顾客可以轻松查找附近餐厅，进行线上预约、排队等，同时，餐厅可以利用小程序进行精准营销，如推送附近优惠信息。小程序后台可以收集用户行为数据，帮助餐饮企业了解顾客偏好，优化产品与服务，实现精准营销。

（3）朋友圈与视频号

朋友圈的分享机制让顾客成为品牌的“代言人”，通过用户自发分享美食照片、体验评价，实现口碑传播。同时，餐饮企业可以通过朋友圈广告精确投放，触达潜在顾客。

微信的视频号是最近崛起的一个视频传播工具，凭借其直观、生动的特性，成为展示餐厅环境、菜品制作过程、品牌故事的高效渠道。高质量的视频内容能有效吸引关注，提升品牌形象。

（4）微信群

建立品牌粉丝群或会员群形成社群营销，通过群内互动、专属优惠、社群专享活动等方式，增强顾客归属感，提高复购率。群聊功能便于餐饮企业及时响应顾客需求，提供个性化服务，解决顾客问题，提升服务满意度，达成即时反馈与顾客关怀。

（5）微信支付与数字红包

微信支付的普及极大地方便了顾客的支付流程，同时，结合微信红包、代金券等促销手段，刺激消费欲望，提升转化率。

2. 微博

微博，作为中国最具影响力的社交媒体平台之一，以其开放性、即时性和广泛的用户基础，为餐饮业的社交媒体营销提供了独特的价值和无限的可能性。

（1）广泛覆盖与快速传播

微博拥有数亿的月活跃用户，覆盖了不同年龄层、地域和兴趣偏好的人群，为餐饮品牌提供了庞大的潜在顾客群体。微博的实时更新和转发机制，使得一条吸引眼球的内容可以在短时间内迅速扩散，形成病毒式传播，为品牌带来巨大的曝光机会。

（2）热点营销与事件驱动

餐饮品牌可以实时追踪社会热点、节假日、流行文化等，结合自身特点推出相关营销活动或内容，如节日限定菜品、热点话题互动，借势提升品牌关注度。通过策划或参与线上线下活动，如新品发布会、美食节、公益项目等，并在微博上进行直播、话题讨论，增强品牌的社会影响力和参与感。

（3）广告与精准营销

微博提供了丰富的广告产品，如开机报头、信息流广告、搜索广告等，餐饮企业可以根据目标客群的特征进行精准投放，提高广告效果。利用微博的数据分析工具，餐饮品牌可以监测广告效果、用户互动情况，据此优化广告内容和投放策略，实现更高效的营销投资回报。

（4）品牌互动与客户服务

微博评论、私信功能让品牌能够即时回应顾客咨询和反馈，提升顾客满意度和忠诚度。面对负面信息，微博也是品牌快速响应、公开透明处理问题，挽回形象的重要渠道。

微博以其独特的传播机制和广泛的社交网络，为餐饮业提供了展示品牌特色、扩大市场影响、促进顾客互动的高效平台。餐饮企业应当充分利用微博的热点营销、KOL 合作、精准广告投放等策略，结合高质量的内容创作与互动，构建立体化、互动性强的社交媒体营销体系，以达到品牌塑造和业绩增长的双重目标。

3. 抖音

抖音作为一个短视频与直播平台，其日活跃用户数量已经达到了 8 亿，其独特的内容形式和用户基础为餐饮业提供了一个创新的营销舞台（见图 5–2）。

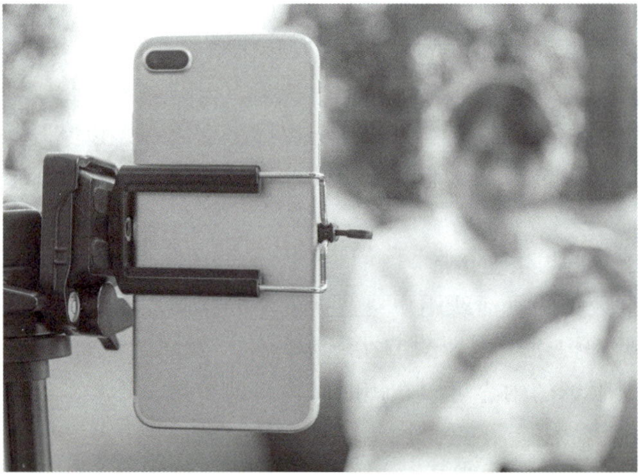

图 5-2　直播营销

（1）内容创意与视觉吸引力

抖音平台鼓励创意和趣味性，餐饮企业可以通过制作高质量的短视频来展示美食的制作过程、餐厅的内部环境及顾客的用餐体验。通过使用特效、滤镜和创意剪辑，视频内容可以更加吸引人，增强用户的观看兴趣和分享意愿。

（2）利用挑战和话题标签

抖音上的挑战和话题标签是提高品牌曝光度的有效手段。餐饮企业可以发起与品牌相关的挑战，如“# 美食挑战”或“# 探店活动”，鼓励用户参与并分享自己的视频，从而提高品牌的社交媒体活跃度和用户参与度。

（3）KOL（关键意见领袖）和网红合作

与抖音上的美食博主或网红合作，可以迅速提升品牌的知名度和吸引力。这些 KOL 通常拥有大量忠实粉丝，他们的推荐可以直接影响粉丝的消费决策，为餐饮企业带来直接的客流和销售。

（4）利用抖音的算法优势

抖音的推荐算法可以确保内容能够到达感兴趣的用户群体。餐饮企业可以通过优化视频内容，使用合适的标签和描述，提高视频在抖音上的曝光率和观看量。

（5）数据分析与优化

抖音提供了一系列数据分析工具，帮助餐饮企业了解视频的表现和用户行为。通过分析观看时间、点赞数、分享量等数据，餐饮企业可以不断优化内容策略，提高营销效果。

4. 小红书

小红书作为一个集生活方式分享、购物心得交流、品牌营销于一体的社交媒体平台，其营销策略和特点非常鲜明，尤其适合品牌与用户建立深度连接，促进产品种草和转化。以下是对小红书平台更详细的分析：

（1）UGC（用户生成内容）为核心

小红书的核心在于用户的真实分享，用户基于个人体验发布笔记，涵盖产品使用感受、购物攻略、生活技巧等内容，这种口碑式的传播极大地增强了信息的可信度和影响力，形成口碑营销。

（2）KOL 与红人种草

小红书上的 KOL 和红人拥有高度垂直的粉丝群体和强大的影响力，品牌通过与他们合作，可以精准定位目标客群，实现高效传播。

对于起步期品牌，可通过五角星投放模型，与目标客群匹配的 KOL 合作，输出与产品强关联的内容，精准触达种子用户，快速积累认知度。

（3）爆文测试漏斗模型（531 模型）

在内容测试与优化方面，采用“531”模型，即创作多份内容，经过初步筛选后，对表现较好的内容加大推广力度，不断测试优化，最终选出能够引爆流量的“爆文”。

（4）精准营销与算法推荐

小红书运用大数据分析用户行为，构建用户画像，实现内容的个性化推荐，使营销内容更精准地触达潜在客户。根据目标人群和竞品分析，策划热门话题，邀请多 KOL 参与，形成话题热潮，通过互动与分享扩大传播范围。

小红书营销的关键在于深度挖掘平台的社交属性和内容营销潜力，通过构建真实、有价值的内容生态，借助 KOL 和明星效应，以及精准的算法推荐机制，实现品牌与用户的深度互动和高转化率营销。品牌需要持续创新内容形式，精准定位目标用户，利用平台特性制定综合营销策略，以达到最佳的市场推广效果。

（二）根据品牌调性与目标客群匹配平台

选择适合品牌的在线平台是构建有效数字营销策略的基石，其核心在于深刻洞察自身品牌的独特定位与价值主张，并精准把握目标受众的网络行为习惯及偏好。以高端餐饮品牌为例，如果品牌致力于传达的是一种精致、专属的用餐体验，那么小红书，以其平台上浓厚的高品质生活方式分享氛围，将成为一个理想的展示舞台。品牌可以通过精心策划的图文内容，以及与平台上 KOL 的合作，将品牌故事和独特的餐饮美学传递给追求生活品质的目标顾客群体。

相反，如果品牌定位更加偏向年轻化、追求潮流与即时满足感，那么抖音，凭借其高度活跃的年轻用户基础和短平快的内容消费模式，能够快速抓住这一群体的注意力。在抖音上，通过创意短视频展示产品亮点、举办挑战赛或利用热门音乐和滤镜，可以迅速提升品牌曝光度，激发用户的参与热情，促进病毒式传播。

进行市场调研是这一过程中的重要步骤，它不仅帮助品牌明确自身的差异化优势——即那些能够触动消费者并使品牌在众多竞争者中脱颖而出的核心价值，同时也能揭示目标客群在不同社交媒体平台上的聚集情况及互动习惯。了解这些信息后，品牌可以更加精准地选择与自身调性相匹配的平台，有的放矢地制定内容策略，从而提高营销效率和投资回报率。

1. 微博的品牌调性与匹配策略

若餐饮品牌追求年轻化、潮流感，或有较强的事件营销需求，微博是理想选择。通过参与热门话题、发起挑战赛、与明星或 KOL 合作，可以迅速扩大品牌声量，吸引年轻及关注流行文化的消费者。

微博用户广泛，但年轻人占比较大，尤其是追星族和热点追随者。适合 18~35 岁，对新鲜事物好奇，喜欢社交互动的群体。

2. 微信品牌调性与匹配策略

对于注重品牌深度、顾客忠诚度及提供细致服务的餐饮品牌，微信是首选。利用公众号维护品牌形象，发布深度内容；小程序提供便捷的在线订餐和会员服务；社群营销加深顾客关系。

微信用户群更为成熟稳定，覆盖年龄层较广，尤其是中青年消费者。适合那些希望培养长期顾客关系，服务家庭、商务或特定兴趣群体的品牌。

3. 抖音品牌调性与匹配策略

餐饮品牌如果追求视觉冲击力、创新表达，抖音的短视频和直播功能可以生动展示美食制作、餐厅氛围，吸引年轻、活跃的食客。利用创意视频和挑战赛，快速提升品牌曝光度。

抖音用户偏年轻，追求娱乐性和趣味性，适合 18~30 岁的消费者，特别是热衷于探索新奇美食、乐于分享生活的群体。

4. 小红书品牌调性与匹配策略

注重生活品质、追求个性化体验的餐饮品牌在小红书上可以找到高度匹配的客群。通过 KOL 合作、用户生成内容（UGC）种草，以及生活方式类内容分享，树立品牌格调，激发用户到店尝试的欲望。

小红书用户以年轻女性为主，关注生活美学，对美食、旅游、时尚有较高兴趣。适合追求生活品质、愿意为独特体验付费的中高端消费群体。

5-2 喜茶的社交媒体营销策略

（三）多平台联动策略

在数字化营销的广阔舞台上，单一平台的深耕诚然能够帮助品牌集中资源，深化特定领域的影响力，然而，多平台联动的策略则如同编织一张密不透风的网络，不仅能够扩大品牌覆盖面，还能通过平台间的协同效应，极大地提升营销效果的深度与广度。

1. 内容差异化发布

每个社交平台都有其独特的用户群体和内容消费习惯，因此，根据平台特性定制差异化内容是提升用户参与度的关键。例如，在微博上，可以快速响应时事热点，发布品牌相关的即时动态和观点，利用其信息流的快速传播特性，增强品牌的时效性和可见度。转至抖音平台，则可以借助其对视觉内容的高度吸引力，发布精心剪辑的美食制作教程或产品使用过程，通过直观展示引发观众的好奇心和购买欲。而在小红书这样的生活方式社区，品牌应侧重于构建与用户生活场景紧密相连的内容，如产品融入日常的美图分享、深度评测或是生活方式的小贴士，以此建立品牌与消费者之间的情感连接。

2. 整合营销活动

跨平台的整合营销活动能够形成强大的合力，提升用户参与的连贯性和深度。例如，策划一场结合线上互动与线下体验的挑战赛，用户在抖音参与短视频挑战，分享自己的创意内容，同时鼓励他们在微博使用特定话题标签分享活动照片，参与讨论，甚至引导他们前往实体店完成特定任务以获得更多奖励。这种跨平台的互动设计不仅能够增强用户的参与感和忠诚度，还能有效扩大活动的传播范围和影响力，实现从线上到线下的全方位覆盖。

3. 流量互导

在多平台战略中，流量互导是实现用户资源最大化利用的重要手段。通过在不同平台间建立链接，品牌可以引导用户在不同的数字领地间穿梭，享受品牌提供的全方位服务。比如，在微博发起的大型活动宣传中，可以提示用户关注品牌微信小程序，领取独家限时优惠券，以此方式激励用户从社交媒体平台转移到电商平台，促进直接转化。反之，在抖音视频的简介或评论区，可以提及关注品牌微信公众号可以获取更多幕后花絮、专业建议等内容，促使用户在多个触点与品牌保持持续的互动，构建起品牌生态的闭环。

多平台联动策略通过内容的差异化定制、整合营销活动的策划以及巧妙的流量互导机制，实现了品牌信息的全网覆盖和深度渗透，不仅提升了品牌知名度，还有效增强了用户黏性和转化率。

而餐饮企业在选择社交媒体平台时，不仅要深刻理解各平台的特点，还需紧密结合自身的品牌定位与目标市场，通过灵活的多平台联动策略，构建全方位、多层次的社交媒体矩阵。如此，方能在激烈的市场竞争中脱颖而出，有效提升品牌影响力和市场份额。

二、用户互动与社群建设

用户互动与社群建设是社交媒体营销的命脉，它们不仅能够加深品牌与消费者的连接，还能激发口碑传播，形成积极的品牌印象。对于餐饮企业而言，这不仅意味着简单的信息传递，更是打造品牌文化、增强顾客忠诚度的重要途径。

（一）塑造鲜明且吸引人的品牌个性

如果想要在用户的心中占据一席之地，首先要明确品牌故事与价值观，讲述品牌背后的故事，包括创立初衷、理念、特色等，让消费者感受到品牌的情感温度和独特魅力。确保这些信息在所有社交媒体平台上保持一致，增强品牌识别度。其次要确立视觉风格，设计一套统一且具有辨识度的视觉元素，如 Logo、色彩搭配、图片风格等，让每次出现都能加深顾客记忆。

（二）提升顾客体验，超越期望

通过优质产品与服务，确保顾客的每一次到访都能获得满意体验，这是培养忠诚度的根基。利用社交媒体收集顾客反馈，了解他们的喜好，为常客提供个性化推荐或定制服务，让他们感受到被重视和特别对待。

（三）深化个性化互动

在社交媒体上，每一条评论、私信都是与顾客建立情感联系的机会。餐饮企业应安排专门团队及时、真诚地回复顾客的反馈，无论是赞美还是批评，都能展现出品牌对顾客声音的重视。此外，定期开展“问答时间”（Q&A）、“厨艺小课堂”等活动，邀请主厨或品牌代表与顾客直接对话，不仅增加了互动的趣味性，也使品牌形象更加亲民、真实。

（四）会员计划与专属福利

推出积分累积、会员日专享优惠、生日礼遇等会员制度，让顾客感受到作为品牌“内部人士”的尊享感。通过社交媒体独家发布会员活动信息，增强会员身份的特殊性，促使非会员转化为会员，进一步巩固品牌忠实粉丝群体。

（五）线上活动与线下体验的融合

利用社交媒体的广泛覆盖，举办如“美食摄影大赛”“最佳食评征集”等创意线上活动，鼓励用户分享自己的就餐体验或创作内容，同时设置有吸引力的奖项，如免费餐券、限量版周边等，以提升顾客参与度和分享意愿。

将线上活动的热度延续至线下，通过“线上预约专享菜品”“社交媒体签到优惠”等方式，引导线上用户走进实体店。举办新品发布会、主题派对等活动时，可提前在社交媒体上进行预热，利用倒计时、神秘嘉宾揭秘等手段制造期待感，确保活动当天的高参与度和话题性。

建立线上预约、下单系统与线下服务的无缝对接流程，如通过社交媒体平台直接预订座位、购买限定套餐等，简化顾客操作流程，提升服务效率与顾客满意度。同时，鼓励顾客在体验后返回线上平台分享反馈，形成良好的闭环互动。

（六）持续学习与优化

利用社交媒体后台数据和顾客反馈，分析内容互动率、顾客偏好等，不断调整策略，优化内容与活动。同时建立有效的顾客反馈机制，对负面评价给予及时且妥善的处理，对正面反馈表示感谢并考虑如何进一步提升。

三、KOL 与网红营销

在当今数字化时代，尤其是在竞争激烈的餐饮行业中，KOL 与网红的角色已经超越了简单的信息传播者，成为塑造品牌口碑、驱动消费者决策的关键力量。他们不仅拥有在美食、烹饪或生活方式等特定领域的深厚知识，更掌握了庞大的、高度忠诚的粉丝群体，这种影响力使得他们成为品牌与消费者之间不可或缺的桥梁。

以知名博主李子柒为例，她通过在 YouTube、微博等平台分享中国传统美食的制作过程，不仅展示了精湛的烹饪技艺，还将中国传统文化与现代生活方式完美融合，吸引了全球数千万粉丝的关注。当李子柒与某一传统糕点品牌合作，通过一段展现该品牌背后故事与制作工艺的视频，不仅让产品销量短期内激增，更重要的是，品牌的文化价值与历史底蕴得到了广泛传播，品牌形象显著提升。这一合作案例充分体现了 KOL 的影响力如何转化为品牌价值的飞跃，不仅提升了产品销量，更在消费者心中种下了品牌忠诚的种子。

网红之所以成为品牌推广的强大力量，还在于他们能够创造情感共鸣。他们通过个人化的叙述、真实的体验分享，让品牌故事更加贴近消费者的生活，激发用户的兴趣与购买欲望。此外，网红与粉丝之间形成的信任关系，使得他们的推荐往往被视为朋友间的真诚建议，而非生硬的广告推销，这对于提升转化率尤为关键。

（一）网红营销策略步骤

1. 明确目标受众

明确目标受众是整个 KOL 营销策略的起点，这一过程要求营销团队深入分析并精确描绘目标消费者群体的画像。这包括但不限于年龄层次、性别比例、兴趣爱好、职业背景、消费能力，以及在社交媒体上的活跃时段和偏好内容。通过这些细化信息，品牌能够更精准地识别出哪类 KOL 最能引起目标群体的共鸣，从而提高营销活动的针对性和有效性。

2. 细分领域搜索

细分领域的深入搜索是找到合适 KOL 的关键步骤。餐饮行业作为一个多元化领域，涵盖了从美食探索、健康轻食到地方特色美食等多种细分市场。品牌需利用社交媒体平台的高级搜索功能，如关键词检索、话题标签追踪，以及参考行业报告、榜单排名等，来发现那些在特定领域内具有高度影响力和专业度的 KOL。例如，在小红书上通过“# 健康餐食”或“# 地方美食探店”等话题标签，可以快速锁定在这些领域内活跃且受欢迎的博主。

3. 评估 KOL 的影响力

评估 KOL 的影响力时，除了考量其粉丝数量这一显性指标外，更需深入分析其粉丝的互动质量，如点赞、评论和分享的比例，以及内容更新的频率和原创性。一个高质量的 KOL 应当拥有高度活跃且忠诚的粉丝群体，这意味着他们的推荐更容易转化为实际的购买行为。同时，查阅 KOL 以往合作案例，评估其合作效果及公众口碑，也是确保合作成功率的重要环节。

4. 建立合作关系

建立合作关系时，品牌与 KOL 之间的沟通需直接且开放，明确合作的目标、内容形式以及期望达成的效果。这可能涉及品牌故事的讲述、产品体验分享，或者与品牌相关的创意挑战等。双方还应就合作的报酬、权益分配、内容的使用权等细节进行详细讨论，并在此基础上构建长期合作的信任基础。

（二）网红营销的效果评估与优化

合作后对网红营销效果的系统性评估是确保投资回报率（ROI）和持续优化策略的关键步骤。餐饮企业应当采用多维度的方法来全面分析活动成果，不仅局限于基本的参与度和转化率指标，还需深入挖掘数据背后的故事。

首先，要进行参与度分析，即细致监测和分析社交媒体平台上与营销活动相关的互动数据，包括点赞、评论、分享的数量及质量。高质量的评论往往反映出顾客的正面反馈和深度参与，而分享行为则表明内容具有较高的传播价值。此外，观看时长、完播率（对于视频内容而言）也是评估用户关注度的重要指标。

转化率是衡量营销活动直接经济效果的核心指标，具体到餐饮业，这可能体现为优惠券使用率、线上订单增长、店内客流量提升或特定菜品销量增加等方面。利用独特的促销代码、追踪链接或 LBS（基于位置的服务）技术，可以准确追踪顾客从看到网红推广到最终消费的全过程，进而计算出确切的转化效果。

基于上述分析结果，餐饮企业需要灵活调整与 KOL 的合作策略。比如，如果数据显示某类型的内容或某个时间段的发布更能吸引目标顾客，企业应优先考虑与擅长此类内容创作的 KOL 加深合作。同时，适时尝试与不同风格或细分领域的新 KOL 合作，以扩大覆盖范围和新鲜感，避免观众疲劳。成功的网红营销不仅是单次合作，而是与 KOL 建立长期合作关系的过程。通过持续合作，KOL 对品牌的理解会更加深刻，内容创作也将更加贴合品牌调性，从而在顾客心中形成更为稳定的品牌形象。

对网红营销效果的评估与优化是一个动态循环过程，需要餐饮企业持之以恒地投入资源和精力，不断测试、学习、调整，以确保每一次营销活动都能精准触达目标受众，最大化营销效果。

任务实操

社交媒体营销策略调研分析

四名同学为一个小组，选取一家实际存在的餐饮企业作为案例，调研其目标顾客群体、品牌定位及现有社交媒体使用情况。其内容主要包括：

客户群体分析：该餐饮企业的目标群体有什么特点？

平台分析：根据目标顾客群体的社交媒体使用习惯，选择了哪些平台？

KOL 与网红营销分析：该品牌选择了哪些网红，选择的原因有哪些？

内容策略：该餐饮品牌为了符合自己的品牌调性，是如何来进行表达的？

最终完成 PPT 或视频，进行小组汇报，展示营销策略的实施过程和最终成果，分享心得与收获。

任务三　创作与管理数字化营销内容

任务导入

在数字化时代，内容为王，它能够塑造品牌形象，传递品牌价值，同时与消费者建立情感连接。对于餐饮行业而言，内容创作与管理不仅关乎品牌的市场传播，更是连接顾客与品牌的重要桥梁。

一家名为“绿意盎然”的新兴健康餐饮品牌，以提供新鲜、有机的本地食材为特色，旨在为顾客带来健康与美味的双重享受。“绿意盎然”希望通过数字化营销，传递其对健康饮食理念的承诺，同时吸引更多注重生活品质的年轻消费者。作为“绿意盎然”营销团队的一员，你将参与品牌的内容创作与管理。

思考：

如何通过内容创作展现“绿意盎然”的品牌个性和价值主张？在创作过程中，如何平衡故事性与商业信息的传递？在数字化营销环境下，如何持续吸引和保持消费者的注意力？

任务知识

一、品牌故事与文化传递

（一）利用故事讲述增强品牌认同

在当今社交媒体盛行的时代，一个打动人心的品牌故事，通过用户的自发分享，能够在短时间内达到广泛的传播效应。与传统的广告相比，基于人际信任的口碑传播显得更加真实可信，因为它源于个体的真实体验和情感连接，而非商业推广的直接诉求。这种传播方式不仅成本低廉，而且具有极强的生命力和持久性，能够跨越时间和空间的限制，持续不断地为品牌吸引新的顾客群体。

品牌故事不仅是对餐厅历史或菜品起源的简单叙述，而是一种深度的情感营销策略，具有以下几个重要方面的作用：

差异化竞争：在餐饮市场日益饱和、竞争激烈的环境下，一个引人入胜的品牌故事能够使餐厅从众多竞争对手中脱颖而出。通过独特的背景故事，餐厅可以展示其与众不同的价值主张，比如独特的食材来源、烹饪技法的创新或是与地域文化的深厚联系，从而吸引寻求新鲜体验和情感共鸣的顾客。

增强顾客黏性：品牌故事能够激发顾客的情感投入，通过共享品牌的价值观、传统或愿景，顾客与品牌之间建立起一种情感上的连接。

提升品牌形象：精心构建的品牌故事有助于塑造高端、专业或亲切等多样化的品牌形象。通过故事中的细节和情感表达，餐厅可以传达其对品质的坚持、对传统的尊重或是对创新的追求，这些正面形象有助于提升品牌的社会地位和市场认可度。

促进口碑传播：一个蕴含情感与深意的品牌故事，就如同一股无形的强大力量，能够悄然间在顾客之间引发共鸣，推动品牌信息的自发传播。人们天生喜爱分享那些能够触动心灵的故事，不论是励志的创业经历、家族传承的感人篇章，还是对食材极致追求的匠人精神，这些故事往往能够激发听众的共情，使他们在享受美食的同时，也愿意成为品牌故事的传播者。

富含教育意义的品牌故事还能提升品牌形象，使品牌在消费者心中树立起正面且深刻的印象。例如，讲述餐厅如何通过可持续农业支持当地农民，或是在烹饪过程中如何融入健康理念，这样的故事不仅传达了品牌的社会责任感，也教育和启发了消费者，使他们更加认同品牌的价值观，从而在心中种下忠诚的种子。

精心打造并有效传播一个有深度、有温度的品牌故事是餐饮品牌构建良好口碑、深化顾客忠诚度、扩大品牌影响力的有效途径。在口碑传播的链条中，每个顾客都可能成为品牌的代言人，他们的每一次分享，都是对品牌故事的认可与传递，这种力量，远比任何直接的广告宣传更加深入人心，影响持久。

（二）文化传承与创新

文化是餐饮品牌区别于竞争对手的独特标识。在营销策略中巧妙融入文化元素，不仅能彰显品牌的差异化，还能激发消费者的文化自豪感和归属感。比如，奶茶品牌“茶颜悦色”将中国传统茶文化与现代饮品创新结合，通过店铺装修的古典雅致、产品命名的诗意盎然（如“声声乌龙”“蔓越阑珊”），以及定期举办的茶艺体验活动，成功地将中国茶文化的韵味融入品牌体验之中，吸引了大量追求文化体验与生活美学的年轻消费者。这样的营销策略，不仅传递了品牌对传统文化的尊重与传承，更在消费者心中树立了鲜明的文化品牌形象，实现了商业价值与文化价值的双赢。

文化传承与创新展示是餐饮品牌故事中的精髓所在，它不仅是对品牌深厚历史积淀的一次深情回望，更是对未来发展愿景的前瞻性展示。在这个过程中，餐厅通过其独特的品牌故事，架起一座连接过去与未来的桥梁，展现了如何在尊重与继承传统饮食文化的前提下，巧妙融入现代元素，进行创新与变革，创造出既符合当下消费者口味偏好，又不失文化底蕴的全新餐饮体验。

例如，一家传统中式糕点店，可能会讲述其百年传承的手工制作技艺，如何从祖辈手中代代相传，每一道工序都蕴含着对食材的敬畏和对完美的追求。同时，该品牌也会展示其如何在保留传统制作工艺的同时，创新推出低糖、健康版本的糕点（见图 5–3），或是结合时尚元素设计出别具一格的包装，以适应现代消费者对健康饮食和审美需求的双重追求。这样的故事，不仅让人感受到品牌的温度与深度，还展现了其对市场趋势的敏锐洞察和积极响应，从而吸引更多追求品质生活、尊重文化传承而又不失现代审美的顾客群体。

图 5–3　低糖重阳糕

此外，文化传承与创新的故事还能激发消费者对品牌的探索欲和好奇心，促使他们在享受美食的同时，主动成为品牌文化传播的使者，通过社交媒体分享、口碑传播等形式，让更多人了解到品牌背后的故事和价值，进一步扩大品牌的影响力和市场份额。餐饮品牌通过品牌故事展现文化传承与创新，在激烈市场竞争中突出重围、塑造差异化品牌形象，不仅让品牌更加深入人心，也为品牌的可持续发展铺设了坚实的基础，让每一次餐饮体验都成为一次文化与情感的双重盛宴。

思政园地

西贝莜面村，作为中国知名的连锁餐饮品牌，其营销策略中一个显著特点是善于运用品牌故事来建立情感连接，增强顾客的品牌认同感。西贝的品牌故事围绕着“天然、健康、家的味道”为核心，通过一系列真实、动人且富含文化传承的叙述，成功地在消费者心中树立了独特的品牌形象。通过这些精心策划和传播的品牌故事，西贝成功地将自己定位为不仅是一家餐厅，更是一个承载着情感、文化与社会责任的品牌，让消费者在品尝美食的同时，也感受到了品牌背后所蕴含的深意，从而大大增强了品牌认同感。

二、内容规划与主题设定

5-3 几大餐饮品牌的内容营销策略

在餐饮数字化营销的背景下，内容规划与管理是提升品牌曝光度、增强顾客互动及促进销售的关键环节。特别是在快速变化的互联网环境中，结合节日、季节性食材及热点事件进行内容规划，能有效提升内容的吸引力和相关性。以下的内容营销策略，旨在帮助餐饮品牌在数字化营销中更好地进行内容规划与管理。

（一）结合节日和季节性食材

根据四季变换，策划以季节性食材为主题的菜品或套餐，如春季推出野菜系列、夏季主打清爽海鲜、秋季强调丰收的南瓜与栗子、冬季则是温补的肉类与热乎乎的火锅。通过社交媒体展示食材的采摘过程、营养价值及特色菜品的制作过程，增加内容的教育性和观赏性。

针对春节、中秋节等重要节日，设计节日限定菜品或礼盒，结合节日故事和文化背景，创造与节日氛围相符的内容。比如春节期间推出“团圆饭”套餐，讲述传统节日背后的家庭团聚故事，增强情感共鸣。

（二）内容日历与热点事件的同步

建立内容日历，提前规划全年内容发布计划，将节假日、季节变换、本地活动等重要日期标记在日历上，确保内容创作与发布与之同步。内容日历应包括内容主题、发布平台、发布时间、负责人等详细信息，确保内容发布的有序性和连贯性。

紧跟热点事件，利用社交媒体监听工具，实时捕捉社会热点、流行趋势和行业新闻，快速反应，将热点元素融入内容创作中。例如，响应环保主题，推出“无塑料餐具”倡议，或在奥运会期间推出与运动相关的健康轻食系列，借助热点提升品牌曝光度。

互动式内容，结合节日或热点事件，设计互动性强的内容，如节日美食制作挑战、热点话题投票、限时折扣抽奖等，鼓励用户参与并分享，以此增强用户参与度和品牌内容的病毒式传播。

（三）内容管理与优化

确保发布的内容符合品牌调性，图像、文字质量高，信息准确无误。建立内容审核流程，确保发布的每一篇内容都能有效传递品牌价值，提升品牌形象。同时利用社交媒体和网站分析工具，定期评估内容的表现，包括阅读量、互动率、转化率等关键指标。根据数据反馈调整内容策略，优化内容形式和发布时间，确保内容营销活动的有效性。市场环境和消费者偏好不断变化，内容规划需要保持一定的灵活性，随时准备根据实际情况调整策略，以应对不可预见的市场变化。

三、数字营销中的文案撰写

在餐饮数字化营销中，文案撰写是吸引顾客注意力、激发兴趣并促进转化的重要环节。以下策略聚焦于如何创作吸引用户点击的标题与描述，以及如何运用调动用户情感的叙述手法，以增强内容的吸引力和感染力。

（一）吸引用户点击的标题与描述

1. 创造好奇心：激发探索欲的标题艺术

在信息爆炸的今天，一个能够激发好奇心的标题是吸引用户点击的第一步。要让标题既简洁有力，又能勾起读者探索的欲望，需要巧妙地融入悬念和新奇元素。例如，“未解之谜：这家百年老店如何让传统小吃摇身一变，成为网红打卡必备？”这样的标题，不仅提出了一个问题，暗示读者将会揭露背后的故事，还使用了“网红打卡必备”这样流行且具有吸引力的词语，成功引起了目标受众的兴趣。另一个例子，“解锁夏日的秘密武器：一款让你的味蕾跳跃的冰爽饮品”，通过“解锁秘密武器”和“味蕾跳跃”这样的表达，既神秘又生动，让人不禁想要一探究竟。

2. 使用数字和超级词汇：增强说服力与吸引力

数字的运用能够为标题增添实证感和精确性，而超级词汇则可以提升内容的价值感和独特性。例如，“7 天挑战：让你从厨房新手晋升为自制意面大师”，这里的“7 天”给出了明确的时间框架，让读者对达成目标有了具体预期；“新手晋升大师”则使用了超级词汇，激发了学习和成就的欲望。又如，“独家曝光：全国仅此三家的隐秘美食地图”，“独家”和“仅此三家”不仅突出了内容的稀缺性和独特性，还激发了读者的占有欲，想要成为少数知道这些秘密地点的人之一。

3. 紧贴时令或节日：把握时机，提升内容的相关性

结合时令、节日或当下热点，可以让标题和描述更加贴近读者的生活，增强即时性和参与感。例如，“金秋时节，不可错过的蟹宴盛宴：满城皆是黄金甲，邀您共享秋日之美”，这个标题既贴合秋季食蟹的传统，又通过“黄金甲”这样的文学性描述，营造出季节特有的美感和食欲。又如，“元宵佳节，团圆的味道：限时推出，五款经典汤圆，重温家的温馨”，不仅利用了“元宵佳节”这一特定节日，还通过“团圆的味道”和“重温家的温馨”触动了人们的情感，让人在节日氛围中产生共鸣，从而增加了内容的吸引力和点击的冲动。

（二）调动用户情感的叙述手法

1. 故事叙述：构建情感桥梁，传递品牌灵魂

故事叙述是连接品牌与消费者情感的桥梁，通过分享品牌或菜品背后的故事，赋予产品以生命和温度。例如，“在那条老街的尽头，有一家小店，它的招牌菜——红烧肉，承载着四代人的记忆。每一块肉都精心挑选，每一勺酱汁都承载着祖辈的智慧，每一口都是对家深深的思念。”这样的叙述，不仅讲述了菜品的来历，更触动了人们对于家的温馨回忆，让顾客在品尝前就已经与品牌产生了情感的链接。

2. 感官激活：文字的魔法，唤醒全方位的感官体验

优秀的文案能够激活读者的五感，使他们仿佛身临其境。例如，“初春的早晨，当晨光透过窗帘，一杯手冲咖啡的醇厚，搭配刚刚出炉的羊角面包，酥脆与香浓交融，唤醒的不仅是味蕾，更是对美好一天的无限憧憬。”这样的描述，通过视觉、嗅觉、味觉的细腻刻画，让读者在阅读时仿佛置身于那个

场景，感受那份温暖和满足。

3. 情感共鸣：触及心灵，强化品牌认同

情感共鸣是文案打动人心的关键。通过触及消费者内心深处的情感需求，如怀旧、幸福、归属感，让品牌成为消费者情感寄托的一部分。例如，“这不仅是一款月饼，它还是中秋夜空中最亮的星，指引着远方的游子归家，每一口都是对团圆的渴望，是对亲人无尽的思念。”这种表述，将传统的节日食品提升到了情感交流的高度，引发了广泛的情感共鸣。

4. 第一人称与第二人称的运用：拉近距离，增强互动性

第一人称叙述让内容显得更加真实可信，仿佛是作者亲身经历的分享。“在我心中，这道糖醋排骨不仅是佳肴，它是童年放学回家路上的甜蜜期待，每一块都裹挟着妈妈的爱。”这种叙述方式，让读者感受到真诚与亲近。而第二人称的使用，则直接对话读者，增强了文案的互动性和沉浸感。“想象一下，当你轻轻揭开蒸笼的那一刻，热气腾腾中，那一笼小巧精致的汤包，仿佛在向你诉说着它的故事，等待着你去品尝，去感受那一刻的惊喜。”这样的表达，让读者感觉自己成了故事的一部分，增强了参与感和期待感。

通过故事叙述、感官激活、情感共鸣以及人称的恰当运用，餐饮文案能够深刻触动用户的情感，建立起品牌与消费者之间的情感纽带，使营销内容不仅是信息的传递，更成为一种情感的交流与共鸣。

任务实操

创作吸引人的品牌故事与内容规划管理

以小组为单位，为一个虚拟的餐饮连锁品牌进行品牌打造。

故事构思：深入挖掘或构想虚拟餐饮品牌的起源、理念、特色及背后的文化故事。围绕品牌核心价值，构建一个引人入胜的故事框架，包括品牌诞生、成长历程、特色菜品背后的故事等。结合目标受众的情感需求，如怀旧、温馨、励志等，融入故事中，使之更具感染力。以第一人称或第二人称叙述，撰写一篇品牌故事文案，注重细节描绘，使读者产生共鸣。

内容规划：根据品牌故事和市场热点，规划一系列内容主题，如节日特辑、季节性食材介绍、健康饮食知识等。并且依据节假日、特殊事件、品牌活动等时间节点，制定一个为期一个月的内容发布日历，确保内容更新的连续性和时效性。

每个小组须完成一份完整的品牌故事文案，以及内容发布日历表，包括日期、内容主题、形式、发布平台等。

任务四　让数据助力数字化营销

任务导入

在数字化营销的世界中，数据是企业最宝贵的资产之一。对于餐饮业来说，数据分析不仅能够帮助企业更好地理解顾客行为，优化营销策略，还能够提高运营效率，降低成本，最终实现可持续的业务增长。如果你是一家餐饮企业的数据分析师，那么你将负责以下的任务：收集来自不同渠道的销售数据、顾客反馈、社交媒体互动等信息。利用数据分析工具，如 Excel、SPSS 或 Python，对收集到的数据进行处理和分析。识别顾客行为模式，分析菜品销售趋势，预测高峰时段的顾客流量。更进一步讲，你需要基于数据分析结果，提出个性化的营销策略，如定制化的菜品推荐、针对性的促销活动等。

思考：

如何通过数据收集和分析来揭示顾客的潜在需求？如何运用数据分析来提升顾客满意度和忠诚度？在制定营销策略时，如何确保数据驱动的决策与品牌定位相一致？

任务知识

餐饮行业的数字化营销中，数据收集与整合是构建高效营销策略的基础。这一过程涉及从多个源头获取数据，并通过技术手段将其转化为可用信息，进而指导决策。以下是餐饮行业数字化营销中数据收集与整合的详细步骤和要点：

一、确定数据收集目标

顾客行为数据的深入分析对于餐饮企业来说是洞察市场需求、优化服务与产品、提升顾客体验的关键。具体而言：

（一）内部数据收集

消费频次：监测顾客在一定周期内的就餐次数，有助于划分顾客忠诚度等级，为高频顾客设计专属优惠计划，同时识别低频顾客群体，采取措施提升其回访率。

消费金额：分析顾客平均每单消费额，了解不同顾客群体的消费能力，据此设计合理的菜品定价策略和套餐组合，以满足不同消费层次的需求。

偏爱菜品：通过菜品销售数据分析，识别受欢迎的菜品和冷门菜品，指导菜单调整，加强热销菜品的宣传推广，同时考虑改良或替换销量不佳的菜品，以优化菜品结构，提升整体销售额。

就餐时间：掌握顾客的就餐高峰期和低谷期，合理安排员工班次，优化厨房备料流程，确保在高峰时段提供高效服务，同时探索低峰时段的促销策略，比如推出下午茶套餐或夜宵特惠，均衡客流。

（二）市场反馈数据的收集与分析

这部分数据则侧重于外部环境和顾客声音的监测：

顾客评价：细致分析顾客在各类平台（如大众点评、美团、自有 App）留下的评价，正面评价可作为品牌宣传点，负面评价则需及时响应，采取措施改进，同时挖掘顾客的真实需求和期待。

社交媒体讨论：利用社交媒体监听工具监测品牌提及、话题热度，参与相关讨论，把握舆论风向，利用热点事件或话题进行品牌植入，增强品牌活力。

在线评论：系统整理并分析在线评论内容，特别是对菜品口味、服务态度、环境氛围的评价，这些直接反映顾客体验，是改善服务、优化菜品的宝贵依据。

（三）竞争对手情报收集

竞品价格：定期调研竞争对手的菜单价格，确保自家产品在价格上有竞争力，同时考虑价值感知，避免陷入低价竞争。

促销活动：跟踪竞争对手的营销活动，分析其效果，汲取经验，设计差异化的促销策略，避免同质化竞争，增强市场吸引力。

顾客反馈：通过顾客对竞品的评价，了解市场对竞品的接受程度及潜在不满，发掘自身优势，或弥补差距，提升竞争力。

综合以上各方面的数据收集与分析，餐饮企业能够从顾客、市场、竞争及内部运营四个维度全面把握现状，为精准营销、运营优化乃至战略规划提供有力的数据支持。

二、数据收集渠道与方法

（一）社交媒体和在线评价平台

社交媒体平台（如微信公众号、微博、抖音）和在线评价平台（如大众点评、美团）是顾客意见和市场趋势的重要来源。企业可以通过 API 接口与这些平台对接，自动抓取相关的数据，包括但不限于用户评论、点赞数、分享量等，用以分析品牌的社交媒体表现力和顾客口碑。爬虫技术也可以被用来定期收集公开的评论和评分，进一步深入了解顾客的具体反馈和需求。此外，参与或发起话题挑战、直播互动等活动，也是收集用户参与数据的有效方式。

（二）店内技术设备

现代餐饮企业广泛采用各类技术设备来提升数据收集效率。例如，POS（见图 5-4）（销售点）系统不仅能记录每一笔交易详情，还能分析畅销菜品、顾客消费时段偏好等关键信息，帮助餐饮企业优化库存管理与菜单设计。通过店内 Wi-Fi 登录，顾客在连接网络时可自愿提供基本信息（如邮箱、手机号），餐厅可借此建立初步的顾客档案，为进一步的顾客关系管理打下基础。智能摄像头与视频分析技术能够分析顾客流量、停留区域等，帮助餐厅优化布局，提升顾客流动效率和就餐体验。

图 5-4　POS 机

（三）在线订餐与外卖平台

随着外卖服务的普及，美团外卖、饿了么等平台成为重要的数据来源。通过与这些平台的后台系统对接，餐厅可以整合订单数据，分析顾客的在线点餐偏好、配送地址分布、复购率等，为菜品开发、营销活动设计提供数据支持。同时，这些数据有助于餐厅优化外卖菜单，制定更合理的配送策略，提高外卖服务的整体满意度。

（四）顾客调研与反馈

直接从顾客那里获得反馈是数据收集的重要组成部分。餐饮企业可以通过在线问卷工具（如 SurveyMonkey、问卷星）设计满意度调查（见图 5-5），询问顾客对菜品、服务、环境的看法，以及改进建议。此外，通过社交媒体、电子邮件、餐厅官网等渠道邀请顾客留下反馈，也是收集一手信息的有效方法。对于收到的反馈，餐饮企业应建立响应机制，及时解决顾客问题，展现对顾客意见的重视，同时将反馈整合进数据分析流程，持续优化顾客体验。

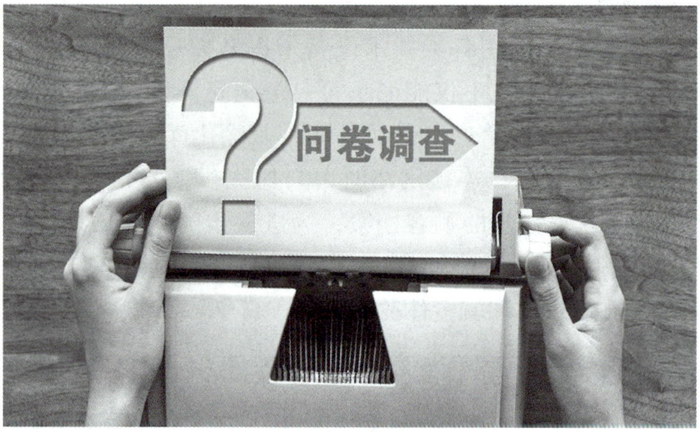

图 5-5　问卷调查

（五）第三方数据服务

第三方机构如欧睿、尼尔森、艾瑞咨询等，定期发布餐饮行业的深度研究报告，涵盖了市场趋势、消费者行为分析、行业规模及增长率预测等。这些报告通常基于广泛的市场调研，为餐饮企业提供权威的市场数据和分析，帮助企业在制定战略规划时有据可依。

通过与数据提供商合作，如益普索、明略行等，餐饮企业可以获得更为细致的消费者细分数据和偏好分析。这些服务可能包括但不限于消费者生活方式研究、品牌偏好、消费心理分析等，有助于企业精准定位目标顾客群，设计更贴合市场需求的产品和服务。

社交媒体监测工具和在线评论分析服务（如大众点评商家中心）帮助餐饮企业实时追踪品牌在社交媒体上的提及情况和顾客在线评价。这些工具不仅能够量化品牌声誉，还可以分析顾客情绪、识别 KOL 和热点话题，为企业快速响应市场反馈、调整营销策略提供数据支持。

GIS 服务商（如高德地图开放平台、百度地图 API）提供的位置数据服务，可以帮助餐饮企业进行选址分析、顾客流量预测、商圈研究等。通过分析周边人口密度、竞争对手分布、交通便利性等地理因素，餐饮企业可以更科学地决定新店位置，或是优化现有门店布局，提升市场渗透率。

经济研究机构和数据平台（如国家统计局、Wind资讯）提供的宏观经济数据、政策法规解读等，对于餐饮企业的长远规划至关重要。这些数据帮助企业理解宏观经济走势、消费信心指数、行业相关政策变动等，以便在制定战略时考虑到更广阔的宏观经济背景。

三、数据整合与标准化

数据清洗、归一化、集成以及安全与隐私保护是数字化营销中数据处理的关键步骤，它们共同确保了数据的质量、一致性和合规性，为后续的分析和决策提供坚实的基础。

（一）数据清洗

数据清洗是一个细致且必要的过程，旨在消除数据集中的杂质，包括但不限于：

去除重复项：利用去重算法识别并删除数据中的重复记录，避免分析结果的偏差。

纠正错误信息：通过逻辑校验、数据验证规则发现并修正错误数据，如日期格式错误、数值异常等。

填补缺失值：对于不完整数据，采用合适的方法（如平均值填充、模型预测）进行补全，保持数据连续性。

剔除非相关数据：识别并移除与研究目的无关的数据字段，减少噪音，聚焦核心信息。

（二）数据归一化

数据归一化是确保不同来源数据兼容性和可比性的过程，具体操作包括：

格式统一：将所有数据转换为一致的数据类型和格式，如日期格式标准化、货币单位统一。

缩放处理：对数值型数据进行缩放（如最大最小缩放、Z-score标准化），使得不同尺度的数据可以在同一框架下进行比较和分析。

编码统一：对分类数据进行编码处理，如将文本标签转换为数字代码，便于计算机处理。

（三）数据集成

数据集成是将来自不同系统或格式的数据合并到一起的过程，常用方法包括：

ETL流程：从源系统中抽取（Extract）数据，通过转换（Transform）清洗和格式化数据，最后加载（Load）到中央数据库或数据仓库。

云数据仓库：利用云服务提供商（如 AWS Redshift、Google BigQuery）的数据仓库解决方案，实现大规模数据的集成与存储，便于跨部门访问和分析。

数据湖技术：构建数据湖作为原始数据的集中存储，支持多种数据格式，便于数据科学家直接访问和处理，为高级分析和机器学习提供数据基础。

四、数据分析与应用

在餐饮行业的数字化营销中，构建数据模型、洞察提取以及决策支持是将数据转化为实际行动的关键步骤，具体展开如下：

（一）构建数据模型

构建数据模型是利用数据分析工具对收集到的数据进行深入挖掘和分析的过程，旨在发现隐藏在数据背后的信息和规律。这一阶段可采用多种工具和技术：

Excel：作为入门级工具，Excel 通过透视表、图表分析等功能，适合初步的数据处理和简单模型构建。

SPSS（Statistical Package for the Social Sciences）：提供强大的统计分析功能，适用于复杂的数据统计分析，如因子分析、聚类分析等，有助于细分市场和顾客群体。

Python：作为一种编程语言，Python 拥有丰富的数据处理和分析库（如 Pandas、NumPy、Scikit-learn），适用于构建更复杂的数据模型，执行机器学习算法，进行预测分析等。

BI（Business Intelligence）工具：如 Tableau 和 Power BI，通过拖拽式操作界面，即便是非技术人员也能轻松创建交互式可视化报表，快速洞察数据。这些工具支持数据钻取、预测分析等功能，帮助直观展示数据故事。

（二）洞察提取

基于构建的数据模型，进行深入的数据分析，从而提取有价值的洞察。这包括：

顾客行为模式：分析顾客的消费频次、消费金额、偏爱菜品等，识别顾客的忠诚度级别、消费习惯及偏好变化，为个性化营销提供依据。

市场趋势：通过分析社交媒体趋势、行业报告等数据，捕捉市场热点、消费者新需求，预测行业发展方向。

营销机会与问题识别：从数据中识别哪些营销活动有效，哪些菜品或服务受到好评，同时发现潜在的问题点，如顾客流失原因、服务短板等。

（三）决策支持

将分析结果转化为具体的、可操作的营销策略，指导实际业务操作，提升营销效率和效果：

调整菜单：基于顾客偏好的菜品分析，调整菜品结构，引入受欢迎的新品，淘汰滞销菜品，优化成本结构。

优化营销活动：根据顾客行为和市场趋势，设计更具针对性的促销活动，如特定时段的优惠、个性化推荐、会员专享福利等，提高营销活动的转化率和ROI。依据顾客群体细分和市场趋势，设计针对性的促销活动，如针对学生群体的午间特惠、节假日的家庭套餐等。

5-4　智慧食堂——“味觉探索者”

提升顾客体验：通过顾客反馈分析，识别服务流程中的痛点，改善就餐环境、优化服务流程、提升服务质量，增强顾客满意度和忠诚度。

资源优化配置：根据销售数据和顾客流量分析，合理安排人力资源、库存管理，提高运营效率，降低成本。

通过这一系列步骤，餐饮企业能够充分利用数据驱动决策，实现精细化运营，提升市场竞争力，促进业务的持续增长。

任务实操

假设你是一名餐饮创业者，计划开设一家名为“未来食界”的虚拟餐厅，专注于提供高科技与未来主义结合的餐饮体验。餐厅主打健康、环保的未来食物，利用3D打印技术现场制作个性化菜品，同时结合VR体验，让顾客在享受美食的同时，体验一场穿越未来的旅程。你的目标市场是对科技好奇、追求新鲜体验的年轻消费群体。

以小组为单位，设计并实施一套完整的数字化营销方案，提升“未来食界”的品牌知名度和顾客参与度。利用社交媒体、数字广告等手段，精准触达目标顾客群体。收集并分析顾客数据，持续优化营销策略和顾客体验。

任务步骤：

1. 确定品牌核心价值：“未来食界”代表的是什么？（如：科技、环保、健康）

2. 设计品牌LOGO、口号，以及具有未来感的视觉元素。

3. 描述目标顾客群体特征：年龄、职业、兴趣爱好、消费习惯等。

4. 使用问卷调查或社交媒体分析工具，收集潜在顾客的偏好数据。

5. 与知名科技博主或科幻社群合作，进行品牌合作推广。

6. 利用社交媒体分析工具监控互动数据（点赞、评论、转发等），评估内容效果。

项目训练

练一练

扫描右侧的二维码，开始做题吧。

随堂练习

项目六 把控餐饮经营与收益

项目导读

本项目主要包括餐饮成本核算、餐饮各环节成本控制、餐饮收益管理等内容，旨在帮助学生了解餐饮成本的概念、构成及分类，熟悉餐饮经营过程中各环节成本控制，掌握餐饮成本核算的方法，使学生具备餐饮收益分析能力，能解决餐饮成本管理中的实际问题。

学习目标

知识目标	1. 了解餐饮成本核算的概念 2. 熟悉餐饮成本的分类 3. 理解餐饮成本核算的方法及餐饮各环节成本控制方法 4. 掌握餐饮运营关键指标
能力目标	1. 能了解餐饮经营主要环节的成本控制 2. 能解决餐饮成本管理中的实际问题 3. 能进行餐饮收益分析
素质目标	1. 具备数字化运营思维 2. 具备以行业标准为准绳的分析能力 3. 培养创新精神，树立不畏困难、勇于开拓的价值观

思维导图

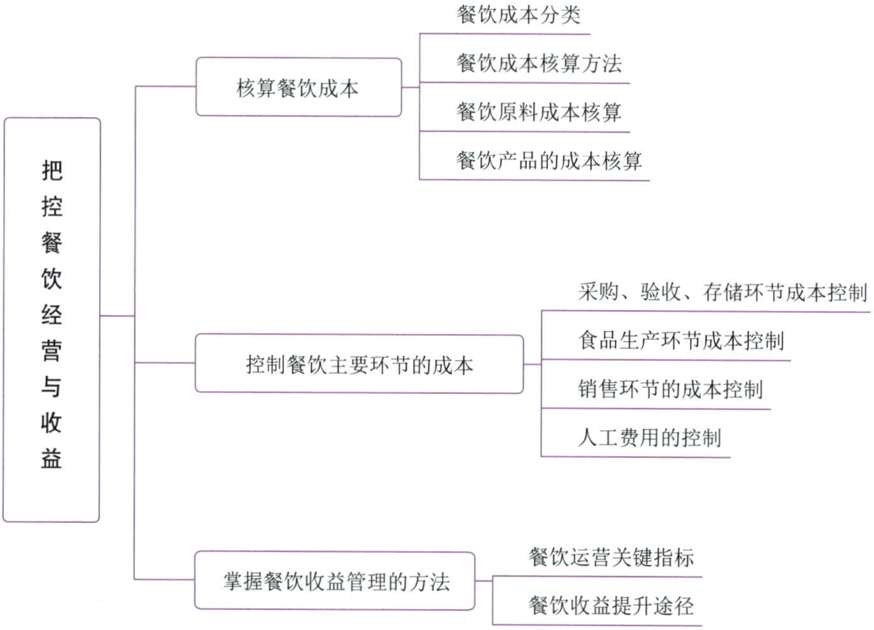

任务一　核算餐饮成本

任务导入

某中型餐饮企业，主要提供中式快餐服务。该企业拥有固定的经营场所、必要的厨具设备、一定数量的员工，以及稳定的食材供应链。为了更好地管理成本和制定经营策略，现对该企业发生成本进行统计，具体统计内容如下：

1. 食材成本统计。该企业主要食材包括大米、蔬菜、肉类、调料等。通过对每月食材采购记录的统计，可以得出各类食材的平均采购成本。根据菜品配方和销量，可以计算出每道菜品的食材成本。将这些成本累加，即可得到总的食材成本。

2. 人工成本。人工成本包括员工的工资、社保、福利等。首先，列出所有员工的职位、月薪及其他相关福利。然后，根据每月的考勤记录和业绩考核，对员工工资进行调整。最后，将所有员工的工资及其他福利累加，得到总的人工成本。

3. 租金与水电费。租金根据租赁合同和付款周期进行计算。水电费则根据每月的实际消耗量和单位价格进行统计。将租金和水电费相加，得到经营场所的固定费用。

4. 设备折旧费用。餐饮企业的设备如烤箱、蒸柜、制冷设备等需要进行折旧处理。根据设备的购买价格、预计使用年限和残值，采用适当的折旧方法（如直线折旧法）进行计算。每月的折旧费用累加，即为设备折旧费用。

5. 营销与广告开支。营销与广告开支包括线上推广、线下活动、广告投放等费用。根据每月的营销计划和预算，统计各项开支，并累加得到总的营销与广告费用。

6. 清洁与维护费。清洁与维护费包括日常清洁用品的采购、设备维护、卫生检查等费用。根据每月的清洁与维护记录，统计各项开支，并累加得到总的清洁与维护费用。

7. 其他杂项成本。其他杂项成本包括办公用品采购、员工培训费用、差旅费用等。对这些费用进行统计和累加，得到其他杂项成本。

思考：

阅读上述材料，该餐饮企业发生成本有哪些方面，应如何进行餐饮成本核算？

任务知识

一、餐饮成本分类

（一）成本的定义

1. 广义的成本

广义的成本包括原料费用、工资费用、其他费用（包括水、电、煤气费，购买餐具、厨具费用，餐具损耗费用，清洁、洗涤费用，办公用品费用，银行利息，租金，电话费，差旅费等），可用如下公式计算：

成本 = 直接材料费用 + 直接人工费用 + 其他费用

2. 狭义的成本

狭义的成本仅指餐饮企业各营业部门因正常营业所需而购进的各种原料费用。通常餐饮企业的成本核算仅指狭义的成本核算。

（二）餐饮成本的构成

餐饮企业成本一般包括直接成本、间接成本、毁损成本（盘点净损失）三个部分，即：

餐饮企业成本 = 直接成本 + 间接成本 + 毁损成本

直接成本是指餐饮成品中具体的材料费用，包括食物成本和饮料成本，也是餐饮企业中最主要的支出。间接成本是指操作过程中所引发的其他费用，如人员费用和一些固定的开销（又称为经常费用）。人员费用包括员工的薪资、奖金、食宿、培训和福利等；经常费用则是指租金、水电费、设备装潢的折旧、利息、税金、保险和其他杂费。

盘点净损失是指通过实地盘点，盘点实数与账存数之间的差异。餐饮企业在营运期间由于各种原因，可能会出现账实不符的情况，如出品后因未及时开单而没收到钱、酒吧员不小心打破酒水包装、服务员打破餐具、失窃等。

（三）餐饮成本的分类

根据不同的标准，可以将餐饮企业成本分成不同的种类，具体内容见表6-1所示。

表 6-1　餐饮企业成本的分类

序号	标准	种类	具体内容
1	根据成本可控程度	可控成本	可控成本是指通过员工主观努力可以控制的各种消耗，如食品原料、水电费、燃料费、餐茶用品等的消耗。
		不可控成本	不可控成本是指很难通过员工主观努力加以控制的成本开支，如折旧费、工资等。
2	根据成本性质	固定成本	固定成本是指在一定时期和一定经营条件下，不随餐饮产品的生产销量变化而变化的成本，如工资、折旧费用、管理费用等。
		变动成本	变动成本是指在一定时期和经营条件下，随产品的生产和销量的变化而变化的那部分成本，如食材成本、水电费、燃料费等。
3	根据成本与产品形成的关系	直接成本	直接成本是指在产品生产中直接耗用、不需分摊即可加入到产品成本中的那部分成本，如直接材料、直接人工、直接耗费等。
		间接成本	间接成本是指需要通过分摊才能加入到产品成本中的各种耗费，如销售费用、维修费用、管理费用等。
4	根据成本和决策的关系	边际成本	边际成本是指为增加一定产销量所追加的成本。在餐饮企业管理中，需要增加餐饮产品的产销量，以增加收入。 产销量的增加不是没有限制的，当其超过一定限度时，市场供求关系会发生变化，成本份额也会随之发生变化，从而使利润减少。
		机会成本	机会成本是指从多种方案中选择一个最佳方案时，被放弃的次优方案所包含的潜在利益。

二、餐饮成本核算方法

（一）餐饮成本核算基本事项

1. 餐饮成本核算类别

餐饮成本核算分为厨房核算和会计成本核算两个方面。

厨房核算

厨房核算主要是为厨房生产和产品定价服务，控制厨房实际成本消耗，同时为会计成本核算提供基础数据。

会计成本核算

会计成本核算主要从会计专业化管理角度核算各餐厅和企业餐饮成本消耗及成本率，控制餐厅和企业成本，同时为企业经营者和高层领导提供决策依据。

2. 基本事项

厨房核算和会计成本核算必须做好成本核算的基本事项，主要包括三个方面的内容。

成本核算原始记录

原始记录也可叫原始凭证，是成本核算的依据。正确进行成本核算，必须建立原始记录制度并予以详细记录，如采购、储存、发料及生产销售等各个环节都要做好原始记录，并一式几份，以便完成记账、对账、查账等财务工作。

原始记录主要包括原料进货发票、领料单、转账单、库存单、原料耗损报告单、生产成本记录表、生产日报等。

成本核算计量工具

厨房为准确计量各种食品原料的采购、领取、销售等各个环节原料消耗，必须配备必要的计量工具。成本核算计量工具主要有三种：

①台秤，用于大宗食品原料计量，如米、面、肉、青菜等；

②天平秤或电子秤，用于贵重或小宗食品原料计量，如鱼翅、奶油等；

③量杯或量筒，用于调味品原料计量，如油、黄酒等。

成本核算数据处理

餐饮成本核算是通过原料计量、计价和单位成本来计算实际成本的，其数据处理要正确，以便为成本控制提供客观依据。在餐饮产品成本核算过程中，其数据处理有三种形式，具体如表 6–2 所示。

表 6–2　成本核算数据处理

序号	形式	说明	备注
1	有效数据	以实测或原始记录为依据所提供的数据，比较准确。	在餐饮成本核算中，一般不得采用估计数据。如果必须采用估计数据，也应以过去的实测为准，以保证成本核算数据的准确性和有效性。

续表

序号	形式	说明	备注
2	尾数处理	（1）质量尾数处理一般到克为止，克以下的质量单位采用四舍五入法，进到克为止，然后按原料单价核算成本。 （2）价值量尾数处理一般到分为止，分以下的成本尾数采用四舍五入法，进到分为止。	（1）如果是特别贵重的食品原料，也可用毫克为尾数单位。 （2）在产品定价时，如果价格较高，其尾数也可到角为止，角以下的价值量单位采用四舍五入法处理。
3	成本误差	（1）绝对误差是实际值和标准值的差额，用绝对数表示。 （2）相对误差是绝对误差和标准值之间的比率，用相对数表示。	

（二）餐饮成本核算方法

餐饮产品品种繁多，在核算时应根据厨房产品生产方式及花色品种不同，采用不同的核算方法，从而提高成本核算的准确性和科学性。

1. 顺序结转法

顺序结转法是根据生产加工中用料的先后顺序逐步核算成本，适用于分步加工、最后烹制的餐饮产品。

在餐饮管理中，大多数热菜食品都采用分步加工，其成本核算方法是将产品的每一生产步骤作为成本核算对象，依次将上一步成本转入下一步成本核算中，顺序类推便计算出餐饮产品总成本。

2. 平行结转法

平行结转法主要适用于批量生产的产品成本核算，它和顺序结转法又有区别。在生产过程中，批量产品的食品原料成本是平行发生的。原料加工一般一步到位，形成净料或直接使用的食品原料。这时，只要将各种原料成本相加，即可得到产品成本。如冷荤中的酱牛肉、酱猪肝；面点中的馅料食品，如三鲜馅的饺子、包子等。

3. 订单核算法

订单核算法是按照客人的订单来核算产品成本，主要适用于会议、团队、宴会等大型餐饮活动。这些类型的客人用餐事先都会预订，且用餐标准十分明确。在成本核算时，首先必须根据订餐标准和用餐人数确定餐费收入，然后根据预订标准高低确定毛利率高低，计算出一餐或一天的可容成本，最后在可容成本的开支范围内组织生产，而这一过程都是以订单为基础和前提的。

4. 分类核算法

分类核算法主要适用于餐饮核算员和餐饮成本会计的成本核算。如成本核算员每天核算成本消耗，先要将各种单据按餐厅和厨房分类，然后在每一个厨房或餐厅内将成本单据按食品和饮料分类，再按食品原料种类分类记账，最后才能核算出每个餐厅或厨房的各类成本。

此外，在月、季成本核算中还可以分别核算出蔬菜、肉类、鱼类成本或冷菜、热菜、面点、汤类等不同种类的成本。

三、餐饮原料成本核算

（一）原料成本组成要素

原料成本由主料、配料和调料三个要素构成。主料是指构成各个具体品种的主要原料，通常是指肉料。配料是指构成各个具体品种的辅助原料，通常是指植物类的原料。调料是指烹制品种涉及的各种调味料。

主配料的差别是餐饮行业约定俗成的，不一定是量上的区别。

（二）原料相关知识

1. 毛料

毛料是指未经加工处理的食品原料，即原料采购回来的市场形态。有些原料本身是半成品，但对餐饮企业来说，采购回来还只是市场状态，因为这些原料半成品还需要经过加工才能参与配菜，一旦经过加工后，其原料成本已经发生变化（有时尽管这种变化不是很大）。

2. 净料

净料是指经加工后可用来搭配和烹制食品的半成品。所有原料采购回来，都必须经过加工（如清洗、刀工处理、热处理），就算是一些本身已经是半成品的原料，也要经相应的处理，如鲮鱼罐头，开罐后倒出也存在一种成本变化。

随堂练 6-1

净料成本

净料成本是指毛料经加工处理后成为净料的成本变化，又称为起货成本。

净料率

净料率是指净料重量占毛料重量的百分比，又称为起货率。净料率是指食品原材料在初步加工后的可用部分的重量占加工前原材料总重量的比率，它是表明原材料利用程度的指标。

（三）影响净料率因素

净料成本核算是品种成本核算的基础，影响净料成本的因素如下：

1. 进货的价格

原料的采购价格高低直接决定了起货成本的高低。

2. 进货的质量

进货质量好坏，也会影响到起货成本的高低。

（四）净料成本计算公式

大部分采购回来的食品原料经过加工后都会有净料成本的变化，这样其单位成本也发生了变化，所以必须要进行净料成本的核算，其核算公式如下：

净料成本 =（毛料总值 − 副料总值）÷ 净料率

随堂练 6-2

公式中，毛料总值就是指采购回来的食品原料的市场形态，副料总值就是指对毛料加工后剔除出来的原料还可以作为其他用途的部分。比如，毛鸡经宰杀后，剔除出来的鸡血、鸡肾、鸡肠等还可作为其他用途的，应另计算。净料率一般都有行业约定俗成的百分比。

随堂练 6-3

（五）半成品成本核算

半成品是指经过制馅处理或热处理后的半成品，如虾胶、鱼胶等。半成品成本核算的公式如下：

半成品成本 =（毛料总值 − 副料总值 + 调味成本）÷ 净料率

随堂练 6-4

（六）调味成本核算

调味成本核算方法有两种：一种是计量法，也是传统做法；另一种是估算法，也是现代较流行的做法。

计量法就是根据使用多少量的调味料，按照每 500g 的进价来计算实际的调味成本，这种计算办法由于比较烦琐，在实际操作过程中较少使用。最多使用的是估算法，即根据企业本身的实际情况，计算出每种销售规格的平均调味成本。

随堂练 6-5

特别提示：估算法适用于一般品种的成本核算，如果是一些特别的品种（特别是高档的品种），应该使用计量法，这样才能准确算出调味成本。

四、餐饮产品的成本核算

（一）餐饮产品成本核算方法

餐饮产品成本核算方法主要包括先分后总法和先总后分法两种，其中，先分后总法适用于单件制作的菜点的成本计算，先总后分法适用于成批产品的成本核算。

（二）单件产品成本核算方法

单件产品成本核算，采用先分后总法，随机选择产品抽样，测定单件产品实际成本消耗，根据抽样测定结果，计算成本误差，填写抽样成本核算报表，分析原因，提出改进措施。

随堂练 6-6

（三）批量产品成本核算方法

批量产品成本核算是根据一批产品的生产数量和各种原料实际消耗进行的。批量产品成本核算采用先总后分法，其计算公式如下：

单位产品成本 = 本批产品所耗用的原料总成本 ÷ 产品数量

其成本核算方法包括以下三个步骤：

（1）根据实际生产耗用，核算本批产品各种原材料成本和单位产品成本。

（2）比较单位产品实际成本和标准成本，计算成本误差。

（3）填写生产成本记录表。若成本误差较大，应分析原因，采取控制措施，如凉菜、点心等。

任务实操

选一家本市有名的中式快餐店，分析其餐饮成本。

实训名称	中式快餐店餐饮成本分析
实训背景	选取某一家中式快餐店，搜集相关数据进行分析
实训目的	掌握餐饮成本构成和餐饮成本核算方法相关知识
实训过程	中式快餐店餐饮成本构成和成本核算分析
分析结果	

任务二 控制餐饮主要环节的成本

任务导入

某中型餐厅为提升经营效益，决定对各个环节进行成本控制。以下是餐厅实施成本控制的具体措施和成果：

1. 采购成本控制

定点采购：与优质供应商建立长期合作关系，确保食材质量稳定且价格合理。

定期市场调研：对市场价格进行定期调研，根据市场波动调整采购策略。

集中采购：减少采购频次，进行集中采购以降低运输和储存成本。

2. 库存管理优化

先进先出原则：确保食材按照先进先出的原则使用，避免食材过期。

库存预警系统：通过信息系统设置库存预警，避免库存积压和浪费。

定期盘点：定期进行库存盘点，确保账实相符。

3. 食材加工利用

标准化操作：制定食材加工标准操作流程，减少浪费。

边角料利用：将食材边角料用于制作员工餐或其他菜品，提高利用率。

4. 能源效率提升

节能设备：采用节能型厨房设备，如节能灶具、节能灯具等。

能源监控：安装能源监控系统，实时监测能源消耗，及时进行调整。

5. 人力成本控制

员工培训：定期进行员工技能培训，提高工作效率。

合理排班：根据餐厅营业时间和客流量合理排班，减少人力浪费。

6. 营销策略节支

社交媒体营销：利用社交媒体平台开展低成本营销活动，吸引顾客。

会员制度：推出会员制度，鼓励顾客多次消费，提高客户黏性。

7. 餐具损耗管理

餐具回收：设立餐具回收区，鼓励顾客回收餐具，减少损耗。

定期盘点与补充：定期对餐具进行盘点，及时补充损耗，避免影响顾客体验。

8. 财务管理透明化

成本核算制度：建立完善的成本核算制度，确保各环节成本清晰可见。

定期审计：邀请第三方进行定期审计，确保财务数据的真实性和准确性。

通过实施上述措施，该餐厅在成本控制方面取得了显著成果：采购成本降低了10%，库存周转率提高了20%，食材利用率提升了15%，能源消耗减少了20%，人力成本降低了5%，营销成本在保持销售额稳定的同时降低了10%，餐具损耗率降低了8%，财务管理更加透明和规范。

思考：

上述阅读材料中该餐饮企业在各环节的成本控制措施有哪些？成本控制对餐饮企业的影响有哪些方面？

任务知识

一、采购、验收、存储环节成本控制

（一）采购环节的成本控制

1. 规范采购流程

原料采购流程

由一线的厨师长将所需的餐饮原料在前一天上报，经过核实后填写主副食原料采购单（见表6–3）。采购的前提是了解物资的规格、性能、品质和价格。市场调研是餐饮原料采购的出发点，是提高餐饮原料采购质量的一种管理方法。从点差分析中提出解决问题的办法，为企业制订产品计划、营销目标，决定分销渠道，制定采购价格，调整计划提供依据，起到检验和矫正的作用。

餐饮行业原料采购的特点有多样性、季节性、时鲜性、选择性以及计划性。根据这些特点，要很好地完成采购任务必须做到加强市场信息调研，合理组织采购方式，做好采购人员培训。

应根据订单检查进货，并依据送货发票检查进货原料。不符合餐饮原料标准的予以退回；受理合格的餐饮原料并入库；完成有关报表。

仓库补仓物品采购流程

在仓库存仓物品的存量接近或低于采购线时，即需要补充货仓里的存货，仓库人员要填写一份仓库补仓“采购申请单”，且“采购申请单”内必须注明以下资料：货品名称、规格；平均每月消耗量；库存数量；最近一次订货单价；最近一次订货数量；本次订货数量建议。

经餐饮店长同意后，按仓库“采购申请单”内容要求安排采购部进行采购。

表 6-3　采购申请单（仓库）

采购							
类别							
序号	名称	规格	平均月消耗量	库存数量	最近一次订货单价	最近一次订货数量	本次订货数量
申请人			部门主管			餐饮店长	

部门新增物品采购流程

若部门欲添置新物品，总厨人员应撰写专门申请报告，连同“采购申请单”一并送交采购部。采购部经理及店长同意后，按“采购申请单”内容要求进行采购。

部门更新替换旧有设备和物品采购流程

如部门欲更新替换旧有设备或旧有物品，应先填写一份“物品报损报告”给财务部审批，将“物品报损报告”和采购申请单一并送交采购部。采购部须在采购申请单内注明以下资料：货品名称、规格；最近一次订货单价；最近一次订货数量；本次订货数量建议。经店长批准后，组织采购。

蔬菜、肉类、禽类、海鲜、水果等鲜活食品的采购申请，由总厨或主管根据当日经营情况，预测次日用量，填写每日申购单交采购部，采购部当日下午以电话下订单或第二日直接到市场选购。

采购部根据营业情况与工程部编制每月燃油、燃气等能源采购计划，填写采购申请单，经部门经理、店长批准后组织实施。

2. 确定采购成本控制的战略

餐饮企业的采购方式有多种，不同的方式适用于不同的企业，在选择采购方式时一定要以企业的实际情况为依据。

大型连锁餐饮企业统一采购

在不超出价格弹性范围的情况下，所采购商品数量越大，压低价格的筹码也就越大，即所谓“多买贱卖，薄利多销”。目前，许多知名餐饮企业都采取统一采购的方式。这种采购方式可以极大地提高规模效益，减少中间环节，有力地降低采购成本。全聚德、便宜坊、真功夫、华天等餐饮企业，采取扩大分店及连锁门店集中采购的采购方式，并加强定向订单采购。

集团统一采购与各地区分散采购相结合

6-1 集中采购和物流配送降低门店运营成本

国内很多大型餐饮集团，如内蒙古小肥羊餐饮连锁有限公司、山东净雅集团等，采取了统一采购与分散采购相结合的采购模式。

餐饮企业可以借鉴行业其他企业的成功经验，对价值高、关键性的物资实行统一计划、统一采购，以获得规模经济，降低采购成本；对批量小的低值易耗品以及需要每日采购的水果、肉蛋、调料等物资，实行区域分散采购。

本地采购与外地采购相结合

在餐饮企业的日常经营中，大量的原料一般都在本地就近购买，以便能够及时满足使用需求。但在市场经济的作用下，各地产品的价格都有所不同，尤其是干货、调料等，由于进货途径不同，各地的价格差异较大。这就需要餐饮企业采购部门深入开展市场调查研究，掌握本地和外地各类产品的价格行情，从而有计划地去外地采购同等质量、低廉价格的食品原料。

餐饮企业联合招标采购

餐饮企业可以在区域内联合几家企业进行联合招标采购，扩大采购规模，形成规模优势，以降低采购成本和产品原料价格。

加大科技投入，实现电子采购

电子采购将成为采购业发展的一大趋势，因此餐饮企业应顺应潮流，及时行动，加大对电子商务的投入，逐步实现电子销售和电子采购一体化的在线供应链管理模式。一方面推行并不断改进“为订单而采购”的经营模式，最大限度地缩减销售物流与采购物流之间的中转环节——库存物流，按需求定供应，以信息换库存；另一方面再造销售模式和采购模式，逐步实现在线、实时的电子采购并不断提高其份额。

知识链接

2009 年，中国首个餐饮业电子采购平台（www.cgy100.com）正式上线。该平台可提供值得信赖的供应商和具备大宗原料采购能力的餐饮企业的相关信息，原料进出货价格、原产地等各种管理表格也可在线生成，还可让餐饮企业和供应商的业务与国标财务软件对接。该平台不但能节约采购原料的时间，而且在系统上留有交易记录，可以实现产品的安全追溯。

供应商长期合作采购

餐饮企业可以与供应商签订长期采购合作协议，实行成本定价，以此来达到降低成本的目的。

同一菜系餐饮企业集中采购

同一菜系所用食材大多相同，如川菜中用到的花椒和麻椒、湘菜中用到的辣椒、粤菜中用到的蚝油等。因此，同一菜系餐饮企业可以联合起来进行集中采购，建立统一采购平台。

餐饮企业经营中最主要的问题是“两材（才）”：一个是食材，也就是原辅料供应，如湘菜的原料大多需要从湖南购进，因此原辅料的采购工作非常重要；另一个就是人才，餐饮企业靠味道来吸引顾客，更要靠人才来留住顾客。

农餐对接——向农户直接采购

餐饮企业直接与生产源头进行对接，可缩减两个终端间的中间环节，确保农产品源头可追溯，质量也更加有保障，价格也相对稳定。

餐饮企业自建原料基地

最近几年，餐饮企业原料价格十分不稳定，部分出现大幅上涨。餐饮企业可以自己建立主要原料生产基地，以确保在原料供应和采购价格上的自主权。

3. 规定采购质量

原料的质量是指食品原料是否适用，是对原料的新鲜度、成熟度、纯度、质地、颜色等的综合评价。原料的规格是指原料的种类、等级、大小、份额和包装等的规定。

采购规格标准应包括的项目与样式

采购规格标准是饭店以书面形式将餐饮部的食品原料的质量、规格等做出的详细具体的规定。采购规格标准制定出来以后要分送给采购员、供应商、验收员和餐饮经理。

采购规格标准一般根据原料的特性有选择地列出以下项目：产品的通用名称或常用商业名称、用途、产地、等级、部位、色泽和外观、报价单位或容器、容器的单位数或单位大小、重量范围、最小或最大切除量、加工类型和包装、成熟程度、交货时间要求以及其他信息。

采购规格标准的编写

采购规格标准是根据菜单提供的菜品要求编写的。大部分的食品原料已经有政府或行业标准，企业只需对少量食品原料进行测试和选择，并据此编写采购规格标准。在编写的过程中需要考虑企业的类型和档次、顾客需求、行业标准、现有设备的状况、市场环境等因素。

4. 控制采购数量

影响采购数量的因素

影响采购数量的因素有：菜肴与酒水等的预计销售量；仓储场地与仓储能力；原料的价格变动趋势。如近期原料价格呈上升趋势，则可以多买一些，反之，可以少订购一些。采购点的距离远近也是影响因素之一。如采购点远，可以增加批量，减少批次，以降低运费；如采购点近，则可以减少批量，增加批次。当然，还要考虑目前的库存情况和原料的市场供应情况。如市场供应不稳定，则可以增加采购量。另外，供应商可能会提出最少订货量、最低送货起点、整包装销售等政策，也会影响到饭店的采购量。

采购对象的分类

• 活鲜原料包括：蔬菜、鲜鱼、鲜肉、水果和新鲜奶制品等。其特点是采购的频率较高，一般采用日常采购法和长期采购法。

• 可储存原料包括：干货、冷冻储存的不易变质的食品原料。通常采用定期采购法和永续盘存法。

5. 控制采购价格

采购价格的控制是采购工作的重要任务之一，成功的采购行为就是要获得理想的采购价格。餐饮原料的价格受诸多因素的影响，因而价格的波动较大。影响餐饮原料价格的主要因素有：市场货源的供求情况；采购数量的多少；原料的上市季节；供货渠道；饮食市场的需求程度；供货商之间的竞争以及气候、交通、节假日等。面对这样的价格因素，对采购价格实行控制是必要的。

（二）餐饮原料验收环节的成本控制

原料的验收是食品成本控制流程中的重要一环，做好进货验收控制至关重要。

1. 餐饮原料验收的任务

根据采购规格，检验各种餐饮原料的质量、体积和数量；核对餐饮原料的价格与既定的价格或原定价是否一致；给易变质原料加上标签，注明验收日期，并在验收日报表上正确记录已收到的各种食物原料；验收员应及时地把各种餐饮原料送到贮藏室或厨房，以防变质或损失。

2. 餐饮原料验收的要求

为了使验收工作顺利完成，并确保所购进的原料符合订货的要求，对验收场地、设备、工具、验收人员以及各种验收票据提出如下要求：

验收的场地要求

理想的验收位置应当设在靠近贮藏室且货物进出较方便的地方，最好也能靠近厨房的加工场所。这样便于货物的搬运，缩短货物搬运的距离，也可减少工作的失误。验收要有足够的场地，以免货物堆积，影响验收。此外，验收工作涉及许多发票、账单等，还需一些验收设备工具，最好设有验收办公室。

验收设备、工具的要求

验收处应配置合适的设备，供验收时使用。比如磅秤就是最主要的设备之一，磅秤的大小可根据饭店正常进货的量来定。验收既要有称大件物品的大磅秤，又要有称小件、贵重物品的台秤和天平秤。各种秤都应定期校准，以保持精确度。

验收常用的工具有：开启罐头的开刀；开纸板箱的尖刀、剪刀、榔头、铁皮切割刀；起货钩；搬运货物的推车；盛装物品的网篮和箩筐、木箱等。这些验收工具既要保持清洁，又要安全保险。

验收人员的要求

验收人员要身体健康，讲究清洁卫生；熟悉验收所使用的各种设备和工具；熟知本企业物品的采购规格和标准；具有鉴别原料品质的能力；熟悉企业的财务制度，懂得各种票据处理的方法和程序，能进行正确处理；具有保护企业利益的意愿，有良好的职业道德，有坚持原则的公心；做到验收后的物品项目与供货发票和订购单项目相符，供货发票上开列的重量和数量与实际验收的物品重量、数量相符，物品的质量要与采购规格相符，物品的价格与企业所规定的限价相符；忠于职守，秉公验收。

餐饮原料验收程序

可以根据订购单或订购记录检查进货。当送货的发票、物品都已验收后，验收人员要在供货发票上签字，并填验收单，以表示已收到了这批货物。也有些单位根据经营要求设计验收单，在验收完毕的物品上加盖验收章，在供货发票上也加盖验收章。如果到货无发票，验收员应填写无供货发票收货单。

原料验收完毕，需要入库进行保藏的原料，要使用双联标签，注明进货日期、名称、重量、单价等，并及时送仓库保藏。一部分鲜活原料直接进入厨房，由厨房开领料单。

验收人员填写验收日报表的目的是保证购货发票不至于发生重复付款的差错，而且此表可作进货的控制依据和计算每日经营成本的依据。

验收工作虽然由验收人员来完成，但作为负责餐饮产品质量控制的部门经理和厨师长，应不定期地对验收工作进行督导，以便于验收工作能符合管理的目标。

（三）餐饮原料存储环节的成本控制

原料的库存与领发是食品原材料控制的重要环节，因为它直接关系到餐饮产品生产质量、生产成本和经营效益。良好的库存管理，能有效地控制食品成本。如果控制不当，就会造成原材料变质、腐败、账目混乱、库存积压，甚至还会导致贪污、盗窃等不法行为的发生。

1. 原料库存的基本要求

分类储存，确保质量；控制库存的数量和时间；遵守仓管制度，确保贮藏安全。

2. 餐饮原料的领发控制

领料是厨房为了获得生产所需要的各种原料而履行的一种手续，也是食品成本控制的一个方面。发料则是仓库根据领料的凭据向生产部门进行发放的一个过程。领发控制，就是要在保证厨房用料得到及时、充分供应的前提下，规范领料手续，控制领料数量，并正确记录厨房用料的成本。下附原料物资领用单（见表 6-4）。

表 6-4　原料物资领用单

领用部门：　　　　　　年　　月　　日　　　　　　No.

品名	规格	单位	请领数	实发数	金额	备注
合计						

领料人：　　　　　　厨师长 / 部门主管：　　　　　　仓库保管员：

二、食品生产环节成本控制

食品成本是否能得到有效管理和控制，关键在于对食品生产过程的成本控制。食品生产成本控制在实际运用中一般可分为三个阶段，即超前控制、现场控制和反馈控制。

（一）生产成本超前控制

对于加工制作的各种食品，厨师可以根据所使用的食品原料成本和企业规定的毛利率来计算其菜点的销售价格。一般来说，只要在菜点的生产加工中，能准确无误地按照规定的投料标准严格执行，就可以把厨房的生产成本控制在一个合理的水平。但问题是，按照毛利率与菜品销售价格计算出来的投料标准，从某种意义说，仅仅是一种理论标准，在执行中往往还存在许多不可预测的成本因素或不可控制的成本项目，结果就是许多厨房虽然按照规定严格执行了毛利率，但在月底的月报中，实际毛利率与规定的毛利率总是有些差别。从这种意义上来说，毛利率仅仅是从个别菜品来控制食品原料的生产成本，而不能从宏观上有效控制厨房的食品原料成本。对于厨房管理者而言，还应该从宏观的角度来全面控制食品的成本，因此，就应为厨房首先确定一个目标食品成本或目标食品成本率。

所谓目标食品成本率是厨房为获得预期的餐饮营业收入以支付生产成本，并获得一定盈利而必须达到的食品成本率。它作为控制食品的一种标准，起着指导、控制作用。在单位时间内的目标营业额一定的情况下，根据既定的目标成本率就可以计算出目标食品成本额。

（二）生产成本现场控制

一般情况下，食品成本的超前控制只要厨房管理人员认真负责，积极建立食品的管理体系，运用科学分析的方法，预先确定目标食品成本（或目标食品成本率）、标准食品成本，以及制定各种完善的管理制度，都是比较容易做到的。而对于管理者来说，食品成本的控制难就难在对食品过程的成本控制。因为，厨房的生产环节多、漏洞多、不确定因素多，加之整个作业过程都是手工操作的，必然会产生一定的误差，这也是厨房的实际生产成本往往与目标食品成本出现差别的原因所在。

对食品过程的成本控制，还是应该从菜点的工艺流程入手，以科学的态度，对几个关键的工艺环节进行有效控制与监督。

1. 初加工——原料净料率控制

厨房生产加工的第一道工序是食品原料的初加工，而食品原料的出成率，即净料率的高低直接影响到食品原料的成本，所以提高食品原料初加工的出成率，就是提高初加工的净料率，降低损耗。

提高食品原料初加工的出成率，主要应该抓好合理加工和精心操作，使其物尽其用，把食品原料的损耗降到最低。

6-2　充分利用原材料丰富菜品

2. 细加工——原料出成率控制

经过细加工的食品原料，刀工处理后可形成块、片、丝、条、丁、粒、末等不同的规格和形状。细加工厨师下刀时要心中有数，用料要合理，力争物尽所用，避免刀工处理后出现过多的边角余料，降低原料档次，影响原料的使用价值。

3. 配份——菜品用量控制

配份是使菜肴具有一定质量、形状和营养成分而进行的各种原料搭配过程，是细加工后进行的各种搭配过程，是细加工后的一道工序，是烹调前生料的配合过程。根据菜品烹调类型，菜品配制可以分为冷菜配制和热菜配制，如图 6–1 所示。

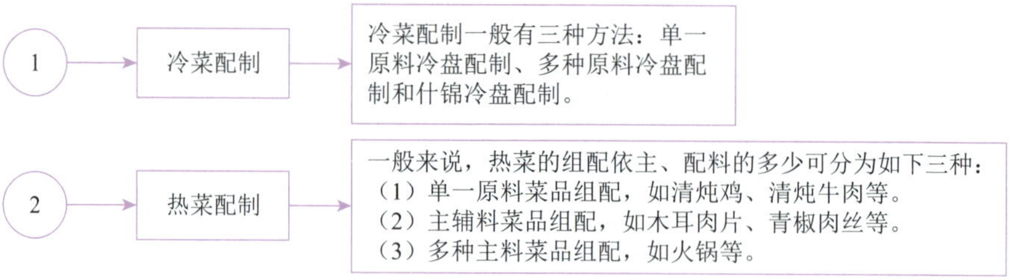

图 6–1　菜品配置的类型

配份是厨房生产菜肴的主要工序，影响着菜肴的内在质量、感官质量、份额量和成本，必须加强对配份的控制。

4. 烹调（打荷）——佐助料、调味料、能源的成本控制

佐助料、调味料的成本控制

随着调味料生产水平的不断提高，高品质、多功能的调味料生产越来越多，其价格也越来越高，有效控制烹调过程中佐助料和调味料的成本，是厨房生产管理与成本控制的一个关键环节。

能源成本的有效控制

厨房常用的能源包括水、电、煤气、煤、汽油、天然气等。能源成本一般占餐饮营业额的 6%~8%。由于多种能源的价格日趋上涨，是否重视能源控制，是决定厨房生产成本控制目标能否实现的关键环节之一。

（三）生产成本事后控制

食品成本的事后控制，也称为反馈控制，实际上是指食品运行结束后，通过对生产过程中食品成本月报、日报的分析，找出食品成本的问题，以便进行及时纠正，避免在下一个生产过程或生产阶段内使成本控制继续恶化。

三、销售环节的成本控制

餐饮产品销售过程中的任何差错或漏洞都会引起食品成本的上升，因此，必须引起管理人员的高度重视。

（一）点菜单控制

餐饮企业在接受客人点菜时，应要求所有服务人员必须填写点菜单，充分利用点菜单来控制成本。服务人员应使用圆珠笔或不能擦去字迹的铅笔填写点菜单，如果填写错误，应该划掉，而不应擦掉。点菜单填写完毕，首先应经过收款员签章后再送入厨房，厨房不应烹制未经收款员签章的点菜单上的任何菜点。点菜单必须编号，以便出现问题后，可立即查明原因，并采取相应的改进措施。厨房、收款员、传菜服务员等应将点菜单保存好备查。严格控制点菜单，避免服务人员用同一份点菜单两次从厨房取菜而将其中一次的现金贪污，更应避免服务人员在收款员签章后的点菜单上任意添加菜点造成成本增加。

（二）服务过程控制

服务不当也会引起菜品成本的增加。餐饮企业应加强服务过程的成本控制，以免成本增加。餐饮企业应建立并健全各项管理制度，以防止或减少由员工贪污、盗窃等引起的成本上升。餐饮企业应加强对员工进行职业道德教育并开展经常性的业务培训，使他们端正服务态度，树立良好的服务意识，提高餐饮服务技能，力求不出或少出差错，尽量降低食品成本。

（三）收款控制

餐饮企业不仅应抓好从原料采购到菜点生产、服务过程的成本控制，更应抓好收款控制，才能保证盈利。收款过程中的任何差错、漏洞都会引起菜品成本的上升。应该尽量避免出现跑账现象。结账时确认客人房间号和座位号，实行单据控制以控制现金收入。餐饮企业首先提供物品供客人消费，然后开出餐单，最后收回现金。餐饮企业要想控制现金收入就要将物品传递线、餐单传递线、现金传递线协调统一起来。同时，要有效监管收银人员，并制定与实施收银标准制度。

四、人工费用的控制

餐饮业是以手工为主的劳动密集型产业，人力成本占到餐饮营业收入的30%~40%，所以，加强人力成本控制是控制经营成本的关键。人工费用包括员工的工资、福利费、工作餐和工作服等费用。福利费包括根据工资总额提取的养老保险、医疗保险、失业保险及住房公积金等。

（一）影响人工费用的因素

影响人工费用的因素有许多，如下所示：

1. 政府政策

随着我国政府对企业的用工政策越来越规范，企业付出的劳力成本也越来越高。

2. 工资及福利水平

本地区的总体工资福利水平将大大影响企业的劳力成本。当地的平均工资福利水平较高，则餐饮企业的支出也越高，反之亦然。

3. 经营的季节性

餐饮企业的经营季节性将影响劳力成本的开支。如，位于避暑胜地的餐饮企业在旅游旺季时，用工的数量较多，但如果招用计时工，可节约一大笔支出，到淡季时，仅需少量的固定服务人员即可运转。

4. 设备

在厨房中使用现代化的加工机械代替传统的人工操作能节省时间，减少人工。例如使用洗碗机、削皮机、切片机、锯骨机等可以减少人工，同时提高工作效率。

5. 客流量和生产规模

由于餐饮企业产品的生产和销售几乎是同时进行的，产品的生产数量与当时客流量的大小直接相关，因而人员配备要与不同时段的销售数量相称。餐饮企业在配备职工人数和安排班次时必须预计不同时段的客流量，找出客流规律，合理安排。

6. 作业的复杂程度

餐饮产品的加工制作难度越大，所需的劳力成本越高。一方面，加工制作每种产品的工作量大，导致员工的生产效率较低；另一方面，制作难度大的产品需要更高等级的厨师或服务员来完成，而这些员工的工资待遇等要比普通员工高得多。

7. 建筑设计

餐饮企业的建筑设计，特别是厨房的设计布局是否合理将直接影响企业的劳力成本。如厨房的设备布局不合理，厨师在工作中的行走距离过长，会增加体力和时间消耗，降低生产效率。

8. 科学的操作规范和培训

如果员工的职业培训程度高、质量好，则员工的速度快、效率高，也即劳力成本较低。因此，餐饮企业的管理者应抓好员工的职业培训，这样既可提高企业的服务质量，又可降低劳力成本。

（二）人工成本控制方法

餐饮企业为降低劳力成本，提高经济效益，可采取下列方法来控制人工成本。

1. 测算业务需求

需要多少员工与营业量有关，因此餐饮企业在进行员工配备时，必须对营业量进行分析。根据每日就餐人次数和菜品销售量资料，能较准确地估计每日的营业量。餐饮企业可根据对各日营业量的预测来配备员工数。

2. 制定科学的劳动定额

劳动定额是指餐饮企业员工在一定营业时间内应提供的服务或应生产制作的餐饮产品数量的规定。科学的劳动定额应根据餐饮企业确定的服务或产品质量标准及工作难度等内容来制定。

3. 配备适量的员工

在制定各岗位科学的劳动定额的基础上，餐饮企业应根据各自的规模、营业时间、营业的季节性等因素来配备适量的员工。企业可以按每月、每周或每天的营业量来配备员工，但应经过一定时间的试验期以使员工的配备更准确。在试验期内，企业应记录每天或每餐的营业量，以判断各岗位员工的实际生产效率是否符合预先规定的劳动定额，从而作出增减员工的决定。

4. 合理设置岗位和排班

餐饮企业的工作岗位较多，且工作性质各异，因此，员工的班次安排必须适应餐饮经营之需要。应根据企业的营业量及有关员工工作时间的法律规定灵活、合理地排定班次。餐饮企业的常见班次有一班制、两班制、三班制及间隔班（跳班）等。企业管理人员在排班时，应在满足餐饮经营需要的前提下，既发挥员工的潜力，又考虑员工的承受能力和实际困难，还需符合《中华人民共和国劳动法》的有关规定，尽力提高员工的工作效率，并保障员工的身心健康。

5. 提高工作效率

提高工作效率是降低成本的关键。应认真研究整个工作过程中的每个步骤，改变操作规程，减少职工的无效劳动。不同程度地使用机器设备，利用厨房设备的机械化、自动化，改善食品卫生条件，减轻体力劳动，提高劳动效率。

任务实操

选一家中型火锅店，分析火锅店成本控制。

实训名称	火锅店成本控制分析
实训背景	根据火锅店相关数据进行分析
实训目的	掌握餐饮经营过程中各环节成本控制相关知识
实训过程	火锅店采购、验收、存储环节成本控制分析
	火锅店食品生产环节成本控制分析
	火锅店销售环节成本控制分析
	火锅店人工费用控制分析
分析结果	

任务三　掌握餐饮收益管理的方法

任务导入

在传统餐饮业，点餐速度是衡量服务质量的一个要素。许多顾客都有这样一种期待：在眨眼之间就能够把点的东西送到他们面前。而在“MM 互联网餐厅”却是另外一番景象。“MM 互联网餐厅”所有的菜谱都显示在游戏桌旁的触摸屏上，顾客选中菜单直接通过网络传递到后厨，只需要 7 ~ 12 分钟，服务员就可以把配餐送到顾客的面前。更加激动人心的是，“MM 互联网餐厅”提供了一些带触摸按钮的四方桌，桌面就是一个显示屏。在顾客等待用餐的时候，可以和伙伴们一起享受游戏带来的快乐。

思考：

与传统餐厅相比，“MM 互联网餐厅”在时间控制上采取了哪些有效的措施？分析“MM 互联网餐厅”的时间控制策略。

任务知识

一、餐饮运营关键指标

微课 6-1　餐饮收益的关键点指标

（一）上座率

上座率指餐厅计划期接待人次和同期餐厅定员的百分比，该指标反映餐厅接待能力每餐利用程度，其计算公式如下：

餐厅上座率 = 计划期接待人次 ÷ 同期餐厅定员 ×100%

餐厅上座率是由当地市场供求关系和企业自身管理水平决定的。上座率（Seats Occupancy）是餐饮销售业绩的主要指标之一，也是餐饮企业利用餐座设备的一项关键指标。

（二）翻台率

翻台率指餐厅餐桌使用次数减去总台位数之后和总台位数的百分比，是表示餐桌重复使用率，即一张餐桌更新顾客的速率。其计算公式为：

翻台率 =（餐桌使用次数 – 总台位数）÷ 总台位数 ×100%

其中，开台率是指餐桌使用次数和总台位数的百分比，其计算公式如下：

开台率 = 餐桌使用次数 ÷ 总台位数 ×100%

翻台率不同于开台率，要学会区分两者的差别。开台率是指餐桌的使用率，而翻台率强调的是重复使用的频率。翻台率、开台率的高低，都能表现餐厅营业率的高低，也是影响餐厅盈利与否的关键因素，但翻台率的影响是更为直观的。

提高翻台率的方法，具体如表 6–5 所示。

表 6–5　提高翻台率的方法

序号	方法名称	具体操作	备注
1	缩短客人用餐时间	从客人进入到离开的每一个环节，只要缩短一点儿时间，客人用餐时间就可以缩短，翻台时间自然缩短。	要求每个员工都要力所能及地在自己工作范围内提高效率，缩短时间。

续表

序号	方法名称	具体操作	备注
2	候餐增值服务	对客人殷勤款待，增加免费服务，如提供免费饮用茶水、冰粉；免费擦鞋；免费报纸、杂志阅览；免费茶坊休息。	迎宾和礼宾的工作重点是留住客人，让客人等位，避免客人的流失。
3	运用时间差	（1）运用对讲机，确定有台位买单的情况下，等位区迎宾或礼宾就开始为客人点菜。 （2）该桌值台服务员会在桌上放置“温馨提示牌”，一方面提醒客人小心地滑并带好随身物品；另一方面提醒其他员工，准备好翻台工具。	大厅与外面等位区的配合是关键。
4	设置广播	（1）餐饮企业可设置广播，每隔 10 分钟广播一次，内容安排可以是感谢客人用餐，提醒客人就餐注意事项等。 （2）第一次广播播放选在大厅台位只剩几桌的情况下，全店员工都会知道马上要排队，应该加速工作速度。	广播的作用不仅是提醒客人，更重要的是提醒员工。
5	提前为下一环节做准备	（1）在客人点菜后，及时询问是否需要添加主食或小吃，如果不需要的话服务员就开始核单并到吧台打单。 （2）在客人不再用餐时提前将翻台餐具准备好。 （3）买单后客人若未立即离开，可征询客人的意见，先清收台面和椅套围裙。	每一个服务人员在服务中都应该为下一个环节做准备。
6	效率与美感	可以选择由传菜员专门负责翻台的清洁卫生，不仅速度快，而且动作优美。	特别注意翻台卫生，既要有效率，也要注意美感。
7	全员动员	（1）服务员负责缩短客人用餐时间，勤分鱼、分菜，勤做台面。 （2）传菜员和保洁负责缩短收台时间，收台迅速，清理卫生迅速。 （3）后厨人员负责缩短上菜时间，出品时间快速、准确。 （4）管理人员负责巡台协调，随时注意各桌客人用餐过程，对各部门没有做到位的环节进行提醒。	全员的参与才能全方位缩短时间，翻台高峰期，各部门甚至要交叉帮忙，以翻台为先。

（三）人均消费

人均消费指每时营业收入和上座数的百分比，反映客人的消费水平。其计算公式为：

$$人均消费 = 每时营业收入 \div 上座数 \times 100\%$$

人均消费额度受上座率的影响，人均消费额度高不一定效益好。

举例来说，餐饮企业 A 的平均消费额度比餐饮企业 B 的平均消费额度高出 50 元，但餐饮企业 A 的收入与收益均低于餐饮企业 B 的收入与收益，收益率和 RevPASH（每可用餐位单位时间平均收入）合理地反映了餐饮企业的经营质量。

（四）每可用餐位单位时间平均收入（Rev PASH）

每可用餐位单位时间平均收入是餐厅每个可出租的餐位，在单位时间内平均能为餐厅带来的收入（Revenue per Available Seat per Hour）。其计算公式为：

每可用餐位单位时间平均收入 = 餐饮营业总收入 ÷（餐厅餐位总数 × 餐厅营业时间）

该指标的数值越高，餐厅的每个餐位能为餐厅带来的收入越高；反之，它的数值越低，每个餐位能为餐厅带来的收入越低。可见，这个指标显示了餐厅的创收能力。

RevPASH 的大小与在规定的时间内餐桌被使用的次数（翻台率），以及客人用餐的时间长短相关。具体来说，与客人从踏入餐厅，到坐下点菜，上菜，用餐，到结账，离开餐厅这一个循环的时间和效率有关。如果客人用餐时间缩短，餐桌被使用的次数增加，RevPASH 就会增加。

随堂练 6-7

（五）平均每平方米餐饮收益

平均每平方米餐饮收益是指餐饮设施总收入和餐饮设施总面积的百分比。其计算公式为：

平均每平方米餐饮收益 = 餐饮设施总收入 ÷ 餐饮设施总面积 ×100%

该指标是一个较为经典与常见的酒店餐饮设施关键指标，其核算反映了餐饮设施每平方米的收益水平，通常以每个月的收入为时间长度进行核算。当该数字增加时，证明整体趋势乐观。

可用于与酒店内其他餐饮设施（咖啡吧、中餐厅、西餐厅等）或者区域内同类型酒店餐厅在类似餐厅基础设施下做横向比较，还可以与非餐饮类设施产生可比性，以总体坪效作为衡量的基准。正因如此，这一关键指标特别适用于分析与评价酒店餐饮设施的表现。

（六）餐饮毛利率

餐饮毛利率是指毛利与营业收入的百分比。其计算公式为：

餐饮毛利率 =（营业收入 – 餐饮成本）÷ 营业收入 ×100%

毛利率不仅反映餐饮产品的毛利水平，还直接决定企业的盈亏，关系着消费者的利益。在餐饮产品原料成本和相关费用不变的情况下，毛利率越高，销售价格就越高，利润也越高；反之，利润也越低。

（七）餐饮成本率

餐饮成本率是指原材料成本额与营业收入的百分比，表示实现一定量的销售额需要多少比例的成本资源消耗。其计算公式为：

$$餐饮成本率 = 原材料成本额 \div 营业收入 \times 100\%$$

餐饮成本率反映餐饮成本水平。成本率越低，表示餐饮企业实现单位业绩付出的资源代价越小，释放出的收益空间越大，反之亦然。当然成本率的降低并不是无条件、无约束的，成本率就是考查成本变动与餐饮企业经营能力的重要指标，将成本率控制在合理的范围内是经营成功的关键。

二、餐饮收益提升途径

微课 6-2　餐饮收益提升途径

进行餐饮的收益管理，就是要能在适当的时候，将适当的餐位、食品、含酒精或不含酒精的饮料以及其他产品和服务销售给适当的顾客，使餐厅的生产能力被充分利用，创造更多收入，同时也使顾客获得最佳的消费体验。

餐饮收益提升的途径有多种，但结合餐饮业的实际情况而言，一般常用的收益管理方法有时间管理、价格管理和菜单管理三种管理方法。

（一）时间管理

控制用餐时间可以提高餐厅收益率，但与航空业和住宿业相比，餐厅的时间占用更加不确定，这增加了餐厅收益管理的难度。

餐厅的时间构成包括顾客等待时间、顾客用餐时间以及翻桌间隔时间。翻桌间隔时间比较容易控制，顾客等待时间依赖于顾客到达时点及当时座位占用情况，顾客用餐时间受个性特征、消费心理等因素的影响，具有随机性。因此，餐厅经营者若想提高对时间的预测和控制能力，首先要分析服务流程，得到每个环节精确的时间长度，然后采取相应的时间管理策略。

1. 餐厅服务流程

一般来说，餐厅为顾客提供产品和服务的流程如图 6–2 所示，主要包括顾客等待时间、顾客用餐时间以及翻桌间隔时间。从图可知，餐厅“用餐时间”大于顾客真正用于吃饭的就餐时间。

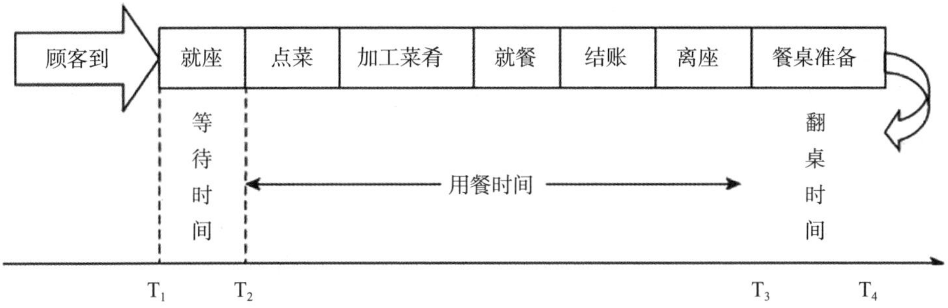

图 6-2　餐厅服务流程图

2. 控制用餐时间和等待时间

时间管理策略的主要目标在于缩短顾客等待时间与就餐时间，根据不同的目标，采取相应措施（如表 6-6 所示）。

表 6-6　餐厅时间管理策略

目标	员工措施	顾客措施
缩短顾客等待时间	预测 超订	预约押金 预约确认 免费服务鼓励
缩短顾客用餐时间	菜单设计 流程分析 员工培训 通信系统	提前清理餐桌 主动递送账单 咖啡和甜品 视觉信号

顾客停留时间通常用顾客实际占用一张餐桌的小时数量来衡量，也就是顾客占用餐位的时间数量。在餐饮需求高峰期，许多餐饮企业都会面临这样的困境：由于餐厅的接待能力有限，大量的客人等候，有些客人则会放弃等待，转向其他的餐厅。面对这种现象，餐饮企业可以通过对顾客停留时间进行管理来加速座位的周转率。餐饮企业管理者应该意识到餐饮企业所提供的产品具有时间性，即企业销售的不仅仅是餐饮产品，而且是时间。因此，餐饮企业应对时间进行有效的管理，尽量缩短顾客的停留时间，提高餐厅的翻台率，从而增加需求高峰时期的营业收入。

（二）定价管理

在现代餐饮管理中，合理制订餐饮产品的价格是每个餐饮经营者都十分关心的问题。目前，已有许多对餐饮产品定价方法的研究，如：以成本为基础的定价方法、以顾客心理为基础的定价方法和组合产品的定价方法等。而收益管理研究的定价方法主要是以顾客的需求为导向的定价法。收益管理要求企业把产品按不同的价格适时地卖给不同类型的顾客，从而获得最大的收益。因此，从本质上来说，收益管理是一种差别定价法的应用。对于餐饮企业而言，往往使用相关的价格促销来错开高峰时段的人流量，例如：早餐特价、特价菜式促销（见图 6-3）、半天价、周末价、最高价等。

图 6-3　特价菜式促销券

1. 差别定价

基于需求的差别定价是餐厅收益管理的基本手段，但是差别定价又容易引起顾客反感，导致顾客的流失。因此，了解消费者对不同价格策略的公平感知，是设计差别定价策略的重要依据。

周末—平日的差别定价

一般而言，周末时间就餐人数明显增多。因此，餐厅很容易想到提高周末菜价来应对这种需求波动。顾客一般不能接受周末—平日的差异定价，对于周末涨价的策略，顾客会感觉不公平。而对平时降价的做法，顾客反感程度相对较低。

晚餐—中餐的差别定价

把晚餐时段的价格调高一些较之周末提价的做法，更不容易被顾客接受。若采用午餐打折的形式，顾客同样会感到不太公平。显然，餐厅实施这种差别定价策略要冒相当的风险。

高峰期—非高峰期的差别定价

高峰时间就餐人数通常很多，顾客等不到座位就会离开；而在非高峰时期，又会出现座位闲置的情况。高峰时期提高价格，可以起到转移顾客的作用，但也有可能会使价格敏感的顾客离开。

超时—提前的差别定价

顾客对超过建议用餐时间就要增加收费的做法很反感，但是如果在建议时间内用餐完毕可以享受优惠活动，他们则接受这种差别定价。

除此之外，顾客认为餐厅发放优惠券、建立会员制度以及根据就餐位置的优劣来进行差别定价是公平的。

2. 定价策略

差别定价是餐厅收益管理主要的定价策略，但是也容易使顾客产生不公平感。因此，餐厅应在关注顾客公平度感知的基础之上谨慎实施差异定价策略。餐厅顾客对差别定价的感知与顾客本身特点相关，包括顾客来源地、性别、年龄等因素。餐厅可以从以下四个方面实施差别定价策略：

（1）尽量不采用“提价”的表达形式。

（2）尽量不采用与时间有关的价格差别，如果想通过差别定价来缩短顾客就餐时间、提高翻台率，可以采用“在建议时间内结束用餐有价格优惠”的策略。

（3）对于生活休闲型顾客，采取使用优惠券形式会有较好的效果。

（4）如果餐厅面向的是交际应酬型顾客，可以考虑使用时间差别，不过要采用“折扣”的表达形式。

当然，每个餐厅特点不同，面对的顾客群体也不相同，顾客对差别定价的感知也是有差异的。

（三）菜单管理

餐厅投资成本、人力成本、采购成本、能源成本都与菜单有关联，菜单更是体现了餐厅的定位和盈利策略，决定了顾客的满意度、餐厅的上座率、翻台率等，是餐厅盈利的关键所在。

一张成功的菜单，不仅要能反映餐厅的经营特色和范围，而且要通过菜品的内容和价格反映出餐厅服务的对象，起到向顾客传达产品信息和推销餐厅及其菜品的作用。

做好菜单设计并实现利润最大化是提升餐饮收益的重要途径。

1. 菜单更新与价格调整

需要选择一个时间段来分析。对于那些根据产品的季节性调整菜单的餐厅来说，在制作新的季节性菜单的同时这样做是有意义的。对于很少对菜单进行调整的餐厅，他们可以减少重新查看菜单的频率。

永远不要一直不更新菜单的价格。因为食品价格一直在波动，菜单价格需要反映这一点，如果食品成本增长，而菜单价格保持不变，毛利率就会收缩，销售收入也会减少。

2. 每项产品的利润及销量分析

计算每份食物的成本

要想知道每份食物的成本，需要列出做一道菜所用的主料和配料，用了多少主料，成本多少，用了多少配料，配料的成本是多少。包括所有的调味品和装饰物。

计算边际贡献

边际利润（或单个菜单项的利润）是一个项目的售价和成本之间的差额。

确定菜单项的受欢迎程度：一是使用餐厅 POS 系统。一般情况下大多数餐厅的 POS 机都有报告显示在一段时间内卖出了多少菜单项，使用产品报告查看菜单上各产品的成本、收入利润和销售金额；二是加强与餐饮经理 / 员工的交流，听取餐厅服务人员和调酒师的意见，搞清楚什么菜是畅销菜，什么饮品畅销。服务人员都在第一线与顾客交谈，能提供宝贵的见解。

3. 根据利润和受欢迎程度对菜单项进行分类

在了解一段时间内卖出了多少菜单项及其贡献利润的前提下，就可以在菜单矩阵中根据受欢迎程度和盈利能力对它们进行分类。菜单项将分为四个菜单工程类别：明星、金牛、瘦狗以及问题。

明星产品：高盈利，高人气

明星产品是菜单上最受欢迎、最有利润的产品。作为成功的项目，餐厅需要对其进行维护和推广。餐厅应特别注意确保这些星级项目处于高质量水平。

确保明星产品在菜单设计中吸引顾客的特别注意，增加更多销售可能性，并使每项服务的利润最大化。

金牛产品：低利润，高人气

金牛产品能获得良好的销售，但实际上利润非常低。通常原料成本高，烹调时间长。对于金牛产品需要提高菜单价格，降低食品成本，用不同的配料重新制作配方或将其与高利润产品搭配，使其更具盈利能力。

另外，注意金牛产品的分量。如果看到顾客很少吃完，那么最好把分量减少一点，这样可以减少食物浪费，减少每次食用过程中的食物成本。

瘦狗产品：盈利能力低，人气低

菜单上的瘦狗产品，制作昂贵，成本高，收益率低，且不受欢迎。它们占据了餐厅菜单上的宝贵空间，分散客人关注明星产品和金牛产品的注意力。

对于瘦狗产品，可以从菜单移除，或者尝试改进。可以把它们从菜单上完全删除，或在菜单上取消强调，减少推广，抑或根据顾客的反馈修改价格或成分。若重新改进后，它们的销售和贡献利润率都很低，可以考虑把它们从菜单中完全删除。

问题产品：高盈利，低人气

问题产品的盈利高，但不是受欢迎的产品。尝试找出其不受欢迎的原因。也许是在菜单上的位置不够醒目，或者服务员没有很好地推广，或者有可能价格偏高。这些都会影响菜单项的受欢迎程度。试着用它们做实验，测量对其销售所做的改变的结果。

对问题类产品需要重新定位，使它们在菜单上能更受欢迎。另外，还可以尝试通过一揽子计划使该项目增值，比如更换菜名。该类菜单往往会受其菜名的影响，特别当菜名听起来耳熟时，该项目的受欢迎程度也会提高。

思政园地

“谁知盘中餐，粒粒皆辛苦”。勤俭节约是中华民族的传统美德，全社会都在倡导“厉行节约、反对浪费”的良好风尚，餐饮业责无旁贷。引导全社会形成“简约适度、文明就餐”的习惯是餐饮业抵制浪费的时代新风尚。规范餐饮经营行为，倡导文明用餐风尚，推行节约用餐标识，形成理性消费习惯等已在全社会餐饮业开展。“一粥一饭，当思来处不易；半丝半缕，恒念物力维艰”，让我们迅速行动起来，从我做起，从点滴做起，从现在做起，与文明握手，向陋习告别，做厉行节约的践行者、文明餐桌的维护者、美好生活的创造者。

任务实操

以海底捞为例，分析其收益管理策略。

实训名称	海底捞收益管理策略分析
实训背景	根据海底捞相关数据进行分析

续表

实训目的	掌握餐饮收益管理方法相关知识
实训过程	海底捞服务流程设计分析
	海底捞时间策略分析
分析结果	

项目训练

练一练

扫描右侧的二维码，开始做题吧。

随堂练习

项目七

进行餐饮督导与管理

项目导读

本项目主要包括餐饮组织架构与工作安排、餐饮出品质量管理及服务质量管理等内容，旨在帮助学生厘清餐饮企业内部组织管理对餐饮服务、运营等影响顾客体验要素的管理支撑，引领学生在做好对客服务的基础上，重视餐饮组织管理及质量体系的建设，建立餐饮企业全面运营管理的理念。

学习目标

知识目标	1. 了解餐饮企业组织机构设置的原则及厨房环境设计的基本原则 2. 熟悉餐饮企业不同岗位的主要职责 3. 理解有效组织管理的作用 4. 掌握餐饮质量控制的关键点及质量管理方法
能力目标	1. 熟练构建餐饮企业的组织架构，明确各部门职能与权责，确保企业运营顺畅 2. 合理规划餐饮企业的人力资源，根据业务需求和人员特点进行岗位分配，实现人力资源的优化配置 3. 熟练掌握餐饮出品的制作流程和标准，确保出品的口感、外观和卫生质量符合要求 4. 建立有效的出品质量控制体系，通过定期检查和评估，不断提升出品质量 5. 理解服务质量的内涵和标准，掌握提升服务质量的方法和技巧
素质目标	1. 培养学生的全局观念，使其能够从整体角度考虑餐饮企业的组织架构和人员配置 2. 培养学生的质量意识和食品安全意识，使其充分认识到出品质量对于餐饮企业的重要性 3. 提升学生的专业技能和职业素养，使其能够胜任餐饮出品的制作和质量控制工作 4. 提升学生的沟通能力和应变能力，使其能够妥善应对各种服务场景和顾客需求 5. 培养学生的团队合作精神和责任心，使其能够与同事共同为顾客提供优质的服务

思维导图

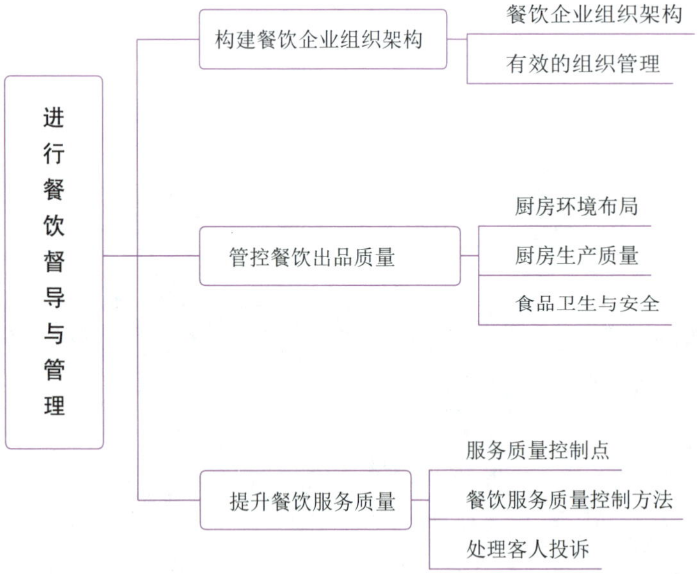

任务一 构建餐饮企业组织架构

任务导入

2021 年，某餐饮集团开始实施组织架构调整，将区域统筹教练模式改进为大小区管理模式。大区经理在总部的共性部署之下，有许多“自由裁量权”，如选品、定价，除了集团统一研发的产品，大区经理还可以根据当地市场的饮食特色，选定区域特色产品，定价同样可以根据当地市场实际情况进行调整。小区经理则直接对门店经营效果负责，要到现场去发现问题。大量新开门店，催生了大量“新手店长”，门店治理的能力尚显稚嫩，需要小区经理更多地扮演教练的角色，具有运营辅导能力。这样一来，企业的管理半径大大缩小，在信息传递和决策传递上都提升了效率。

思考：

组织架构“去扁平化”，回归“大小区管理”，能否提振该餐饮集团的运营？

任务知识

一、餐饮企业组织架构

组织是指由两个或两个以上的群体为了达到某一共同目标自觉协调行动的系统。组织作为一个有机整体，是由各种要素构成的。组织的构成要素包括：组织要有共同的目标，目标是组织存在的前提和基础；组织要有自己的人员，组织成员是组织存在和发展的基础，是组织进行活动的先决条件；组织必须有分工和协作，必须由全体成员分工合作才能共同完成目标；组织应有不同层次的权力和责任制度，职权和责权是实现组织目标的必要保证。组织架构是该组织中各组成要素之间的相互关系的框架，设计和建立合理的组织架构是为了更有效地实现组织目标。不管组织所处的环境、规模的大小、所需的人员和部门及相互关系如何，任何组织在进行机构设置时都需要遵循一些共同的原则。

（一）组织机构设置的原则

1. 目标一致原则

任何一个组织都有其特定的目标，组织中的每一部分都应与既定的组织目标相关，否则，它就没有存在的意义。组织中的每一个机构又有自己的分目标来支持总目标的实现，而这些分目标又成为机构进一步细分的依据。这样目标层层分解，机构层层建立，直到每一个成员都了解自己在总目标的实现中应完成的任务，就建立起一个组织的有机整体，为保证组织目标的实现奠定良好的基础。

2. 分工协作原则

组织目标的实现要靠组织全体成员共同努力，这就要求必须坚持分工协作原则，把组织目标进行分解，然后落实到各部门、各层次和各成员，这就是分工。分工就是规定各部门、各层次和各成员的工作内容、工作范围。协作就是要规定各部门、各层次和各岗位之间的关系，协调配合的方法。如果组织内部各组成部分不协调一致，相互间的力量就会削弱和抵消。

3. 统一指挥的原则

统一指挥原则是指组织的各级机构及个人按照管理层次建立统一指挥、统一命令系统，下级只能服从一个上级的命令和指挥，避免多头领导、多头指挥，确保组织最高管理部门的决策得以贯彻执行。统一指挥的原则要求：任何上级指示只能从上到下逐级下达，不能越级指挥，下级不能越级向上级请示汇报，在上下级之间形成政令畅通的指挥链。

4. 有效管理幅度原则

有效管理幅度原则是指上级管理者有效地监督、指挥其直接下属的人数是有限的。影响管理幅度的因素有许多，如工作类型、上下级的工作能力等。管理幅度的大小影响和决定着组织的管理层次。在组织规模已定的情况下，管理幅度增大可使管理层次减少，加快信息传递速度，提高效率，同时还可降低管理费用。因此在保证有效管理的前提下，可尽量扩大管理幅度。

5. 责权对等原则

责权对等原则要求职责与职权保持一致。职责是指各种组织职位所承担的责任；职权是指一定职位在其职责范围内，为完成其责任必须具有的权力。在组织结构设计时，既要明确规定每一管理层次和各个部门的职责范围，又要赋予完成其职责所必需的管理权限。职责和职权必须协调一致，这就是责权对等原则的要求。

6. 集权和分权相结合的原则

集权和分权相结合的原则是为了保证有效的管理，应根据组织的实际需要来决定集权与分权的程度，实行集权与分权相结合的领导体制。集权是指将决策权限尽量集中于组织上层，而分权是将决策权限分散于组织下层。集权和分权是相对的，在现实中，组织中的权力哪些应该集中，哪些应该分散，没有统一模式，应根据组织具体的情况而定。

7. 稳定性与变革性相结合的原则

该原则是指组织结构及其形式既要有相对的稳定性，不要总是轻易变动，又要根据组织内外条件的变化，根据长远目标作出相应的调整。组织本身是不断运动的，而且组织依赖的生存环境也是不断变化的，若组织结构陷入静止状态，则无法适应环境变化，所以组织调整变革是不可避免的，只有调整和变革才能给组织带来效率和活力。

（二）餐饮部组织机构的设置

餐饮部是饭店为宾客提供各色菜品、饮品和餐饮接待服务的部门，是酒店重要的经营创收部门之一，也是体现酒店服务质量、管理水平的对外窗口。餐饮部的组织机构主要由餐厅、厨房、管事部等部门组成。厨房是生产部门，其主要职责是严格把控菜肴质量，加强成本控制，不断进行菜品创新；餐厅是服务部门，其主要职责是提供高质量的服务，积极推销产品，努力降低成本，保持用餐环境的卫生清洁和设施设备的完好；管事部的主要职责是洗涤餐具、用具，清洁垃圾，以及其他后勤保障工作。

根据饭店的规模和等级以及餐饮部门本身职能的不同，餐饮部的组织结构没有统一的模式，各餐饮组织通常根据自身的特殊性和经营任务，在组织机构设置原则指导下来设计。

1. 大型饭店餐饮部组织机构（见图 7–1）

饭店规模的划分依据是饭店拥有客房的数量。国际上通行的标准是：客房数在 600 间以上的为大型饭店，客房数在 300~600 间的为中型饭店，300 间客房以下的为小型饭店。

大型饭店餐厅数量较多，一般有 5~8 个，可以满足宾客的不同饮食要求。厨房与各类餐厅配套，内部分工细致，专业化程度高。目前在很多饭店还单独设立中心厨房，实行专业化管理。

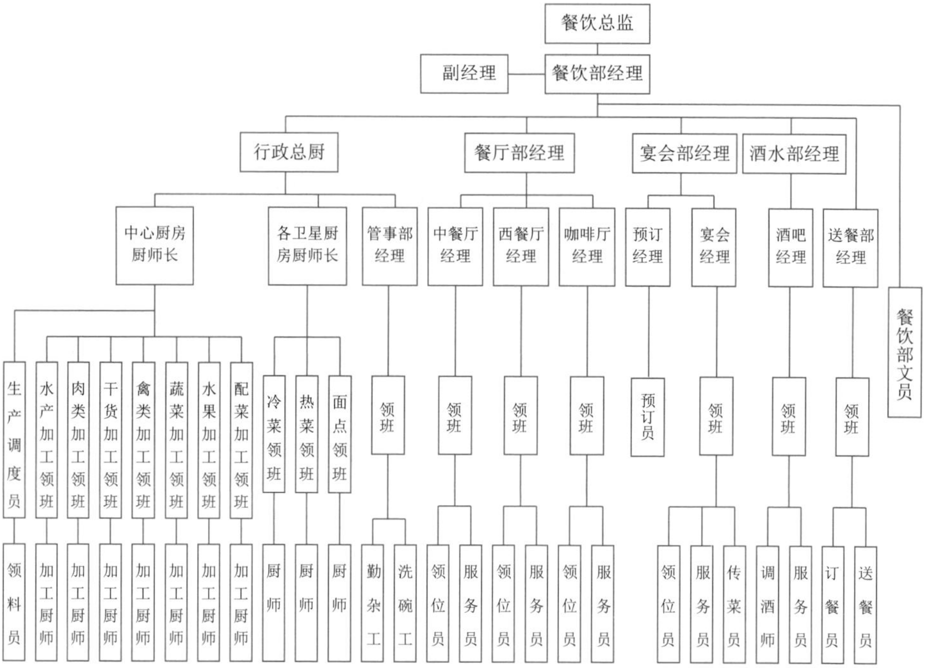

图 7-1 大型饭店餐饮部组织机构图

2. 中型饭店餐饮部组织机构（见图 7-2）

在我国，中型饭店所占比例最大，餐饮部一般按经理、主管、领班、员工四级管理层次形成管理体系，分工较为细致。

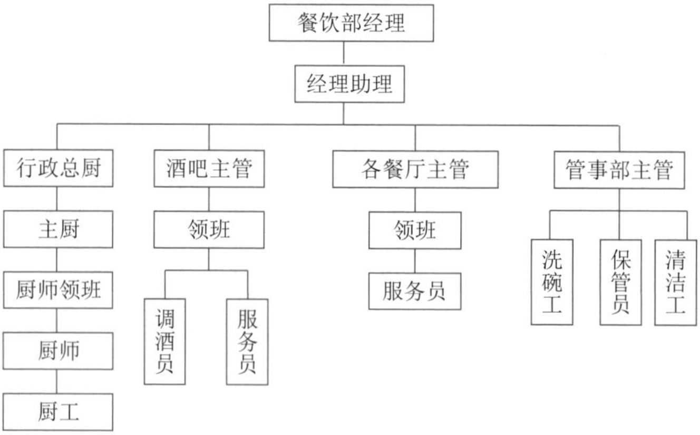

图 7-2 中型饭店餐饮部组织机构图

3. 小型饭店餐饮部组织机构

小型饭店一般只有 1~2 个餐厅，规模较小，人员分工简单。在一些经济型饭店中，甚至只提供简单早餐，不提供正餐服务。

二、有效的组织管理

（一）组织管理的内涵

餐饮企业组织管理是对企业管理中建立健全管理机构、合理配备人员、制定各项规章制度等工作的总称。具体地说，就是为了有效地配置企业内部的有限资源，为了实现一定的共同目标而按照一定的规则和程序构成的一种责权结构安排和人事安排，其目的在于，确保以最高的效率，实现组织目标。组织管理的工作内容，概括地讲，包括四个方面：一是确定实现组织目标所需要的活动，并按专业化分工的原则进行分类，按类别设立相应的工作岗位；二是根据组织的特点、外部环境和目标需要而划分工作部门，设计组织机构和结构；三是规定组织结构中的各种职务或职位，明确各自的责任，并授予相应的权力；四是制定规章制度，建立和健全组织结构中纵横各方面的相互关系。

（二）组织管理的作用及原则

组织管理是企业管理必须面对的核心问题之一。对于成长中的小餐饮企业来说，发展业务保证企业的生存和发展固然是第一要务，但有效的组织管理是业务发展的根本保障。

餐饮企业的组织管理问题是影响企业发展的关键因素。很多餐饮企业总经理一边喊着太累太辛苦，一边大事小情一把抓；企业的关键岗位总是缺乏合适人选；各层级各部门的岗位和员工职责不清，分工不明，考核不到位；企业管理不规范，制度不明确，机制相矛盾；企业组织结构变来变去，人员随意调整。这些组织管理方面的问题不解决好，不但企业管理层累，员工烦，业务也势必受到拖累。

组织管理问题并没有一劳永逸的解决之道，因为组织管理问题伴随企业成长不断发生和变化。企业成长的各个阶段都将面临侧重点不同的组织管理问题，具体到成长中的小餐饮企业，在应对组织管理问题时，建议把握以下三个主要原则：

1. 组织一定要承接企业战略方向和经营目标

企业战略的重要性怎样强调也不过分。战略决定了企业短期经营目标和未来发展方向，而战略的落地实现要靠组织的有效运作才能完成。

厘清战略方向和经营目标是解决组织管理问题的前提

为聚焦问题讨论，我们姑且简单地把战略方向认为是长期目标，把经营目标认为是短期任务，那么组织必须同时承担完成短期任务和实现长期目标。这就要求企业管理层必须先明确长期目标和短期任务到底是什么，以及实现的路径是什么。多数成长企业决策者对这一问题的回答是短期什么业务赚钱干什么，长期就把赚钱的业务规模做大。这样模糊不清的战略思路必然导致组织管理的自由度太大，似乎这样也行，那样也好，显然无法实现如臂使指那样的有效状态。

应对这一问题的思路是需要管理团队就企业的发展方向和经营目标进行认真梳理、充分研讨、达成共识，并形成书面描述文件，作为公司战略和组织安排的指导。

战略方向和经营目标调整时，组织必须及时调整到位

企业发展在不同时期面临不同的矛盾。在不同的发展环境，企业应该根据自身及竞争环境的变化，对企业的战略和经营目标进行调整。战略和经营业务的调整，必然要求组织的及时调整跟进。应对这一问题的基本思路主要有两个方面：一个是管理和服务部门（人力、行政、财务等）相对稳定，业务部门（销售、市场、研发等）相对灵活；另一个是调整不要简单只是调整了部门，要目标、职责、权限、绩效和激励同时对应调整，这样的调整才是有效的。

2. 组织一定要同时关注合力、活力和效率

没有合力，组织就无法存续

组织的合力，首先在于共识。企业的决策层与管理层之间、管理层与部门之间、部门内部各岗位员工之间，都要对工作目标、完成路径、业务流程、资源分配、责权利能、管理机制等事项达成共识，组织才会有合力。达成共识无外乎两条途径：正式的文件会议体系和非正式的沟通交流。特别需要提醒的是，没有达成共识的问题在小企业中是广泛存在的，需要引起足够的重视。

提倡企业要坚持部门周例会、公司月例会、季度经营分析会等正式会议制度和早餐会、午餐会、团队活动等各种沟通交流机会的营造，打破壁垒和误解，促进企业各层面达成共识。

组织的合力，也要关注能力的协调搭配，使组织成员各尽所能，避免能力的重复浪费或恶性竞争，使组织的合力更为有效。

没有活力，组织必然僵化机械

许多餐饮企业由于规模小，各方面机制制度不健全、不完善，希望引入

成熟完善的机制制度体系，细化管理。从成长企业的发展阶段来说，恰恰是过于健全、规范、完善、成熟、细化的管理机制和制度，会禁锢组织的创新和员工的创造力，会扼杀更多的发展空间和机会，会成为企业成长的桎梏和障碍。成长企业应该充分利用规模小、速度快、管理简单、沟通便捷的优势，打造充满活力的组织，形成足够的张力和弹性，在市场大潮中抢先寻找机会，获取发展空间。

没有效率，组织就没有存在必要

如果组织的效率不能高于非组织的状态，组织也就没有存在的必要。正如互联网和移动互联广泛应用的当今，很多声音在说企业会消失，将被互联网+个人的组织方式取代，这些讨论的核心就是由组织效率问题的不同看法而得出的不同结论。组织效率问题的应对，思考出发点的核心是组织和组织成员间的充分了解、磨合与协同。效率基于协同，协同是基于充分的了解和磨合的基础之上的。了解和磨合可以通过沟通、活动、共同完成任务等各种方式加强，简单直接的说法就是尽量多地“泡在一起”。

3. 要围绕本企业核心能力来构建适合自己的组织

组织对战略的承接主要承担两项任务：一是调配企业内部资源实现战略目标，二是为战略发展方向发育与之相匹配的核心能力。结构是组织的表现形式，而核心能力才是组织的灵魂。

小企业的组织，要围绕核心能力设置

资源永远是稀缺和有限的。小企业没必要面面俱到，而应该集中所有资源将自己最擅长的事情做到最好，这所谓最擅长的事情就是我们所说的核心能力。举例来说，如果我们的核心能力是研发，那就尽量寻找生产和销售的合作方，让出部分利益合作，将我们自己的资源更多投入到研发能力的加强上，而不把资源投入到自建销售渠道和生产方面，这就是小企业组织要围绕核心能力设置的意思。当然随着企业发展阶段的不同，需要随时审视和调整策略，但在每个相对的发展阶段，都应时刻关注围绕核心能力设置组织的问题。

组织结构没有最好，只有适合

从传统组织理论的直线、职能、矩阵到现代的网络型、平台型、无边界、柔性组织以及自组织等等，组织结构从基本原理到表现形式越来越纷繁丰富，多种多样。这也是困扰成长型中小企业的组织管理问题之一。到底哪一种组织结构更好，哪一种更适合自己？答案很多，结论也并非唯一，需要具体情况具体分析。从发展的趋势来看，市场端趋向于更为灵活的任务导向型团队；供应链体系趋向于柔性和无边界；研发体系趋向于网络化和协同；人资、财务和行政等管控和服务体系趋向于职能和平台化；项目体系趋向于矩阵化。

从小企业的选择来看，灵活高效是原则，突出核心能力是手段，生存和发展是目标，框架和形式反倒可以不必太在意。但是应对这一问题需重点思考两个方面：一是每一种组织形式都有其优势方面，同时必然带来难点和问题；二是组织形式必须要尊重并结合本企业自己的战略（业务特点）和文化（团队和习惯）。

抓住核心的“人”，才抓住了组织的关键

团队也好，组织也好，核心关键都在于人。管好团队的核心是管好团队长，管好组织的核心是管好各级干部。尤其对于成长中的小企业，相对来说，人比岗位重要，甚至从某种程度上来说，因人设岗给小企业带来的效率提升的好处，可能远大于其对组织规范性的破坏。因此，对于成长中的小企业，建议决策层应该更多将组织管理的关注点直接放在组织中的关键人员上。

这里又会遇到一个常见的矛盾：有业务能力的人不一定管理能力也很强。应对的思路是业务强的人专心做业务，可以在组织层级中给予级别但不赋予部门管理职能（一般组织中，总监职位适合这类不带团队的业务高手，部门经理、主管等职位是带队伍的全面管理者）；部门管理和带团队的任务可以交给更适合的人去做。类似这样的组织结构问题，在管理技术方法上面其实都有比较成熟有效的解决方案。归结为一点，还是要强调不要因为重视组织管理忽视了对具体人的关注，这是小企业在成长阶段需要掌握的一种平衡。

任务实操

请以小组为单位帮助一家有 100 间客房，提供早餐、午晚正餐及夜宵的中档精品酒店餐饮部设计一个组织结构图。

任务二　管控餐饮出品质量

任务导入

在餐饮业，菜品的质量是顾客满意度和回头率的关键。然而，不少饭店在追求效率和利润最大化的过程中，可能会遇到菜品质量不稳定的问题。这种不稳定性不仅会影响顾客的用餐体验，还可能对饭店的声誉和长远发展造成不利影响。

饭店菜品质量不稳定的表现：

口味波动：同一道菜品在不同时间品尝时，味道差异明显，无法保持一致的口感。

分量不一：相同菜品的分量时多时少，缺乏统一的标准。

外观差异：菜品的装盘和外观呈现不一致，有时精致有时粗糙。

食材新鲜度：部分菜品使用的食材新鲜程度参差不齐，影响菜品整体品质。

烹饪技巧：厨师的烹饪技巧波动，导致同一菜品的熟度和风味不稳定。

上菜速度：上菜速度忽快忽慢，反映出后厨管理和流程控制的不严格。

思考：

除了换厨师造成的菜品质量问题，哪些因素还会造成菜品质量的不稳定？该如何控制餐饮出品的质量？

任务知识

一、厨房环境布局

（一）厨房设计布局的意义与原则

1. 厨房设计布局的内涵

厨房设计是餐饮企业根据经营需要，对厨房各功能所需面积进行分配、所需区域进行定位，进而对各区域、各岗位所需设备进行配置的统筹计划、安排工作。

2. 厨房设计布局的意义

厨房设计布局决定厨房建设投资，是保证厨房生产特定风味的前提，直接影响出品速度和质量。它也决定厨房员工工作环境，是提供顾客良好就餐环境的基础。

3. 影响厨房设计布局的因素

厨房的建筑格局和规模；厨房的生产功能；公用设施状况；政府有关部门的法规要求；投资费用等。

4. 厨房设计布局的原则

- 保证工作流程连续顺畅。
- 厨房各部门尽量安排在同一楼层，并力求靠近餐厅。
- 注重食品卫生及生产安全。

• 设备尽可能兼用、套用，集中设计加热设备。

• 留有调整发展余地。

（二）厨房整体设计

1. 厨房整体与环境设计

根据厨房生产规模和生产风味的需要，充分考虑现有可利用的空间及相关条件，对厨房的配备进行确定，对厨房的生产环境进行设计，从而提出综合的设计布局方案。

2. 确定厨房面积的考虑因素

确定厨房面积要考虑的因素有：原材料的加工作业量；经营的菜式风味；厨房生产量的多少；设备的先进程序与空间的利用率；厨房辅助设施状况等。

（三）厨房总体面积确定方法

1. 按餐位数计算厨房面积

自助餐厅一个餐位需 0.5~0.7 平方米，咖啡厅需 0.4 平方米，其他需 0.5~0.8 平方米。

2. 按餐厅面积来计算厨房面积

国外一般占 40%~60%，我国内地占 70%。

3. 按餐饮面积比例计划厨房面积

厨房一般占 21%，仓库占 8%。

（四）厨房环境设计

厨房环境设计是为厨师营造良好的工作氛围，主要指对厨房通风采光、温度湿度、地面墙壁等构成厨师工作、厨房生产环境方面的相关设计。比如噪声是影响厨房工作人员身体健康的破坏因素，很多饭店厨房在环境设计上力争降噪。解决厨房噪声的方法有：

• 选用先进厨房设备，减少噪声。

• 厨房最好选用石棉纤维吊顶，既吸音又防火。安装消音装置。

• 隔开噪声区，封闭噪声。

• 维护保养餐车、运货车，减少运作发生的噪声。

• 厨房人员尽量注意控制音量。

• 留足空间来消除噪声。

（五）常见厨房布局形式

1. 直线型布局

适用于高度分工合作、场地面积较大、相对集中的大型餐馆和饭店的厨房。所有炉灶、炸锅、烤箱等加热设备均作直线型布局。通常是依墙排列，置于一个长方形的通风排气罩下，集中布局加热设备，集中吸排油烟，每位厨师按分工相对固定地负责某些菜肴的烹调熟制，所需设备工具均分布在左右和附近。

2. 相背型布局

把主要烹调设备如烹炒设备和蒸煮设备以背靠背的方式组合在厨房内，中间以一矮墙相隔，置于同一抽排油烟罩下，厨师相对而站，进行操作。

3. L 型布局

将设备沿墙设置成一个犄角形，通常是把煤气灶、烤炉、扒炉、烤板、炸锅、炒锅等常用设备组合在一边，把另一些较大的设备组合在另一边，两边相连呈一犄角，集中加热排烟。

4. U 型布局

U 型布局是将工作台、冰柜以及加热设备沿四周摆放，留一出口供人员、原料进出，甚至连出品亦可开窗从窗口接递。

（六）厨房作业间设计布局

1. 厨房作业间的设计

厨房作业间是在大厨房即整体厨房涵盖下小厨房的概念，是厨房不同工种相对集中、合一的作业场所（见图 7-3）。也就是一般餐饮企业为了生产、经营的需要，分别设立的加工厨房、烹调厨房、冷菜厨房、面点厨房等。在建筑设施允许的情况下，尽量将作业间集中设计，其优势主要表现在以下几方面：

- 集中原料领购，有利于集中审核控制。
- 有利于统一加工规格标准，保证出品质量。
- 便于原料综合利用和进行细致的成本控制。
- 便于提高厨房的劳动效率。
- 有利于厨房的垃圾清运和卫生管理。

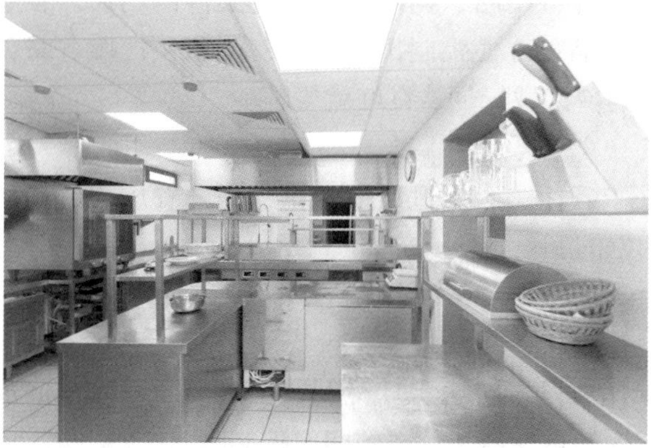

图 7-3　厨房作业间

2. 不同厨房作业间布局的要求

粗加工厨房的设计要求

粗加工厨房应布置在靠近原料入口并便于垃圾清运的地方；应有加工本餐饮企业所需的全部生产原料的足够空间与设备；粗加工厨房与各出品厨房要有方便的货物运输通道；不同性质原料的加工场所要合理分隔，以保证互不污染；加工厨房要有足够的冷藏设施和相应的加热设备。

中餐烹调厨房的设计要求

中餐烹调厨房与相应餐厅要在同一楼层；中餐烹调厨房必须有足够的冷藏和加热设备；抽排烟气效果要好；配份与烹调原料要便捷；要设置急杀活鲜、刺身制作的场地及专门设备。

冷菜、烧烤厨房设计布局

应具备两次更衣条件；设计成低温、消毒、可防鼠虫的环境；设计配备足够的冷藏设备；紧靠备餐间，并提供便捷出菜的条件。

面点、点心厨房设计布局

面点、点心厨房要求单独分隔或相对独立；要配有足够的蒸、煮、烤、炸设备；抽排油烟、蒸气效果要好；便于与出菜沟通，便于监控、督查。

西餐冻房

即制作西餐冷、凉、生（未经烹调可直接食用）食品的场所，有与中餐冷菜厨房大致相同的功能。在冻房要完成冷头盘、色拉、凉菜、果盘的制作与出品。

（七）厨房相关部门设计布局

1. 备餐间的设计

备餐间的作用

备餐间是配备开餐用品，创造顺利开餐条件的场所。备餐间的作用：便于配备完善厨房出品；方便控制出品次序；创造快捷服务条件；集散销售信息；区分生产与消费区域，创造良好就餐环境。

备餐间的设计布局要求

备餐间应处于餐厅、厨房过渡地带；厨房与餐厅之间采取双门双道；备餐间应有足够的空间和设备。

2. 洗碗间的设计

洗碗间设计布局的意义

洗碗间的工作质量影响厨房环境及其出品质量；洗碗间的工作效率是餐饮生产和服务效率的重要依托；洗碗间对控制餐具损耗起着决定性的作用。

洗碗间的设计布局

洗碗间应靠近餐厅、厨房，并力求与餐厅在同一平面；应有可靠的消毒设施；通、排风效果要好。

3. 热食明档、餐厅操作台的设计

热食明档、餐厅操作台的作用

是厨房工作在餐厅的延伸或者可以说是厨房工作部分地被转移到餐厅进行；其具体表现形式通常有餐厅煲汤、餐厅汆灼时蔬、餐厅布置操作台表演、制作食品等。具有以下作用：渲染、活跃餐厅气氛；方便顾客选用食品；宣传饮食文化；扩大产品销售；便于控制出品数量。

热食明档、餐厅操作台设计要求

设计要整齐美观，进行无后台化处理；简便安全，易于观赏；油烟、噪声不扰客；菜品相对集中，便于顾客取食。

二、厨房生产质量

厨房所生产的菜肴、面点等食品，是完整餐饮产品的一部分，是餐饮产品的食物部分，也是最为基础的部分。餐饮产品质量的优劣在很大程度上取决于菜点质量的好坏，某种意义上决定着餐饮经营的效果。因此，无论是重视食品原料的管理，还是狠抓菜点生产过程的管理，一切目的都是为了生产出质量上乘的菜点食品，所以，控制菜点的出品质量是厨房管理的终极目标。

（一）菜点质量的含义

菜点产品，也就是厨房所生产加工的各种供客人选用的食品，一般包括冷菜、热菜、点心、面食、粥品、汤羹、小吃以及甜食、水果拼盘（见图7–4）等。

图 7–4　水果拼盘

菜点产品的出品质量，直接影响到就餐客人对餐厅的评价，影响饭店的经济效益，对整个饭店声誉也有较大影响。因此，采取切实有效的措施，加强其质量控制，是厨房管理工作的重要环节。即使厨房管理都非常到位，而偏偏在菜点的出品上把关不严，往往就会使整个厨房的生产管理功亏一篑。

我们这里所说的菜点产品质量，主要指菜点食品本身的质量。从传统意义来说，一般包括菜点的色、香、味、形、器、质感等，如果结合现代科学对菜点一些质量内容的整合，则还应包括菜点的温度感、营养卫生、使用安全，等等。

但是一般的客人在食用各种菜肴、面点时，总是要从不同角度对其进行品鉴的，这些不同的角度主要是通过客人的身体感觉器官如眼、耳、鼻、口（舌、牙齿）和手来品尝和把握的。手虽然很少直接接触食物，但取用和夹菜肴的筷子给手的感觉同样可以帮助了解菜肴的质地。因此，客人对菜肴自身质量的评判，是在调动以往的经历和经验，结合该菜点质量指标应有内涵的同时，经过感官鉴定而得出的。

菜点质量的感官评定主要是通过人们的视觉（眼）来检验菜点的色泽、形态、盛器，通过味觉（舌）来品尝菜点的味道，通过嗅觉（鼻）来辨别菜点的气味，通过听觉（耳）来鉴别菜肴是否达到了应有的声响要求，等等。

1. 菜点的色泽

中餐菜点历来把菜点本身的色泽看成评定菜点质量的一个重要指标，实际上菜点的颜色也确实是吸引消费者的第一感官指标，人们往往是通过视觉对食物质量进行第一步鉴定的。

首先，菜点的色泽是否符合菜点应有的自然色彩，是判断菜点是否新鲜的关键指标，一切不新鲜的食品原料大多都会失去原有的新鲜色泽。其次，菜点的色泽能给客人以先入为主、先声夺人的效果，如果一款原料高档的菜肴，没有应有的色彩，使人看上去会黯然失色，肯定不会从视觉上把客人的兴趣调动起来。最后，菜点的色泽搭配是否和谐，这是用来判断菜点艺术表现力的重要内容，也是体现菜点艺术价值的重要方面。

菜点的颜色一般来自两个方面：一是由动、植物组织中天然产生的色素形成的，如水果和蔬菜中的胡萝卜素、叶绿素和花黄色素等。二是通过厨师在菜点生产过程中加入一定量的天然色素或人工合成的食用色素，使产品达到一般可以接受的水准，如黄油、冰激凌、红烧肉等。

对于菜点的色泽运用，没有固定的标准，但以自然色为佳，使菜肴呈现出清新天然的特征，同时色泽的搭配还要适应季节的变化，合乎时宜，给人以赏心悦目、色彩鲜明的感觉。

2. 菜点的香气

菜点的香气，是指菜肴、面点本身散发飘逸出的各种芳香的气味，这些味型不同的芳香气味，能使人食欲大振，是因为食物的香味能增进进餐的快感。同时，菜点的香气也是人们进食时用来判别菜点品质好坏的标准之一。大抵新鲜的食品原料都有独特的气味，或清香，或脂香，或鲜香不一。所以，大部分客人进餐时总要先闻一闻菜点的气味，再品尝其味道。

另外，气味还有某种奇妙的艺术效果，某种特别的气味往往能勾起人们对遥远旧事、童年等的回忆。因此，许多久居海外的华侨品尝到散发着浓浓家乡香味的菜点、小吃的时候会倍感亲切。著名的已故国画大师李苦禅先生青年时曾在杭州从师学画，三十年后在北京曾画过一幅名叫“莲蓬图”的画卷，画卷上题有“昔日西湖剥莲子，至今留得指头香”的诗句。三十年前的西湖莲子之香三十年后犹在指间飘香，香气的艺术感染力由此可见一斑。

菜点的气味也有如此魅力，因此要特别重视菜点应有的香味，尤其是刚出锅热菜所散发的香味。如果菜肴特有的芳香不能得以呈现，则影响了食客对菜肴的期望，对其质量的评价自然不会高。

3. 菜点的味道

菜点的味道，简称“味”，被认为是中式菜肴、面点的灵魂。人们并不仅仅满足于光是嗅菜肴的香味，更重要的在于能够品尝到不同菜点的美好味道。通常人们所说的酸、甜、苦、辣、咸是五种基本味。五味调和百味香，基本味的不同组合，各取不同比例的用量，其调制出的菜肴口味可谓丰富多彩，如川菜就有“一菜一格，百菜百味”之说。

对于中国菜肴而言，调味已经不仅仅表现为烹调技术，而是一种艺术。外国客人认为中国人不仅会识味、辨味，而且还善于造味。所谓“造味”就是通过“调和五味”来达到的艺术效果。一款品质上乘的菜肴应当达到调味适度、浓淡恰当、味型分明、变化多样的效果，使就餐宾客齿留余韵，回味无穷。反之，单个或整桌菜肴平淡不奇，味同嚼蜡，则使就餐者难以下咽，更不必说佐酒下饭了。

4. 菜点的形态

菜点的形态是指菜肴、面点的成型、造型。原料本身的形态、加工处理的技法以及烹调装盘的拼摆都直接影响到菜肴的“形态”。刀工精美，整齐划一，装盘饱满，形象生动，则给就餐客人以美感享受。当然，这些效果的取得不仅要靠厨师的艺术设计，还要靠厨师的烹调技艺。如“松鼠鳜鱼”（见图 7–5），犹如真的松鼠般惟妙惟肖；冬瓜经过旋刻雕刻，形成艳丽多彩的宫灯靓盅，等等。厨师成功的艺术构思与高超的技艺，使一款款菜点像艺术品般展现在就餐者面前，使客人食欲大增。因此，菜点的形态就成为评定菜点品质优劣的重要指标。

图 7-5　松鼠鳜鱼

5. 菜点的质感

菜点的质感，也称为质地。菜肴的质感是影响菜点质量的一个重要因素。菜点的质感一般包括菜点的韧性、弹性、胶性、粘附性、纤维性以及脆、嫩、软、硬、滑、松、酥、糯、绵、烂等。如“北京烤鸭”“脆皮鸡”，新出品时皮脆浓香，如果放的时间长了，其皮就松软无味，品质大大降低。菜肴的质感是否能保持各种菜点应有的受欢迎程度，主要取决于原料的性质和菜肴的烹制时间及温度。因此，制作菜肴必须将严格的生产计划与每道菜肴合适的烹制时间相结合，以生产合格的产品。

6. 菜点的盛器

菜点的盛器，虽然不具有可食用性，但却是构成菜点质量不可缺少的组成部分。不同的菜肴要有不同的盛器与之配合，如果配合恰当，能够与菜肴相映生辉，相得益彰。菜点与盛器是否配合合理，主要是看菜肴的多少与盛器的大小是否保持一致，菜肴的名称与盛器的叫法是否相吻合，菜肴的身价与盛器的贵贱是否相匹配，菜肴的色彩与盛器的色彩是否和谐，菜肴的形态与盛器的形状是否相适应，等等。虽然大部分盛器对菜肴质量本身并不产生太大影响，但是对于用煲、砂锅、铁板、火锅、明炉等制造特定气氛和需要较长时间保温的菜肴来说，盛器对其质量却起着至关重要的作用。同时，热菜使用保温盛器，冷菜使用常温餐具也不同程度地提高了菜肴出品的质量。相反，菜肴本身质量较好，却盛装不合理，或使用断裂残缺的餐具，菜品的质量无疑就会失色不少。

中餐菜点质量，从现代科学的角度来看，还应包括如下几项内容：

首先是菜点的温度，即菜点出品时的温度。同一种菜肴、同一道点心，出品食用的温度不同，口感质量会有明显差别。如蟹黄汤包，热吃汤汁鲜香，冷后则腥而腻口，甚至汤汁凝固；再如，拔丝苹果，趁热上桌食用，可拉出千丝万缕，冷却后则糖饼一块，更别想拔出丝来。因此，出品时的温度是菜点质量的重要指标之一。科学家研究发现，食品在不同的温度下，其风味质感是不一样的。我国素有“一热胜三鲜”品食菜点的经验，说的也是这个道理。

其次是菜肴的声音，即菜肴在出品或上桌时发出的声响。有些菜肴由于厨师的特别设计或特殊盛器的配合使用，已经在进餐者中间形成概念，菜肴上桌时应该具有某种特殊的响声，比如锅巴类菜肴、铁板类菜肴等。菜肴上桌的同时发出“吱吱”的响声，说明菜肴的温度足够，质感（如锅巴炸的酥脆程度）是达标的，进而为餐桌创造的气氛是热烈的。相反，该发出响声的菜肴没有出声，说明不是菜肴温度不够，就是菜肴质感不符合要求，最终使进餐者感到失望和扫兴。

最后一个重要的质量内容就是菜点的营养卫生，营养卫生是菜肴及其他一切食品必须具备的基本要求。该指标虽然抽象，但亦可通过菜肴的外表及内在质量指标来判断和把握。上面所述各个方面都可不同程度地反映营养卫生的质量情况。比如，通过炒熟绿叶蔬菜的颜色判断维生素的破坏情况，通过对清蒸鱼肉的品尝，可知该鱼是否受过污染。但还有一些营养卫生方面的指标是不能直接通过感官觉察出来的，如某种食品含有各种营养素的量，畜肉是否经过检疫，河豚是否加工精细而不含任何病菌和毒素等。因此，菜肴的营养卫生要看厨房生产管理的严格程度。

（二）菜点质量的特点

菜点虽然也是一种通过各种设备设施等加工手段而生产出来的产品，但由于食品所具有的特性，使菜点等食品的质量与其他产品的质量有很大的区别。一般来说，菜肴、面点等食品的质量具有以下特点：

1. 不可储存性

菜点属于现场加工现场消费的食品，需要在新鲜时进食，如果加工的菜点不能马上食用，放置时间一长，就会使菜肴、面点的风味大大降低，营养成分也损失很多，甚至使新鲜的菜点腐烂变质，完全失去了食用价值。到目前为止，还没有更有效的储存方法，可以把烹调好的菜肴能保持很长的时间而不失其风味或营养，这就是菜肴、面点不可储存的特点。

2. 生产与消费的同步性

客人购买的菜肴、面点等餐饮产品，由于具备在餐厅内现烹调现进食的特点，一旦在进食过程中菜肴出现了质量问题，如菜肴、面点中有异物，或烹调的口味达不到要求，等等，就会造成不可挽回的后果。因为菜肴的质量评价是一个过程，与其他工业产品相比，菜肴一旦卖出后出现质量问题，就会影响顾客消费体验，给饭店造成不良影响。而且，它的严重性可能还远远不仅于此，如果客人在进食菜肴的过程中发现质量问题，客人就会永记心中，而很可能永远不再到这家餐厅就餐，这就意味着菜肴、面点如果出现质量问题，就会失去客人，也就没有了市场机会。

3. 因人而异的特征

同一个菜肴、面点，虽然加工过程、风味特征、口味指标等始终如一，也就是说质量相当稳定，但也不一定能赢得所有客人的好评，这是因为每个人的口味嗜好、审美情趣、对食品优劣判断的标准是不同的。因此，就形成了菜点质量因人而异，要适应不同客人的需求的情形。这是菜肴、面点质量标准与其他产品完全不同的特征之一。

4. 情感化特性

对于任何客人而言，菜点不仅仅是餐饮产品的一部分，客人在就餐时，还必须有服务人员为客人进行面对面的各项服务活动，而这样的服务活动中，服务人员的服务是否热情周到，服务人员是否把客人当作亲人对待，让客人对服务非常满意，有时比菜肴的口味等指标更为重要。这也就是说，菜点等餐饮食品要想赢得客人的认可，除了把菜肴、面点本身烹调好之外，更重要的在于优质服务使客人有宾至如归的温暖，贴心的服务让菜肴、面点中充满了丰富的感情色彩，因而菜点也就具有了情感化内涵。这与其他产品比较起来，是菜点独到的特征之一。

（三）生产过程中质量控制

1. 影响菜点质量的因素

在厨房的菜点生产过程中，影响其质量的因素有许多，但最为主要的还是厨房员工的职业精神、食品原料的质量及生产过程等方面。

员工的职业精神

厨房员工的职业精神是确保菜点质量优劣的根本因素。如果企业所提供的食品原料都是优质适用的，而且设备也是一流的，员工的烹调技术娴熟，就一定能够烹制出客人满意的菜点来吗？答案是不一定。因为还有一个关键因素，取决于厨房员工的职业精神。如果厨房的所有员工都具有良好的职业精神，都以一种真诚的态度为客人提供服务，那么生产出的菜点的质量才能保持上乘。

食品原料的质量非常重要

技术高超的厨师，有了优质适用的食品原料，才能烹调出美味可口的菜点。如果食品原料质量不佳，甚至已经腐烂变质，或者是所购非所用，即使技艺再超群的厨师也无法烹制出优质的菜品。

生产因素

生产因素包括生产设备因素、生产技术水平、生产管理因素等很多方面。首先，菜点质量的最终结果，是通过厨师具体的生产加工来完成的，而厨师的生产加工过程必须借助于一定的工具设备。因此，菜品质量的优劣与厨房生产设备的水平也有直接关系。其次，厨房菜点的生产过程，都是靠富有烹饪技术的厨师来完成的。厨房工作人员技术水平的高低，会直接影响菜品的出品质量。一般情况下，厨师的技术水平全面、技艺精湛、对技术性指标的理解程度高，菜品质量就会在整体水平上高出一筹。否则，厨师的技术水平一般，甚至低劣，操作上不熟练，对技术环节的理解一知半解，菜品的出品质量自然就不会太高。最后，菜肴、面点生产质量和出品质量的控制是由厨师直接完成的，但质量的高低却取决于厨房生产管理人员，如厨师长尤其重要。因此，厨房生产管理人员的管理水平对菜点的出品质量水平也至关重要。

2. 建立厨房生产的标准化体系

厨房生产标准化的意义

厨房生产标准化是指为取得厨房生产的最佳效果，对厨房生产的普遍性和重复性事物的概念，以制定标准和贯彻标准为内容的一种有组织的管理活动。标准分为技术标准和管理标准。技术标准是针对厨房生产过程中的技术问题所制定的技术准则。管理标准是针对厨房生产标准化领域中需要协调统一的管理事项所制定的标准，它是组织和管理厨房生产运行活动的依据和手段。中餐厨房生产标准化的实施，能确保厨房生产的正常运转，并对产品质量的不断提高有特别重要的意义。

（1）能够确保生产过程的规范统一。中餐菜品的生产一直以来就是一个缺少操作规范的手工操作过程，手工操作误差较大，加之缺少规范的工艺流程，经常造成同一种菜肴，烹调后存在较大的差异，也就是菜肴质量的差异，这对于在现代餐饮市场的稳定、优质的产品质量形象的培育是非常不利的。因此，确定中餐厨房的生产标准，对于规范厨房生产，确保菜品质量的稳定，具有特别重要的意义，尤其对于培养厨师的质量标准意识，更是不可缺少的。

（2）标准化是菜点质量能够稳定提高的保证。目前，我国餐饮市场的竞争非常激烈，要想不断提高菜点的质量，赢得客人的认可，并始终保持较高的顾客满意度，厨房的生产就需要在确保现有菜肴质量稳定的前提下，不断进行新菜肴研发，不断提高菜品的质量，用现在的话说就是创新。菜品的质量创新不仅仅是推出几个新菜式，更重要的在于按照产品的标准化设计进行规范化加工，使推出的菜品不仅富有新鲜感，而且确保质量稳定、有提高。

（3）标准化使厨房生产更加科学合理。在中餐厨房中建立或实施厨房生产的标准化，可以使厨房的生产加工更加科学合理。传统的厨房生产多年来一直处于定岗定员的模糊状态，工作量无法确定，生产管理过程随意等问题，导致产品质量不稳定。如果能够把厨房的生产过程标准化，使厨房工作人员的作业规范化，使厨房的定岗定员科学化，这样就能够使产品质量更加稳定，避免了传统的中餐厨房连一个小小的馒头都会出现大小不一的现象。

（4）标准化有利于树立餐饮企业的良好形象。标准化的厨房生产，稳定的菜品质量，有利于树立一个信誉度高、顾客满意度高的餐饮企业形象，这对于创造一个富有影响力的品牌企业是不可缺少的基础工程。如果一个餐饮企业连起码的菜肴、面点等食品质量都不能保证其稳定，菜肴口味一天一个样，食品数量忽多忽少，还有什么企业的诚信可言。

厨房生产标准化体系的内容

为了实现厨房生产标准化，首先要制定一系列的标准。厨房生产特点决定了其标准的制定是一项十分艰巨而复杂的工作。在实践中，一般饭店的厨房生产的技术标准应包括食品原料标准、标准菜谱、标准净料率、岗位规范作业指导书等。如果这些技术标准的制定能够与厨房生产的运转相适应，就能在厨房生产管理中发挥重要的作用。

（1）食品原料标准。制定食品原料标准有利于对食品原料采购、验收、保管和申领等环节进行控制。这些方面有了工作依据和准则，就能保证厨房生产所需要食品原料的规格和质量，减少原料损失，降低生产成本，为提高出品质量奠定基础。

（2）标准菜谱。编制标准菜谱是厨房建立标准化生产体系的基础性管理工作。

（3）标准净料率。确定标准净料率有利于提高原料的利用率，降低原料损失。食品原料在加工、切配和烹制过程中都会产生折损，不同种类、规格和质量的食品原料，其净料率是不同的，不同的加工、切配和烹制也有其差异。有了食品原料标准，就可以规定对食品原料采取不同的净料率或折损率，能够规范厨师的加工方法和操作过程，可以提高食品原料的出成率，降低原料的折损。这对于原料成本控制，保证出品的数量与质量都是非常重要的。

（4）岗位规范作业书。《岗位规范作业书》是对厨房的每一个生产加工岗位，编写生产中必须严格遵守的操作规程，包括该岗位整个工艺流程中的每一个工作环节、作业要领、操作细则、质量标准等内容。有了岗位规范作业书，可以使厨房员工在生产作业中实现规范化，避免上下环节脱节，使每个岗位都能按照规定的工艺流程和质量标准进行生产作业。

3. 厨房各生产环节的质量控制措施

厨房生产环节质量控制的基本原则

菜点质量控制是按照质量标准，衡量质量计划的完成情况，并纠正菜点加工过程中的偏差，以确保菜点质量目标的实现。在某些情况下，菜点质量控制可能和确立新的目标、提出新的计划、改变组织机构、改变人员配备，或在质量管理方法上作出重大的改变等紧密相连。比如，饭店为了变化经营品种，就要经常推出新的宴席菜单。新的宴席菜单就有新的质量标准，在原料采购、加工、技术人员配备等方面就会发生一系列的变化。所以菜点生产质量的控制，在很大程度上使厨房质量管理工作成为一个系统工程。

厨房生产环节的质量控制内容

菜点的生产过程由若干生产环节组成，主要包括食品原料粗细加工、配份、烹调等环节。

（1）食品原料加工的质量控制。食品原料加工是菜点质量控制的关键环节，对菜肴、面点的色、香、味、形起着决定性的作用。因此，厨房生产在抓好食品原料采购管理的同时，必须对食品原料的加工质量进行控制。绝大多数食品原料必须经过粗加工和细加工以后，才能用于菜肴的烹制。

（2）食品原料配份的质量控制。食品原料配份（菜肴配份或配菜），是指按照标准菜谱的规定要求，将制作某菜肴需要的各种原料，按照数量、规格等要求，选配成标准的分量，为烹饪制作做好准备的过程。配份阶段是决定每份菜肴的用料及其相应成本的关键，配份阶段的控制，是保证菜肴出品质量和餐厅经济效益的关键一环。

菜肴配份，首先要保证每道菜要用的原料配份必须相同。例如，在一家当地很有些声誉的酒店就发生过这样的事：一位客人两天前在该店就餐，点用的“三鲜汤”，其配料为鸡片、火腿片、冬笋片，用料讲究，口味鲜美，而两天后再次点“三鲜汤”时，其配料则换成了青菜、豆腐、鸡蛋皮，色彩悦目，口味也不错，但前后两个同样名字的菜肴给客人的感觉却有很大差别。从烹调技术而言，都是不错的菜肴，但客人对此却不理解——究竟该酒店的“三鲜汤”有几种配法、有几种价格，如此这般令客人不高兴。从厨房生产而言，同名同法制作，而用料殊异，质量方面就难以保证了。可见，配份不定，不仅影响菜肴的质量稳定，而且还影响到餐饮的社会效益和经济效益。因此，配菜必须严格按“标准菜谱”进行，统一用料规格标准，并且管理人员应加强岗位监督和检查，使菜肴的配份质量得到有效控制。

（3）食品烹调过程的质量控制。烹调是菜点生产的最后一个阶段，是确定菜肴色泽、口味、形态、质地的关键环节，直接关系着餐饮产品实物质量的最后形成，因此，也是菜点质量控制不可忽视的阶段。菜点烹调阶段质量控制的主要内容包括厨师的操作规范、烹制数量、成品效果、出品速度、成菜温度，以及对失手菜肴的处理等几个方面。

4. 菜点质量检查与质量监督

厨房生产技术标准的制定，仅仅是厨房生产实施标准化管理的一个重要方面，生产技术标准的有效实施，还有待于厨房管理者在厨房生产过程的标准化管理，因此，各餐饮企业还应根据自己厨房的管理特征，制定相应的管理标准。厨房生产管理标准的主要内容是建立标准化监督体系。

在厨房生产过程中建立起自觉有效的质量监督体系，是一件非常不容易的事情，但还是应将其作为一项厨房管理工作中的长远目标。目前，厨房生产中最有效的质量监督体系，就是在厨房中强化“内部顾客”意识与出品质量经济责任制同时并举。

强化“内部顾客”意识

所谓“内部顾客”意识，就是按照餐饮企业最新的管理理念，把企业的员工看成内部客人，管理人员是否能够为内部客人创造一个良好的工作环境与氛围，是非常重要的。同时，员工与员工之间也是客户关系，每下一个生产岗位就是上一个生产岗位的客户，或者说每上一个生产岗位就是下一个生产岗位的供应商。如果在厨房的生产过程中能够建立这样的一种客户关系，对于自觉有效提高产品质量有着重大意义。试想，初加工厨师加工的食品原料对于切配岗位来说，就是供应商，如果初加工厨师所加工的原料不符合规定的质量标准，切配岗位的厨师就可以拒绝接收，其他岗之间可以依此类推。这样一来，每一个生产环节都可以把不合格的“产品”拒之门外，从而在很大程度上保证菜肴的质量。

质量经济责任制

菜品质量的好坏与厨师的报酬直接联系在一起，所以，要加强厨师在菜品加工过程中的责任心。例如，厨房在生产中，对于“内部”客户和“外部”客户提出的不合格品一一进行记录，并追究责任人的责任。责任人除了要纠正质量问题外，还要接受一定的经济处罚，或者直接与当月的工作报酬挂钩，就可以有效降低菜肴、面点的不合格率，从而能够确保就餐客人的满意度。

如有的厨房规定，对于被客人退回的不合格菜品，当事人按照该菜肴的销价买单，还要接受等量款额的处罚，本月的考核成绩也要受到影响。如此一来，每个岗位的厨师在工作中都会认真负责，就可以有效减少工作中的失误率与不合格品的出品率，大大提高了菜品的出品质量。

对于大多数厨房而言，如果仅仅靠传统的检查方式对菜品实施质量控制，效果是不理想的，因为一个厨房中不可能配备更多的质量管理人员，确保每个环节都能检查到。所以，只有在厨房生产过程建立一套自觉的质量监督系统，使每个岗位、每个员工都能自觉地、认真地对待菜肴、面点的质量问题，才是最为有效的质量管理方法。

（四）菜点质量控制的一般方法

由于种种因素的影响，菜点质量具有随时发生变化的可能性，而厨房管理的任务正是要保证菜点质量的可靠性和稳定性。要实现这一目的，就应采取切实可行的措施，综合采用各种有效的控制方法与控制形式。

1. 阶段控制法

厨房生产运转，是从原料的购进到产品售出的完整过程，这个过程可分为菜点原料、菜点生产和菜点消费三大阶段。加强对每一阶段的质量检查控制，是保证餐饮生产全过程的质量可靠的根本。

2. 岗位职责控制法

利用厨房岗位的有效分工，强化岗位职能并施以检查督导，对菜品的质量亦有较好的控制效果。

3. 重点控制法

重点控制法，是针对餐饮生产与出品某个时期、某些阶段或环节，或对重点客情、重要任务，以及重大餐饮活动而进行的更加详细、全面、专注的督导管理，以保证和提高生产与出品质量的一种方法。

三、食品卫生与安全

厨房卫生是餐饮卫生控制中最为重要的环节。由于厨房加工生产的菜品是供就餐客人直接食用的，如果不能保持食品的良好卫生状况，会使得进餐者在食用时产生种种不良的体验，其结果是可想而知的。因此，厨房的卫生管理与控制，必须是全方位的、严格的，不能有半点马虎。从厨房的环境卫生到厨房的设备设施卫生，以及厨师的个人卫生，都应该始终如一地保持清洁、无菌、无毒的良好状态。

（一）厨房环境卫生

厨房环境卫生是指菜品加工过程中的空间环境，一般包括室内卫生、废弃物处理情况、员工洗手间和厨房室外的环境卫生等。如果厨房环境清洁处理达不到卫生标准，不仅可造成菜品加工过程的污染，也会影响加工人员的身体健康。

1. 室内建筑环境卫生

室内建筑环境包括地面、天花板、墙壁、门窗等与建筑紧密结合的设施。这些设施如果不能保持良好的卫生状况，会对厨房的整体卫生产生严重的影响，甚至成为食品加工卫生的不利因素。因此，厨房室内的环境必须要经常进行清洁、清洗和消毒处理。

2. 废弃物处理

厨房因每天都要进行菜品的制作，每天都会产生大量的垃圾及废弃的各种余料，如果不能及时妥善处理，特别是在高温的天气，不仅会产生臭味，也极易招来蚊、蝇、蟑螂、老鼠等，它们都是病菌的传播者，进而造成菜品等食品的污染。

3. 厨房环境卫生指标

厨房环境指标是指对厨房卫生直接产生影响的一些因素，如设备的摆放与卫生，通风照明、温度湿度及对空气、细菌含量等方面的规定。而厨房卫生指标则是指国家有关部门对厨房内食品加工的一些具体的卫生要求。

（二）厨房生产设备与用具卫生

1. 厨房设备设施卫生

厨房是餐饮企业用于一切菜品加工的主要场所。厨房环境的好坏、烹饪设备与用具等的卫生安全程度都会直接对菜品的卫生安全产生影响，因此，厨房的环境卫生、烹饪设备及各种用具的卫生就显得非常重要。厨房设备设施卫生主要包括如下方面：下水道的卫生；油烟排风设备的卫生；备餐间卫生和冰柜使用卫生。

2. 厨房用具卫生要求

厨房内有各种各样的用具，这些用具如果管理或使用不当，厨师使用不干净的烹饪用具来加工、烹制菜品，同样会使本来干净的菜品原料被有害物质污染。因此，烹饪用具的卫生安全也是不可忽视的一个环节。

7-1 厨房用具卫生的具体要求

厨房里的烹饪用具种类繁多，用途不一，主要有灶台用具、砧板用具以及划菜台和其他用具。灶台用具如调料盆罐、手勺、炊帚、锅铲、漏网、漏勺等；砧板用具如木墩、案板等，在每次使用结束后都要进行洗净与消毒处理。

（三）菜点食品卫生

1. 菜品原料腐败变质的概念

微课 7-1　食品腐败变质与食品污染

菜品原料若被微生物污染，不但不能保证食品的质量，甚至还会损害人体健康。细菌污染食品及引起的腐败变质，是食品卫生工作中经常遇到的问题。

腐败变质是指食品在微生物为主的各种因素的作用下，使食品降低或失去食用价值的一切变化。

从狭义的专业层面看，腐败变质是指在厌氧菌的作用下，使食品中的蛋白质分解产生臭恶气味为主的变化过程。而在食品加工、菜品加工范畴内，是泛指一切使食品发生霉烂、变质，导致不能食用的变化过程。

2. 菜品原料腐败变质的原因

原料腐败变质的原因是多方面的，一般可从食品本身、微生物污染和环境因素等三个方面来考虑。

3. 食品腐败变质的危害

食品腐败变质时，因组织的改变与崩溃，产生黏液，出现颜色异常，或产生强烈的刺激气味与特殊的味道等，这些都会使人产生厌恶感。如蛋白质分解形成的胺类、硫化氢、吲哚、粪臭素等。但腐败变质的食品对人体健康的威胁，主要是微生物污染的问题。

腐败变质食品由于微生物污染严重，增加了致病菌和产毒菌存在的机会，使得一些致病力弱的细菌得以大量生长繁殖，以至于人食用后引起食源性疾病。

此外，食品腐败变质过程中，其他一些分解产物，如一些鱼类的组织胺也可引起食物中毒，因此，应该重视食品腐败变质对人体健康的危害性。

4. 防止食品腐败变质的措施

控制食品腐败变质的预防措施，主要是减少或消除微生物的污染和控制微生物的繁殖。为此，在食品生产、加工、运输、储存和销售的各个环节，要保证食品所接触的环境保持合适的储存温度和清洁卫生，尽可能减少微生物对食品污染的机会，对食品采取抑菌或灭菌的措施，抑制酶活动等，以达到防止或延缓食品质量变化为目的。

思政园地

2021年，吉野家某门店被曝出使用过期的大白菜和菠菜，并使用已经发酸发臭的肉末制作麻婆豆腐。同年12月，星巴克被曝出有门店更改食品原料内控期限标识、使用超过内控期限原料的行为。一时间，餐饮食品安全问题在社会上引起了轩然大波，人们对于饮食的健康更加担忧。中国自古就有“民以食为天”的说法，且随着近年来时不时被曝出的食品安全事件，食品安全成为人们越来越关注的焦点问题。作为餐饮从业者，应该牢固树立食品安全意识，坚守职业道德，诚信经营，保卫“舌尖上”的安全。

（四）厨房安全管理

1. 厨房生产安全

厨房生产安全包括食品安全与生产安全两个方面。食品安全是指厨房所加工的提供给客人的一切菜肴、面点等必须无害、无毒，进餐后不能给客人造成任何的伤害。生产安全是指避免任何有害于企业、宾客及员工的事故。事故一般都是由于人们的粗心大意而造成的，往往具有不可估计和不可预料性。餐饮企业应落实安全措施，培育员工安全意识，减少或避免事故的发生。因此，无论是管理者，还是每一位员工，都必须认识到要严格遵守安全操作规程，并有承担维护安全的义务。

厨房安全管理的目的

厨房安全管理的目的，就是要消除不安全因素，消除事故的隐患，保障员工的人身安全和企业及厨房财产不受损失。

厨房不安全因素主要来自主观、客观两个方面，主观上是员工思想上的麻痹，违反安全操作规程及管理混乱，客观上是厨房本身工作环境较差，设备、器具繁杂集中，从而导致厨房事故的发生。

厨房安全管理的主要任务

厨房安全管理的任务就是实施安全监督和检查机制。通过细致的监督和检查，使员工养成安全操作的习惯，确保厨房设备和设施正确运行，以避免事故的发生。安全检查的工作重点可放在厨房安全操作程序和厨房设备这两个方面。

7-2 某酒店安全检查内容

在确定厨房安全操作标准的基础上，各厨房还应制定相应的厨房安全管理制度，并促使所有员工都能很好地执行。

2. 厨房食品安全

菜品从生产加工到销售的整个过程，有很多情况和因素可以使菜品成为具有“毒性”的食品，而且使食品产生“毒性”的有害物质是多种多样的，菜品食品被污染的方式和程度也是非常复杂的。虽然，这些“有毒”的菜品食品对人体健康所造成的危害程度和性质各不相同，但对我们的身体健康和人身安全却构成了很大的威胁，因而，必须引起人们的足够重视，并能加强其预防措施。

人们在日常生活中由于吃了被细菌、细菌毒素、化学物质或有毒性物质污染的食物，而引起的一种急性疾病，就是食物中毒。

减少或完全杜绝餐饮业在经营中引发的食物中毒，关键在于在菜肴食品的加工、保存、销售过程中做好预防工作，尤其是厨房工作人员，更应把食物中毒的预防工作放在首要地位。

预防食物中毒的三个主要方面如下：

（1）清洁：厨房加工人员在开始烹饪前，一定要把手彻底洗干净。餐具、砧板、抹布等厨房用品应该用水或消毒药水洗涤，砧板在洗干后晒太阳也很有效。抹布必须经常用清洁剂、餐洗净充分洗净后保持干燥，否则消毒过的餐具再用脏的抹布来擦拭，便会功亏一篑。手指如果有伤口或脓疮的话，应该套上手套或指套后再从事烹饪工作，否则伤口或脓疮里面的细菌会污染到食品而引起食品中毒。食品应该注意保存，以免受到老鼠、蟑螂、苍蝇等病媒的接触而被污染。

（2）迅速：食品买回来以后，不要放得太久，应该尽快烹饪供食，尤其是生食的食品原料越快处理越好，做好的食品也要尽快吃掉。由于细菌需要一段时间才能繁殖到引起食品中毒的程度，所以时间越短越能避免食品中毒。烹饪后的食品很容易繁殖细菌，所以最好不要做得太多，以每次能够吃完的量为限。

（3）加热与冷藏：细菌通常不耐热，加热到 70℃以上，大部分的细菌都会死亡，因此把食品加热以后再食用比较安全。细菌比较耐冷，虽然冷却以后不一定会全部死亡，但是不容易繁殖，能够防止细菌繁殖的温度是在 5℃以下。

任务实操

根据所学知识，起草一份厨房食品安全管理制度。

任务三　提升餐饮服务质量

任务导入

一天晚上，王先生陪着一位美国外宾来到上海某高级饭店的粤菜餐厅用晚餐。点菜后，一位服务员热情地为两位客人服务起来。她先为两位铺好餐巾，摆上碗碟、酒杯、餐具和餐前小菜，为外宾摆上刀叉，为两位客人斟满茶水、递上热毛巾，又为他们倒上啤酒、上汤、上饭。当一大盆“粟米羹”端上来以后，她先为客人报了汤名，接着便为他们盛汤，盛了一碗又一碗。一开始，外宾以为这是吃中餐的规矩，听王先生告诉他可以客人自愿后，才在服务员要为他盛第 3 碗汤时谢绝了。服务员在服务期间满脸微笑，手疾眼快，一刻也不闲着；上菜后立即报菜名，见客人杯子空了马上添茶、斟酒，见菜碟里菜没有了立刻布菜，见骨刺皮壳多了随即更换骨碟……她站在两位旁边忙上忙下，并不时用英语礼貌地询问客人还有何需要，反倒搞得两位客人拘谨起来……

思考：

如何把握“热情服务”与“无干扰服务”的尺度？如何评价服务人员的服务态度与服务质量？在一般情况下，如何为客人提供优质服务？

任务知识

一、服务质量控制点

（一）餐饮服务质量的内涵

服务质量是餐饮工作的生命线，任何餐饮企业要想在激烈的市场竞争中占有一席之地，就要不断提高服务质量，靠质量求生存，靠质量求信誉，靠质量求效益。

按国际标准化组织（ISO）的定义，服务质量是指服务所具有的、能够满足宾客明确或隐含需求能力的特征和特性的总和。这里所讲的“明确需求”是指行业规定的质量要求，或者是宾客提出的明确的要求。如：宾客在预订宴会时提出的台型设计要求、环境布置要求、餐厅内温度控制要求等，这些都是明确的需求。“隐含的需求”则是指宾客对服务的期望，或者是宾客潜在的、尚未明确意识到的需要。如：一位患感冒的客人到餐厅用餐，服务员为客人端来一碗热姜汤，客人大都会感到惊喜，这便是宾客隐含的需求。无论是“明确需求”还是“隐含需求”，都是提升服务质量的基础。

餐饮服务是通过适应需求的有形设施，质价相符的有形产品和服务员热情周到的无形服务相结合，来体现其特性和价值的。餐饮服务质量是在服务实践中，从业人员向宾客提供的、可以被感知的服务及产品的优劣程度。餐饮服务的一系列行为之间互相影响，共同作用于宾客，最终形成了客人对餐饮服务质量的总体评价。

（二）餐饮服务质量的内容

1. 端庄的仪表仪容、得体的礼貌礼节

仪表仪容是一个人精神面貌的外在体现，包括姿态、表情、衣着及修饰等方面的内容，它与一个人的道德修养、文化水平、审美情趣和文明程度有着密切的关系。良好的仪表仪容不仅体现了服务人员的修养和内在品德，同时也体现了饭店的企业形象。

如果说仪表仪容是餐饮服务质量的外在表现，那么礼貌待客则体现了餐饮的时代风格。礼貌是人与人在接触交往中，相互表示敬重和友好的行为规范，它通过言谈、表情、姿势等来表示对人的尊重。礼貌服务主要是要做到：服务人员要举止大方、有礼有节，表情真切、微笑服务，语气委婉、使用敬语，态度和蔼、真诚待客。

一名优秀的餐饮服务人员要时时、事事、处处保持端庄大方的仪表仪容，表现出彬彬有礼的服务态度，让客人真正体会到“宾至如归”的亲切感。

2. 主动热情的服务态度

良好的服务态度是取得宾客信任与好感的基础，它可以使双方一开始接触就建立起友善的关系。只有具备热情、友好、亲切的服务态度，才能向宾客提供主动、周到、细致的服务。因此，良好的服务态度是提高餐饮服务质量的基础，是“宾客至上”服务理念的具体体现。

3. 熟练的服务技能

客人到餐厅用餐除了品尝菜品，还要享受餐厅的服务。娴熟的服务技能，灵活的服务技巧，都能提升服务的价值和品位，令服务赏心悦目。

7-3 良好服务态度的几点要求

4. 快捷的服务效率

随着人们生活节奏的加快，对服务速度的要求也越来越高。日本的麦当劳快餐连锁店做过调查，顾客能耐心等待服务的时间只有 37

秒，之后就会逐渐失去耐心，长时间的等待会造成客人极大不满。为解决这一问题，许多餐饮服务的规范中都加入了时间标准。如第一道热菜要 5 分钟之内上桌，客房送餐时间不超过 20 分钟，等等。还有一些餐厅采用高科技服务手段，如使用电子点菜器等方法，大大提高了服务效率。当前，服务效率的高低已成为衡量餐饮管理水平和服务质量的重要标志。

5. 较高的清洁卫生水平

清洁卫生工作是餐饮服务质量管理的重要内容，它包括餐饮部各岗位的环境卫生、服务人员的个人卫生以及厨房的操作卫生等诸多环节。搞好清洁卫生工作，要制定严格的卫生标准，严谨的卫生工作程序，并加强监督检查力度，使卫生工作做到制度化、标准化。

6. 格调高雅的创新服务

餐饮创新是餐厅经营发展的驱动力。餐饮服务创新的表现形式多种多样，既包括服务设施设备的创新，也包括服务方式、方法的创新，还包含菜品的开发等很多方面。如有的宴会厅把餐桌架换成了大型鱼缸，木制桌面换成了玻璃桌面，客人在用餐的同时还能赏鱼，增加了用餐的情趣。再如服务小毛巾时，为了避免客人用错小毛巾的尴尬，将相邻两位客人的小毛巾摆放在一起。这些服务形式上的改变，打破了人们思想上的“想当然”或是各种条条框框，提高了顾客对餐厅的满意度。

二、餐饮服务质量控制方法

（一）餐饮服务质量控制的基础

要进行有效的餐饮服务质量控制，必须做好以下几项基础工作：

7-4　某酒店零点餐厅服务员工作程序与标准

1. 制定餐饮服务质量标准

服务质量标准就是指各项服务的工作程序和结果所要达到的标准及规格，是各岗位员工必须遵守的工作准则，是管理人员进行监督检查的依据，是餐饮服务得以实现的保障。

制定餐饮服务质量标准时，首先，要针对餐厅的客源市场，对客户群进行全面的了解和分析，如顾客的消费水平和服务需求等；其次，标准的制定应充分吸收国内外先进服务经验，结合本餐厅的产品及服务特点，不应照搬照抄其他饭店的服务内容；最后，服务质量标准的制定要全面、细致，对每一个服务环节都要细细推敲、琢磨，以形成最合理的服务程序和最恰当的服务结果。这就要对服务员的服务用语、服务姿态、服务方式方法以及突发事件的处理预案做详细规定。同时，每一项服务质量标准在开始和结尾处都要写出与上一道工序和下一道工序的衔接，使各个环节相互协调又责任明确。

餐饮服务质量标准用来统一各项服务工作，以达到服务质量的标准化、服务过程的程序化和服务方式的规范化。

7-5　全国旅游饭店服务技能大赛中餐摆台评分标准

2. 收集质量信息

质量信息的收集主要来自三个方面。一方面是管理人员依据餐饮服务质量标准，在走动管理的过程中发现问题，并通过与顾客交流、征求意见等方式收集来的。第二方面的质量信息来源于一线服务人员。许多餐厅要求服务人员做每餐的工作总结，通过服务人员细心的观察，将当餐客人的消费情况、对产品及服务的评价如实反映到部门，进行整理后从中获取有价值的服务质量信息。第三方面，定期召开前后台沟通会也是获取服务质量信息的有效途径，因为餐饮服务质量问题往往出现在各环节的衔接处。

餐饮服务质量的顾客调查可以采用调查问卷、反馈卡、电话访查、网上调查等多种方法，调查内容一般覆盖以下方面：服务态度，服务效率，服务规范、标准，菜肴质量，顾客投诉的处理是否及时，补救措施是否令顾客满意，哪些服务还应该改进，等等。

有效的服务质量信息有助于企业采取针对性的措施，更好地提高餐饮服务质量水平。

3. 提高员工素质

餐饮服务质量的竞争说到底是人才的竞争，是员工素质的竞争。近年来，随着餐饮业的不断发展，人才短缺问题越来越严重。员工整体素质的下降，严重影响了餐饮服务质量的提高。这就要求每一位管理人员必须重视员工培训，通过培训员工服务技能，改变员工心智模式，激发员工自身潜能，调动员工的积极性和创造性，不断提高员工素质。同时，管理人员还要树立“员工第一”的理念，培养愉快的员工，创造愉快的顾客，将服务好员工作为实现宾客满意、实现各项经营管理目标的前提。

（二）服务质量控制方法

根据餐饮服务质量全过程控制原则和餐饮服务特点，按时间顺序通常将餐饮服务质量控制分为三个阶段，即预先控制、现场控制、反馈控制。

7-6　预先控制的主要内容

1. 预先控制

预先控制是指在餐饮服务运行之前，为保证服务质量所做的一切管理上的努力。预先控制是以充分分析影响当前经营的各种因素为基础，不断完善餐前的各项准备工作，合理安排人力、物力，以期达到最佳服务效果。预先控制贯彻了预防为主的管理方针，是餐饮服务质量稳定的最有效手段之一，其目的是为提供优质服务做好各项准备。

2. 现场控制

现场控制是指在对客服务的过程中，根据服务规范和顾客需要及时指导服务，合理调配人力资源，处理紧急突发事件等。现场控制第一是服务程序及标准控制。管理人员开餐期间应始终在一线指挥，及时纠正和弥补服务中的不足。第二是控制服务的速度和节奏。根据菜单、宴会档次及顾客要求，掌握好上菜时机。既不要让客人等候，也不要让客人感到急促，特别是大型、重要宴会，应由宴会主管人员亲自指挥上菜。第三是意外事件的控制。餐饮服务是面对面的服务，加之服务人员素质及技能技巧水平不一，服务环节众多，管理难度大等主客观因素，服务中常有意外事件的发生。一旦出现客人投诉，管理人员应迅速采取补救措施，消除顾客不满，修补与顾客的关系。第四是主动征求每一位用餐客人的意见，从中找到管理与服务存在的不足，及时弥补，提高顾客满意度。

3. 反馈控制

反馈控制是及时搜集各种信息，通过科学、客观的分析，找到出现质量问题的原因，采取措施，防止类似问题再次发生。

信息反馈主要来自内部系统和外部系统两方面。内部系统是指来自服务人员对服务过程中遇到问题的认识，以及管理人员对检查到的问题的总结等。外部系统是指来自就餐客人的意见。只有建立健全两个信息反馈系统，才能准确把握服务各环节中存在的问题，以便“对症下药”。

（三）餐饮服务质量监督检查

“管理的一半是检查”，服务质量的监督检查是餐饮管理工作的重要内容之一。其实施主要分部门和班组两个层次组织进行，部门将制定的具体质量目标分解到班组，并通过现场督导、信息收集、定期检查等方法分析工作中的薄弱环节，提出改进和提高服务质量的方案、措施和建议。

1. 现场巡视与指导

由于餐饮服务所具有的特性，决定了管理人员必须深入现场，实地观察服务过程、观察客人的反应，才能对服务质量形成准确判断。如果只在办公室里看材料、听汇报，是无法掌握第一手资料的。根据“三关键原则”（即关键时间、关键地点、关键人物），餐厅营业期间自然要作为关键时间，那管理人员必须出现在服务客人的现场，在一线进行督导检查。这种方式因发现问题及时，并能在现场落实整改，因而管理成效显著，几乎被所有餐厅所采用。

2. 质量监督检查内容

根据餐饮服务质量内容，可将质量检查归纳为以下几项内容：仪容仪表、就餐环境、服务规范、服务技巧、安全意识（部分）。

3. 质量监督检查的注意事项

把好心理关、情面关

质量监督检查执行不到位，效果不佳，很多情况下是因为一个“情”字。部分管理人员和质检员想做“老好人”，质量问题大事化小，小事化无。监督检查就是要实事求是，敢于讲真话，秉公办事，这样的检查才会有效果。

7-7　餐厅服务质量检查表

明确检查依据与内容

质量检查内容一般应以制定的相关规定为依据，如《员工手册》《奖惩细则》等，当然，这些规定应事先通过培训与考核等方式使员工准确掌握。现在国内部分餐厅服务质量检查往往偏重仪容仪表、清洁卫生等方面，忽视了对服务过程中态度、技巧的督导，而这部分内容恰恰就是优质服务的核心内容。

检查尺度统一

质量的监督检查必须建立统一的标准，并严格执行，否则会使员工感到不公平，甚至造成工作混乱。

监督检查的目的应该是提升质量

发现问题固然重要，但树立榜样，激发员工工作的积极性更为重要。检查不是让管理者充当“宪兵”的角色，而应该是一个“辅导员”，使表现优秀的员工更优秀，表现一般的员工能有大提高。

（四）餐饮服务质量管理方法

提高餐饮服务质量水平，需要一套完善的质量管理方法。目前，饭店通常采用的服务质量管理方法主要有：服务质量分析法、PDCA 循环法、ZD 质量管理法、交互服务质量管理法、QC 小组法等。

1. 服务质量分析法

通过质量分析，找出饭店所存在的主要质量问题和引起这些问题的主要原因，使管理人员有针对性地对饭店影响最大的质量问题采取有效的方法进行控制和管理。质量分析法很多，常用的有 ABC 分析法、图形分析法、因果分析法等。

ABC 分析法

又称重点管理法、主次因素法，是意大利经济学家维尔弗雷多·帕累托分析社会人员和社会财富的占有关系时采用的方法。美国质量管理学家约瑟夫·朱兰把这一方法用于质量管理并取得效果。运用 ABC 分析法，可以找出饭店服务存在的主要质量问题。

ABC 分析法以“关键的是少数，次要的是多数”这一原理为基本思想。通过对影响饭店服务质量诸方面的因素，以质量问题的个数和质量问题发生的频率为两个相关的标志，进行定量分析。计算出每个服务质量问题在质量问题总体中所占的比重，然后按照一定比例分成 A、B、C 三类，以便找出对饭店服务质量影响较大的 1~2 个关键性的质量问题，并把它们纳入饭店当前重点的质量控制与管理中去，从而实现有效的服务质量管理，使服务质量管理工作既突出重点，又照顾一般。

用 ABC 分析法分析质量问题主要由以下步骤构成：

（1）收集服务质量问题信息。通过《宾客意见书》《投诉处理记录》以及其他各种原始记录等方式，收集有关服务质量信息。

（2）分类、统计、制作服务质量问题统计表。将收集到的质量问题信息进行分类、统计、排列，制作统计表，在表上计算出比率和累计比率。

（3）分析找出主要质量问题。累计比率在 0~70% 的因素为 A 类因素，即主要因素；在 70%~90% 的因素为 B 类因素，即次要因素；在 90%~100% 的因素为 C 类因素，即一般因素。找出主要因素就可以抓住主要矛盾。

运用 ABC 分析法进行质量分析有利于管理者找出主要问题，但在运用过程中应注意以下两点：一是 A 类问题所包含的具体质量问题不宜过多，1~3 项是最好的，否则无法突出重点；二是划分问题的类别也不宜过多，对不重要的问题可单独归为一类。

7-8 ABC 方法的产生背景

图形分析法

图形分析法又称质量结构分析法。它根据饭店服务质量调查资料，将统计结果绘制在一张圆形图上。如图 7-6 所示。

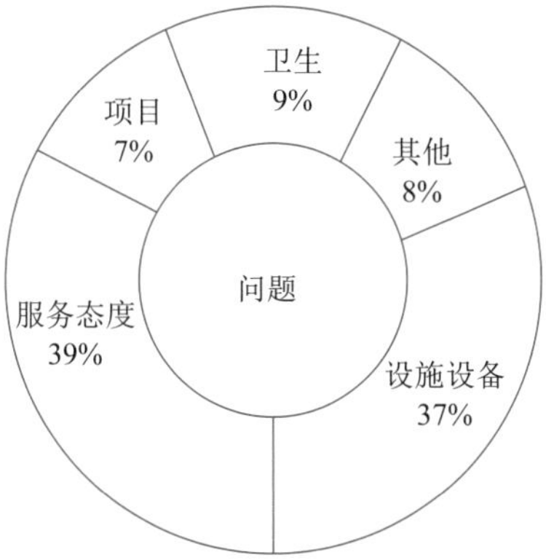

图 7-6 质量结构分析图

管理人员通过质量结构分析图，可以非常直观、形象地看到影响饭店服务质量的主要因素，有针对性地提出改进措施。其具体分析如下：

（1）收集质量问题。饭店管理者应通过各种原始记录，如质量信息报表、质量检查表、宾客意见调查表、客人投诉处理记录、质量考核表等，收集饭店现存的质量问题。

（2）信息的汇总、分类和计算。对收集到的质量问题信息进行汇总，并根据不同的内容将其分类，然后计算每类质量问题的构成比例。

（3）画出圆形图。首先，画一个大小适宜的圆形，并在圆心周围画一小圆圈（内填分析内容）。然后，从最高点开始，按顺时针方向，根据问题种类及其构成比例分割圆形，并用直线与小圆圈相连。最后，在分割的圆形中填入相应的问题种类及构成比例。至此，根据圆形图可一目了然地掌握饭店存在的服务质量问题及其程度。

2. PDCA 循环工作法

所谓 PDCA 循环，就是按照计划（Plan）、执行（Do）、检查（Check）、处理（Action）四个阶段的顺序进行管理工作，并按照这样的顺序循环进行下去。PDCA 循环的主要特点：首先是餐饮服务各个岗位、各个方面都有自己的 PDCA 循环，并且大环套小环，一环扣一环，共同推动大循环，形成了各方面相互促进、有机联系的整体（见图 7-7）。另外，PDCA 循环每转动一圈就使服务质量提高到一个新的水平，服务质量就会有新的内容和目标。这样循环往复，质量问题不断解决，服务水平、管理水平就不断提高。

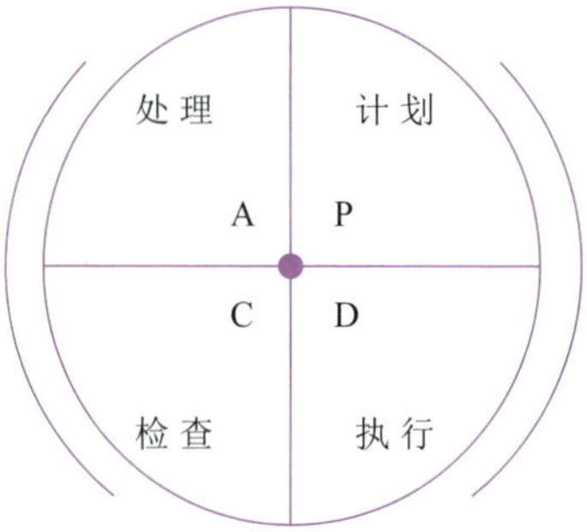

图 7-7 PDCA 循环

运用 PDCA 循环法解决质量问题，通常可具体划分为四个阶段八个步骤：

计划阶段

这一阶段的任务是通过问题分析找出产生质量问题的原因，并制定解决措施和要达到的目标。这一阶段包含四个步骤：

步骤一：分析现状，找出存在问题。找出问题的前提是搜集可靠数据，并对其进行分析。那么，如何对得到的准确信息进行整理分析呢？常用方法有圆形百分比分析法。

圆形百分比分析图主要用于表示各项数据的构成比例，其特点是较为简单、直观。

例如，某餐厅对上周出现的服务质量问题进行分析（见图 7-8）。由分析可知，当前餐厅迫切需要解决的问题是提高服务效率，增强服务技能。

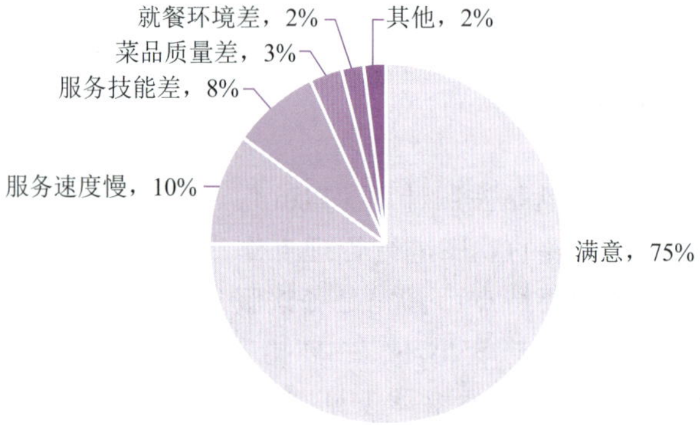

图 7-8 圆形百分比分析图

步骤二：分析产生质量问题的原因。影响餐饮服务质量的原因是多方面的，分析工作要细致、全面。可以请各方面人员参加，听取不同意见，然后对各种问题进行恰当的分类归纳，找出影响服务质量的主要原因和若干小原因，最终细到可以直接针对某一原因采取措施。分析可借助于因果图（见图 7–9）。

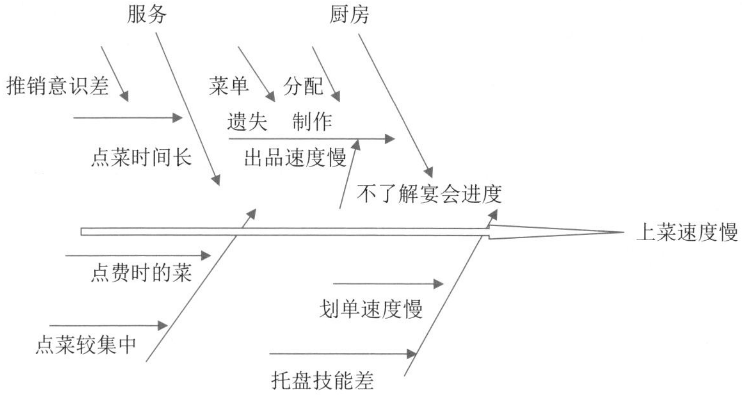

图 7–9　问题因果分析图

步骤三：从分析中找出主要影响因素。分析影响服务质量的原因，往往可以找出很多主客观因素，既有硬件方面的，也有软件方面的。要从中抓住主要因素作为解决问题的突破点。

步骤四：制定解决质量问题的具体措施，拟订实施计划以及预期达到的目标效果。目标确定要结合实际，计划、措施要具体可行。

一般应明确以下问题：

"Why"——为什么要制定这一措施或目标

"What"——预计解决什么问题，达到什么目标

"Where"——在什么部门或什么范围内执行这一措施

"Who"——由谁或哪个部门具体负责实施

"When"——什么时间开始，什么时间完成

"How"——如何执行这一措施或计划

实施阶段

步骤五：按已定目标、计划和措施执行。这一阶段要求严格按照已定的计划和目标，实实在在地去执行。

执行过程中要注意两个问题：一是做好各种原始记录，这能反馈出执行中出现的各种情况；二是做好克服困难的准备。计划实施中一定会遇到各种各样的困难，这是对各级人员执行能力的考验。过程中要注意沟通与协调，发挥团队力量，并做好员工培训等准备工作。

检查阶段

步骤六：检查计划执行情况。这一步就是要把措施执行的结果和计划要求进行对比，判断是否达到了预期目标和效果，或者达到了什么程度，哪些方面取得了成功，还存在哪些问题，原因在哪里。这个过程检查要严格、认真，保证能反映实际执行情况。

处理阶段

这一阶段要把成功的经验形成标准巩固下来，同时要总结失败的教训。包括两个步骤。

步骤七：总结经验教训，对已解决的质量问题提出巩固措施，使之标准化。

步骤八：提出尚未解决的问题，作为新任务转入下一个循环，以求得到解决。

三、处理客人投诉

在餐饮服务与管理过程中，经常会遇到各种各样的突发事件，掌握正确的处理方法对提高服务质量至关重要。

接待前来投诉的客人无疑是对饭店管理人员的一种挑战，要做到有效化解客人的愤怒和抱怨，让他们满意而归，就必须掌握处理客人投诉的一些方法与技巧。

（一）投诉概述

简单来说，投诉就是服务对象对服务工作表现出的不满。投诉不仅可以来自饭店的客人，还可以来自社会或工作中的合作者。

服务对象对服务管理工作的期望，与他所得到的实际感受之间的差距是投诉产生的主要原因。当期望值大于实际感受值时，他就会产生不满，引发投诉。这种不满越强烈，投诉的级别也就越高，处理的难度就越大。

根据服务对象的不满程度，投诉可以分为三种：

1. 建议性投诉

这种投诉不是投诉人在心情不佳的情况下产生的，而是随着对服务工作的赞誉而发出的。

例如：“今天的菜很好，就是餐厅温度高了些”，这就是一种建议性的投诉。在日常工作中，这种投诉很容易被我们所忽视，从而错过了改正工作的最佳时机。

2. 批评性投诉

投诉人心怀不满，但情绪相对平静，只是将这种不满告诉我们，但不一定要我们做出什么承诺。

例如，酒店常客王先生对营销部员工说：“我早就说过，我不喜欢房间里放什么水果之类的东西，可这次又放上了。另外，我已经第十二次住你们酒店了，可还不能在房间内办理登记入住手续。你们现在生意好了，有没有我这个穷客人都无所谓了。”

3. 控告性投诉

服务对象已经被激怒，情绪激动，要求做出某种承诺。很明显，控告性投诉并不是一个小小不满引起的，而是我们对服务对象的建议性或批评性投诉没有引起足够重视并采取及时的补救措施，从而不断发展而成的。控告性投诉发生后，我们会花费更大的成本来进行补救。

（二）餐饮常见投诉类型

常见的餐饮投诉归纳起来主要有以下几类：

1. 对安全问题提出的投诉

嘈杂的声音、凌乱的就餐秩序、安全设施不齐全或不能正常发挥功效等因素都会引发客人对安全方面的担忧，从而提出投诉。

2. 对就餐环境卫生状况不满而提出的投诉

随着人们对健康的关注，清洁卫生也愈加为人们所重视，因此，卫生问题也成为客人选择饭店时最关注的问题之一。餐厅中飞舞的苍蝇、菜品中的毛发、餐具上未洗干净的唇印或是茶渍、地面上细小的杂物都可以引起客人的反感而提出投诉。

3. 对员工工作效率的投诉

客人的服务请求得不到及时回应或满足也是客人提出投诉的主要原因，如上菜速度过慢、结账时间过长等。

4. 对员工工作态度的投诉

员工的工作态度是餐厅客人获得心理满足的重要途径。员工的工作态度直接表现在客人面前，因而它也成为客人对服务进行评价的重要因素。客人可以通过服务员的一举一动、一个表情、一个眼神甚至一句话来判断你对他服务态度的好坏。

5. 对设备设施的投诉

设备设施的运行情况也是餐饮产品质量的重要组成部分。客人会因餐厅中的空调效果不好、电视画面不清晰等原因产生不满，向饭店提出投诉。

投诉虽伴随饭店的经营而不可避免，但它对饭店的经营活动会产生较大的负面影响，因而作为饭店的员工应予以充分重视，尽最大努力避免或降低影响的程度。

（三）正确看待客人投诉

客人投诉不仅意味着客人的某些需要未能得到满足，实际上，投诉也是客人对饭店、对饭店员工服务工作质量和管理工作质量的一种劣等评价。任何饭店、任何员工都不希望有宾客投诉自己的工作，然而，即使是世界上最负盛名的饭店也会遇到客人投诉。成功的饭店善于把投诉的消极面转化成积极面，通过处理投诉不断改进工作，防止投诉的再次发生。

7-9　客人投诉时的心理需求

正确认识宾客的投诉行为，不仅要看到投诉对饭店的消极影响，更重要的是把握投诉所隐含的对饭店的有利因素，变被动为主动，化消极为积极。

投诉是管理工作质量和效果的晴雨表，是提高管理质量的推动力。对一线服务而言，管理的主要对象是服务员在服务现场的工作质量，服务人员通过自己的工作与宾客产生直接或间接的沟通，是宾客心目中的“饭店代表”。从餐厅领班、服务员到厨房各工序员工，再到管事部各岗位人员，他们的工作态度、工作效率、服务质量和效果直接影响到客人投诉行为的产生。

通过投诉，饭店可以及时发现自身存在的工作漏洞；通过投诉，可以鞭策饭店及时堵塞管理漏洞，解决影响饭店声誉的问题。即使是客人的有意挑剔、无理取闹，饭店也可以从中吸取教训，为提高经营管理质量积累经验，使制度不断完善，服务接待工作日臻完美。

宾客直接向饭店投诉，给饭店提供了挽回自身声誉的机会。宾客对饭店消费过程中遇到的不满、抱怨，可能投诉，也可能不愿去投诉。不愿投诉的客人可能是不习惯以投诉方式表达自己的意见，也可能是认为投诉并不能帮助他们解除当前不满的状况，还有一种可能是怕麻烦，认为投诉浪费时间，使自己损失更大。这些客人尽管没有去投诉，但他们会在饭店通过其他途径进行宣泄，或自我告诫，以后不再到该饭店消费，或向亲朋好友诉说令人不快的消费经历。而这一切，意味着饭店将永远失去这位客人，饭店连向客人道歉的机会也没有了。

投诉是衡量饭店服务与管理现状的一杆标尺，是饭店改进管理工作的推进器。投诉会使饭店服务与管理者看到自己工作中的不足，使他们产生危机意识，会促使他们时刻保持清醒的头脑，不断地改进工作。任何事情的发生都可以产生双向的影响效果，这关键取决于我们看待问题的态度是否正确，是否用积极的心态去分析、解决问题。如果我们在日常工作中能够正确地看待和处理好客人的投诉，那么客人投诉就不可怕。

（四）投诉处理的原则

正确处理投诉，必须坚持以下原则，这是客人的不满得以顺利解决的法宝：

1. 不争论原则

这要求我们，即使客人错了，也应抱有宽容的态度，不与客人争辩。因为只要我们站在客人的立场上，设身处地为他们着想，就会理解他们的感受。

2. 隐蔽性原则

处理投诉时不仅要尊重当事人，还要注意尊重其他客人，因此，要寻找合适的地点解决投诉。

3. 及时性原则

投诉的处理应注重效率，只有这样才能够使客人感到饭店对他的尊重，对他投诉的重视和饭店勇于改正错误的诚意。

4. 补偿性原则

应该指出的是，不是所有提出补偿要求的客人都只希望从物质上得到赔偿，因此，还要考虑给客人适当的情感补偿。处理投诉要坚持“宾客至上”的服务宗旨，要本着客人满意、饭店损失少的原则进行。

（五）处理投诉的程序

（1）微笑面对客人，认真倾听客人叙述。树立“顾客总是对的，顾客就是上帝”的理念。在客人投诉时，应集中注意力倾听，不打断或反驳客人，可以适时地提出问题。

（2）记录要点。要在客人叙述的过程中将有关要点，如客人投诉的内容、客人的姓名、房号等记录下来，作为下一步解决问题的资料。同时，这样做也是向客人表示自己代表饭店所采取的郑重态度。

（3）对客人表示理解。在客人叙述的过程中，要适时表示理解，用温和的语言安慰客人，但不要急于把问题往自己身上揽，可以朋友的身份对客人的遭遇表示同情。

（4）作出处理意见，征得客人同意。根据所发生事情的性质，依照处理投诉的原则，迅速确定一个解决方案，并征询客人意见。

（5）向有关部门落实处理意见，监督、检查有关工作的完成情况。

（6）再次征求客人意见，对处理结果给予关注。对处理结果进行跟踪，确定客人问题已经解决。

（7）把事件经过及处理情况整理成文字材料，存档备查。

任务实操

10 月 4 日，宴会厅接待了一个五桌的寿宴，接待完毕后，客人顺利地买了单。次日，寿宴客人到部门投诉，说 10 月 4 日宴席上没上鱼，并要讨个说法。经部门调查后，客人确实在预订时点了“黄椒蒸鲈鱼”，但在营业部下单时，因点菜员工作粗心，开漏了分单，导致厨房无单无出品，引起客人投诉。如果你是一家餐厅的经理，你该如何处理这个投诉。

项目训练

练一练

扫描右侧的二维码，开始做题吧。

随堂练习

参考文献

陈素娥．餐饮营销与促销［M］．北京：化学工业出版社，2021.

陈增红，王莉，唐志国．饭店餐饮管理［M］．北京：旅游教育出版社，2015.

党春艳，王仕魁．西餐服务与管理［M］．杭州：浙江大学出版社，2019.

匡粉前．餐饮成本控制与核算［M］．北京：化学工业出版社，2018.

李勇平．餐饮服务与管理［M］．沈阳：东北财经大学出版社，2021.

刘正华，郭伟强．现代饭店餐饮服务与管理［M］．北京：旅游教育出版社，2016.

鲁煊，文岐福．现代厨房管理实务［M］．北京：机械工业出版社，2021.

王冬明．餐饮营销实战［M］．北京：电子工业出版社，2021.

王天佑．饭店餐饮管理［M］．北京：北京交通大学出版社，2021.

吴汉秋，陶正峰．西餐服务与管理［M］．成都：西南交通大学出版社，2021.

徐文燕．餐饮管理［M］．上海：格致出版社，2021.

杨先顺．智能营销传播理论新思［M］．广州：暨南大学出版社，2022.

余炳炎，李勇平．饭店餐饮管理［M］．北京：旅游教育出版社，2004.

赵建民．烹饪营养与食品安全［M］．北京：中国旅游出版社，2017.

赵建民，梁慧．中国烹饪概论［M］．北京：中国轻工业出版社，2017.

郑菊花．餐饮服务与管理［M］．北京：清华大学出版社，2019.